旅游管理专业应用型本科系列教材

旅游经济学
原理与实务

（第二版）

李沐纯　吴志才　主编

清华大学出版社
北京

内 容 简 介

旅游经济学是旅游管理专业的核心课程之一。本书针对高等院校的旅游课堂教学需求，在充分吸收和借鉴旅游学科研究成果和旅游产业改革实践的基础上，注重课程思政，融入大量新鲜信息，将知识结构和内容体系划分为旅游经济学基本原理（第一至八章）和旅游业应用实务（第九至十二章）两大部分，并精选了思政案例和思政阅读材料，还针对教学重点和难点问题为每一章设计了三位一体的教学目标（包含知识目标、能力目标和思政目标）、章节思维导图和复习思考题，更加方便于教师课堂讲授和学生课内外学习。

本书将理论与实践融为一体，内容全面、结构新颖、案例丰富、简明实用，不仅可以作为高等院校旅游管理类专业及相关专业的教材，还可供旅游企业或业内外人士学习参考，对从事旅游科研的人员也有重要的参考价值。

图书在版编目（CIP）数据

旅游经济学原理与实务 / 李沐纯，吴志才主编. —2版. —北京：清华大学出版社，2023.7
旅游管理专业应用型本科系列教材
ISBN 978-7-302-64066-0

I. ①旅… II. ①李… ②吴… III. ①旅游经济学—高等学校—教材 IV. ①F590

中国国家版本馆CIP数据核字（2023）第118864号

责任编辑：邓 婷
封面设计：刘 超
版式设计：文森时代
责任校对：马军令
责任印制：沈 露

出版发行：清华大学出版社
   网 址：http://www.tup.com.cn，http://www.wqbook.com
   地 址：北京清华大学学研大厦A座   邮 编：100084
   社 总 机：010-83470000   邮 购：010-62786544
   投稿与读者服务：010-62776969，c-service@tup.tsinghua.edu.cn
   质量反馈：010-62772015，zhiliang@tup.tsinghua.edu.cn
   课件下载：http://www.tup.com.cn，010-62788951-223
印 装 者：大厂回族自治县彩虹印刷有限公司
经 销：全国新华书店
开 本：185mm×260mm   印 张：13.5   字 数：352千字
版 次：2009年11月第1版 2023年7月第2版 印 次：2023年7月第1次印刷
定 价：56.00元

产品编号：095003-01

前　言

"十四五"时期我国全面进入大众旅游时代,旅游业发展处于重要战略机遇期,但机遇和挑战都有新的发展变化。在新时代新发展阶段,旅游业作为国民经济战略性支柱产业的地位更为巩固,但也面临着高质量发展的新要求。

为进一步适应新时代新发展阶段旅游业发展和旅游管理人才培养教学的需要,结合最近十年来旅游经济学课程教学实践与教研探索,对张俐俐教授主编的《旅游经济学原理与实务》(2009 年由清华大学出版社出版)进行了全面修订与更新。

此次,时隔十三年的全面修订主要体现在三个方面:第一,根据世界旅游业新发展态势、我国旅游业向高质量发展全面转型的新局面,对各章节内容及表述进行调整,增加了许多新内容,使得教材内容与旅游业最新实践发展和时代特征更加吻合;第二,注重专业思政,在教材中有机融入了思想政治教育元素,每一章均有明确的思政目标,配套思政案例分析和思政阅读材料,并附有思政解读;第三,根据各章节内容,更新了章节练习,既有单选、多选、判断等客观题,也有思考与讨论、案例分析等开放式问题,并配有参考答案和其他相关教学资源,使读者在学习理论知识之后,能够更深刻地理解和体会如何应用系统知识解决现实问题,进一步激发读者对专业学习的兴趣和动力。

本书以经济学、旅游学为支撑学科,注重旅游经济理论体系构建与旅游产业最新发展实践相结合,并按照旅游经济的微观、中观、宏观、旅游经济应用实务这一逻辑顺序组织相应内容。第一章至第八章为旅游经济学的基础理论篇,包括旅游经济学概述、旅游产品理论、旅游供求理论、旅游消费理论、旅游投资理论、旅游产业与组织理论、旅游政府经济理论、旅游经济影响等部分,较为全面地阐述了旅游经济学的基本原理、观点和方法。第九章至第十二章是旅游经济学的应用实务篇,主要运用旅游经济学的基本原理对住宿业、旅游交通、旅游景区和餐饮业进行了经济分析。此外,各章中还重点介绍了近年来中外旅游经济领域受关注的前沿问题和发展趋势。

本书内容共十二章,由华南理工大学旅游经济学课程教学团队的骨干教师参与修订和编写。本书具体写作分工如下:李沐纯负责第一、二、三、四、五、六、七、九章的编写,吴志才负责第八章的编写,徐健负责第十章的编写,李洁芳负责第十一、十二章的编写。李沐纯负责全书的修改、审稿、统稿和最终定稿。华南理工大学旅游管理专业 2020 级研究生吴星南、2021 级研究生蔡琪、2022 级研究生李璨参与了初稿的校对和部分案例材料的搜集和整理。

旅游经济学是一门发展中的新兴学科,有许多理论和实践问题仍在探索之中,这一方面显示了学术研究的遗憾和规律,另一方面也为今后的提高和深化提出了更高要求。本书仍有许多不足之处,借本书出版之机,恳请广大读者赐阅赐教,提出宝贵意见。

最后,对清华大学出版社及其策划编辑邓婷女士的大力支持表示由衷感谢。

李沐纯

2023 年 2 月

目　录

第八章　旅游经济影响 /125

第九章　住宿业经济分析 /140

第一章　旅游经济学概述

　　研究一门学科之前，必须了解其大致的发展历程和现状，熟悉该学科的研究对象、研究内容和研究方法，只有这样才能理解该学科的特点，进而运用该学科的相关理论、内容和方法分析和解决现实问题。旅游经济活动是伴随着商品经济的成熟而逐渐产生的，旅游经济学又是伴随着旅游经济的产生和发展而形成的一门新兴学科，是对旅游经济活动的理论概括和总结。本章主要阐述了旅游活动的起源和发展、旅游经济活动的运行和主要特征，旅游经济学的产生与发展历程，旅游经济学的研究对象、研究内容、学科特点和研究方法，从总体上介绍了旅游经济学的理论体系和结构，分析了旅游经济学与其他相关学科之间的区别与联系。

　　知识目标：理解旅游活动与旅游经济等相关概念的差异，了解国内外旅游经济研究的产生与发展历程，以及旅游经济学的研究对象、研究内容、学科特点和主要研究方法。

　　能力目标：能阐述旅游经济学的理论体系和结构，分析旅游经济学与其他相关学科之间的区别与联系。

　　思政目标：增强对红色旅游、智慧旅游发展重要意义的理解，并深入体会旅游业高质量发展中蕴含的人民性。

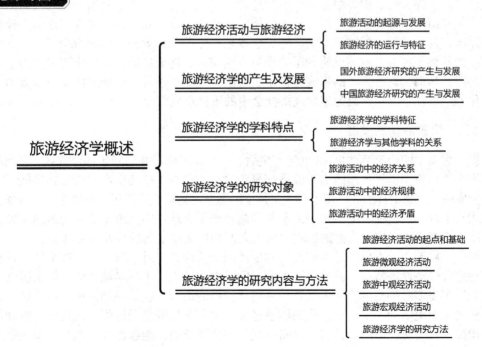

第一节 旅游经济活动与旅游经济

一、旅游活动的起源与发展

（一）旅游活动的起源

根据人类社会发展的历史进程，结合对旅游活动的历史考察，旅游活动的起源可追溯到人类社会初期的空间迁徙活动。随着社会生产力的发展和社会分工的深化，商品经济发展迅速，围绕以商品生产、商品交换及各种商业活动为中心的商务旅行逐渐产生和发展。同时，各种以观光览胜、航海旅行、探险考察、帝王巡游、宗教朝觐、学习交流为内容的旅行和游览活动也大量产生，为旅游活动的形成和发展奠定了重要的基础。但是，由于古代社会的生产力水平较为低下，经济社会发展相对落后，人们收入水平普遍较低，使得古代社会的这些旅行和游览活动只是帝王将相、达官贵人、商人艺人等阶层少数人的行为，因此，还不能称为现代意义上的旅游活动，但却孕育了现代旅游活动的萌芽。

（二）旅游活动的形成

根据对世界旅游发展历史的研究，具有现代意义的旅游活动大约兴起于16世纪，形成于18世纪的产业革命时期，到20世纪中期以后才有了快速发展。18世纪兴起于欧洲的产业革命以机器大工业代替了工场手工业，交通运输工具也得到迅速发展，这些均极大地促进了社会生产力的提升，推动了资本主义商品生产和交换的迅猛发展，市场经济的繁荣兴旺，人们收入水平的不断提高、生活条件的不断改善，从而为现代旅游活动的形成提供了物质基础和产业发展条件，促进了旅游活动更加广泛地开展。

1845年，英国的托马斯·库克（Thomas Cook）成立了世界上第一家旅行社，为人们提供包括食、住、行、游等服务在内的异地观光游览活动，开创了有组织地为人们的旅游活动提供专门性服务的历史，标志着现代旅游活动的形成。随后，围绕人们逐渐多样化的旅游需求，各种住宿、餐饮、交通、游览、娱乐、旅游服务等相关企业纷纷建立，围绕旅游活动的各类型接待、游览设施和服务项目不断完善，逐渐形成以提供旅游服务为主的专业化部门，从而为旅游活动的形成提供了重要的产业发展条件，使旅游活动逐渐成为一种商品化的经济社会活动，成为现代经济社会中的重要组成部分。

（三）旅游活动的发展

现代意义上的旅游活动自18世纪产生后，一直发展缓慢并局限于部分地区，直到第二次世界大战结束，世界各国致力于经济恢复和建设，促进了社会生产力的迅猛发展，技术的进步促进了交通工具的进一步改善，尤其是国际航空运输、远洋运输和铁路运输方面，人们收入水平的不断增加、生活水平的不断提高带来了全球范围内旅游活动的迅速发展，旅游、度假逐渐成为更广泛人群的追求，成为人们物质文化生活的重要组成部分。

如今，旅游活动不仅仅是人们重要的生活消费活动，同时也具有文化审美性、社会交往性和综合经济性等特点。游览名胜古迹、欣赏山水风光、了解异域风情、探亲访友、休闲度假等多姿多彩的旅游活动不仅是一种物质资料的消费，也是一种精神文明的享受，更是一种文化审美活动——既是文化的创造过程，又是文化的消费过程。现代旅游活动作为一种积极的社会交往活动，具有"民间外交"的重要价值，能够促进国家与国家、民族与民族、人与人之间的广泛交流和经济往来，增加了解、深化友谊，影响深远。建立在发达的商品经济基础之上的现代旅游活动，能够把多种生产要素和旅游要素集合在一起，有效满足人们的旅游消费需求，因此也是以旅游产品生产与交换为特征的综合性经济社会活动。

二、旅游经济的运行与特征

（一）旅游经济的概念

旅游经济是在旅游活动有了一定的发展，并具备了一定物质条件的前提下才产生的一种社会经济活动。旅游活动发展成为旅游经济活动的前提条件是旅游活动商品化和旅游活动社会化。旅游活动商品化是指采用商品交换的方式组织旅游活动，在旅游市场上，旅游者与旅游产品或旅游服务提供者之间发生市场交换关系。旅游活动的社会化是指以分工与协作为基本特征，旅游生产要素和劳动力要素在旅游企业及相关部门中进行有组织的规模化生产。因此，旅游经济就是旅游需求和旅游供给之间的经济联系以及由这种联系引起并采用商品交换形式所形成的，旅游者、旅游产品和旅游服务提供者、旅游地政府、旅游地社区（居民）等利益相关者之间的经济联系和经济关系的总和。简而言之，旅游经济就是随着旅游活动的开展而产生的各种经济现象和经济关系的总和。

（二）旅游经济的运行

由于旅游活动的实现过程也就是旅游产品的交换过程，因此，旅游经济活动运行的基本环节就包括旅游产品的购买与销售两方面。旅游产品购买环节的主体是旅游者，旅游产品销售环节的主体是旅游产品供给者，他们使旅游经济活动分为对立的两面，其目的不同，经济运转的形式也有差异。旅游产品的购买是旅游者将货币转化为旅游产品的过程，而旅游产品的销售是旅游产品供给者将产品转化为货币的过程，两个过程构成了旅游经济活动运转的两个基本环节。与其他产品的交换不同，旅游者在旅游产品购买中往往得到的不是具体的物品，而是一种感受、体验或享受。

当然，除了上述两个基本环节，旅游经济活动的运行还包括旅游产品购买的次环节、旅游产品销售的次环节以及旅行社中间环节。旅游产品购买的次环节主要是指旅游者购买旅游产品条件的形成和购买时间、目的地、类型等相关决策环节。旅游产品销售的次环节主要是指目的地旅游市场和相关产品的推广销售、与旅游产品相关的其他服务的提供与竞争。随着旅游产品交换向纵深不断发展，专业的中间服务商，也即传统意义上的旅行社和在线旅游服务平台等组织和机构蓬勃发展。这些组织可以先把各单项旅游产品经过加工、组合后形成不同类型的包价、半包价等产品，通过零售、批发等形式进一步销售。这些中间机构的介入虽然使旅游需求者与旅游供给者之间无须直接进行交换，但却使旅游经济活动的层次更加丰富，使它的实现过程与社会的联系更加紧密和广泛。

（三）旅游经济的特征

现代旅游经济作为社会经济的重要组成部分，主要具备以下三个方面的主要特征。

（1）旅游经济是一种商品化的旅游活动。对比人类社会早期那些没有广泛存在，不涉及旅游产品的生产与交换，主要依靠旅行者自己的力量而满足自我需要的旅游活动，现代旅游经济是建立在商品经济基础之上的，以旅游产品的生产和交换为主要目的的旅游活动。以交换为基础的旅游经济必然产生旅游经济活动中的供求关系和旅游产品的市场交换。一方面，旅游需求的规模数量、消费水平、旅游目的、游览内容、出行方式等不仅决定着旅游经济活动能否有效地进行，而且对旅游经济发展的规模和水平具有决定作用；另一方面，只有市场上存在着相当规模的旅游活动的供给主体，才有可能为旅游者提供多种多样的旅游产品，满足旅游者的多元化需求。此外，现代商品生产和交换的发展还为旅游活动的商品化提供了相应的媒介和手段。以旅游产品为交换对象，以旅游者和旅游经营者为市场主体，以货币为交换媒介，使旅游活动真正成为一种商品化的社会经济活动。

（2）旅游经济是一种具有消费属性的旅游活动。生产和消费是经济活动的两个基本领域。生产领域的生产活动表现为把投入的生产要素转换成产出，向顾客提供有价值的产品或服务，满足市场需要并获得利润。消费领域的消费活动是出于维持个体生存、保证劳动能力的再生产以及实现个人和社会发展等目的而对物质生活资料和精神生活资料的消费，即人们通过消费产品或服务满足自身欲望的一种经济行为。在旅游活动中，旅游者在旅游过程中需要购买并消费各种旅游产品和旅游服务，以满足其观光游览、休闲度假、文化娱乐、探亲访友、医疗健康、商务或其他目的的需求欲望，旅游经营者为满足旅游者的多元化需求而向市场提供旅游产品和服务。因此，旅游经济活动具有典型的消费属性特征，但旅游产品的消费特殊性在于消费和生产同时进行。

（3）旅游经济是一种综合性服务经济。在旅游活动中，形成了多元化的经济关系，整个活动过程以经济活动为基础，涉及交通、住宿、餐饮、娱乐、购物、保险、通信、医疗等各种经济关系和综合服务。这些经济关系和综合服务是现代旅游活动得以开展的支撑体系，既包括基础设施支撑体系，如交通、通信、信息等，也包括核心服务支撑体系，如住宿、景区、餐饮、娱乐等。从旅游经济活动的支撑系统来看，旅游经济是一种由多行业、多部门分工与协作形成的综合性服务经济。

第二节　旅游经济学的产生及发展

旅游经济学作为一门探讨旅游经济活动本质及其规律性的学科分支，是在旅游经济活动产生、发展的基础上建立的，其研究具有由浅表到深层、从部分到全局的特点。

一、国外旅游经济研究的产生与发展

世界旅游经济研究的发展历程大致可以分为二战前和二战后两个阶段，与旅游经济活动发展的两个时期基本一致。

（一）第二次世界大战前的旅游经济研究

从研究的起点来看，同其他社会科学研究一样，旅游经济研究也始于现象发展的实际统计研究。因此，旅游人数、逗留时间和消费能力等经济指标是早期旅游经济研究关注的重点。1899年，意大利政府统计局的博迪奥（L. Bodio）发表的《外国人在意大利的流动及其花费》是最早的旅游经济研究文献。1923年意大利人尼切福罗（A. Niceforo）发表的《外国人在意大利的流动情况》和1926年贝尼尼（R. Benini）发表的《关于旅游者流动计算方法的改良》均是从统计角度对旅游者流动和旅游消费问题进行的进一步研究。

第一次世界大战结束后，欧洲参战各国急于恢复和发展受到战争创伤的经济，旅游活动被普遍地视为具有重要经济意义的活动，也深刻地影响着理论与学术的进程。1927年，意大利罗马大学的马里奥蒂（A. Mariotti）出版了《旅游经济讲义》，首次从经济学角度对旅游现象做了系统的剖析和论证。通过对旅游活动的形态、结构和活动要素的阐述，第一次提出了旅游活动是具有经济性质的一种社会现象的观点。从具体领域及相关问题来看，马里奥蒂没有简单地将旅游看成国家之间的收入与花费问题，反而围绕旅游代理商、旅游产业组织、旅游资源以及旅游中心地等相关内容进一步扩展旅游经济学的研究领域，为旅游经济学理论框架的形成打下了坚实基础。

随后，1931 年德国学者鲍尔曼（A. Bormann）发表了《旅游论》，1935 年柏林大学葛留克斯曼（G. Glticksmann）出版了《旅游总论》，1942 年瑞士的汉克泽尔（Hunziker）和克拉蒲（Krapf）出版了《旅游总论概要》，这一系列著作的相继问世一方面说明学者们普遍认识到旅游活动是一种经济现象，发展旅游业能够带来巨大的经济利益，另一方面也揭示了旅游现象研究是一个涉及旅游活动的基础、发生原因、运行手段及其对社会的影响等方面的广泛领域，需要从不同学科去研究，不能仅仅从经济学的角度去考察。

但是，由于 20 世纪 30 年代欧美国家出现的经济危机和第二次世界大战的影响，这一阶段旅游经济学的理论研究曾一度停滞不前。

（二）第二次世界大战之后的旅游经济研究

二战结束后，旅游被普遍看作一种恢复和发展经济的手段，能够促进目的地经济发展，一段时期内"旅游"甚至成了"发展"的同义词，包括旅游业界、政界和学术界在内的社会各界都认为旅游是劳动密集型行业，可以为经济不发达国家和地区以及发达国家的边远地区带来显著的经济利益。

进入 20 世纪 70 年代，旅游活动在全球范围内迅速发展，巨大的客流在相对集中的时间和空间内流动，使得接待地社会和环境承受了空前压力，甚至超出承载能力，从而引发了广泛的关注。

20 世纪 80 年代中后期，旅游业逐渐发展成为许多国家和地区国民经济中的新兴产业和支柱产业。旅游业的快速发展也有力促进了旅游经济学的理论研究与发展。随着旅游活动从国内扩展到国际，旅游活动的全球化对目的地产生了差异化影响。从这一时期开始，学者们将探讨问题逐渐扩大到国际旅游分工与差别需求、旅游市场、旅游企业经营与管理、区域经济发展与旅游、资源开发与旅游地建设、旅游环境承载力、旅游投资、旅游经济政策、国际旅游合作等多个方面，进一步催生了基于多学科和多方法的旅游影响研究，也对世界旅游经济的发展起到了积极指导和促进作用。

二、中国旅游经济研究的产生与发展

中国旅游经济研究起步较晚，于 20 世纪 70 年代末才开始，到目前为止，大致可以划分为三个阶段。

（一）起步阶段（1978—1990 年）

1978 年，对外开放政策的实施使中国成为发达国家的旅游目的地和商业投资地，商务旅游和观光旅游快速推进，以旅游目的地为主体、入境旅游为特征的旅游产业在主要旅游城市迅速发展。与蓬勃发展的旅游产业实践相比，旅游理论却相对缺乏。因此，中国旅游经济的初期研究建立在引进国外研究成果以及对世界旅游情况介绍的基础上，由政府倡导、高等院校作为主力完成，研究内容主要集中在中国旅游业产业定位、旅游业经济效益、旅游业体制改革和旅游发展模式等方面。

1980 年，沈杰飞、吴志宏发表的论文《建立适合我国实际的旅游经济学科》（载于《社会科学》1980 年第六期），在介绍国外旅游经济理论研究发展现状的基础上，从建立一门学科的逻辑始点出发，对旅游经济的研究对象、研究内容展开了深入探讨。1982 年，王立刚和刘世杰合著了《中国旅游经济学》，1986 年，林南枝和陶汉军主编了《旅游经济学》，这标志着我国旅游经济学研究的全面拉开。1987 年，我国著名经济学家孙尚清主持了"中国旅游发展战略研究"的重大课题，该项研究提出了后来支配我国旅游业发展的"旅游业需要适度超前发展"的重要战略，把中国旅游经济的研究从理论推向实践。

（二）快速发展阶段（1990—2000 年）

20 世纪 90 年代，随着中国旅游产业体系的逐步形成以及国内和出境旅游需求的增加，旅游经济研究开始呈现由点及面的特点，从以经济学、管理学为主体向经济学、管理学、社会学、市场学、地理学、环境学、人类学等学科综合的方向发展，形成了比较完整的旅游研究体系。在此阶段，一批旅游经济学教材和大量旅游经济研究的论文相继问世。其中，有代表性的包括 1990 年黄辉实和张汝昌主编的《旅游经济学》、1993 年魏小安和冯宗苏合著的《中国旅游业：产业政策与协调发展》、1994 年罗明义的《现代旅游经济》、1998 年王大悟和魏小安的《新编旅游经济学》等。这些旅游经济学教材的研究内容涵盖了旅游发展战略、区域旅游开发建设与区域旅游发展、旅游产业地位定性及计量统计、旅游企业集团化发展和跨国经营、旅游经济效应、旅游消费效果等各个方面，促进了中国旅游经济学理论体系的形成和发展。

（三）全面发展阶段（21 世纪以后）

进入 21 世纪以后，随着中国旅游经济的快速发展，中国政府明确把旅游业作为国民经济的战略支柱产业着力培育，各种旅游经济学著作和研究论文如雨后春笋般不断涌现，中国的旅游经济研究进入全面发展阶段。

随着旅游学术共同体学科自觉的逐渐形成和旅游实践的日益丰富，旅游经济问题的研究逐渐聚焦于通过主流经济学的研究范式研究旅游业的发展对经济的影响，并且致力于发挥"桥"的作用，促进分支领域间的知识互溢，推动旅游学术研究体系日趋科学化。

同时，中国蓬勃发展的入境旅游、国内旅游和出境旅游，为旅游经济研究提供了丰富的素材和研究视角。在此阶段，旅游市场化发展与政府行为、旅游管理体制改革、全域旅游与智慧旅游、乡村旅游与旅游扶贫、生态旅游与可持续旅游发展、高质量旅游发展等问题引起更多人的关注。

第三节　旅游经济学的学科特点

一、旅游经济学的学科特征

旅游经济学是现代经济学的分支，是以现代经济学的基本理论为指导，分析旅游活动中的各种经济现象、经济关系、经济规律的科学。同其他学科相比，旅游经济学具有以下特点。

（一）应用性

旅游经济学主要把经济学的基本理论、基本知识和一般原理应用于旅游经济活动的研究中，以揭示旅游经济活动中的一般发展规律、作用条件、表现形式、使用范围，从而指导旅游经济活动健康发展。因此，旅游经济学具有较强的应用性，属于应用经济学的范畴。

（二）基础性

旅游经济学以旅游学基本理论为指导，揭示旅游经济活动在经济领域中所发生的矛盾运动、经济关系和经济规律等。因此，旅游经济学是旅游管理专业的基础学科，是经济学和旅游学在旅游经济活动领域的基础和延伸。

（三）综合性

旅游经济学的综合性要求旅游经济的研究运用多学科的理论，它既要以经济学、旅游学的理论为指导，又要借助管理学、心理学、地理学、环境资源学、社会学、统计学、市场学等学科理论和研究成果综合考察旅游经济活动，从而全面把握旅游经济活动的发展趋势和实际情况，深入了解旅游经济活动的内在规律及运作机制，以加深对旅游经济内在规律及其运行机制的认识。

二、旅游经济学与其他学科的关系

（一）旅游经济学与经济学的关系

旅游经济学与经济学之间既有区别又有联系。旅游经济学运用经济学的基本原理分析旅游活动中的经济现象、经济关系、经济规律等问题，经济学是旅游经济学的理论基础。二者的区别主要在于：经济学是研究人类社会发展各个阶段中各种经济活动、经济关系和经济规律的科学，是把整个社会经济作为一个整体，从生产、交换、分配和消费四个环节入手，揭示整个社会经济发展的一般规律，属于理论经济学的范畴；而旅游经济学专门研究旅游活动中的共性和个性的经济问题，具有较强的应用性，属于应用经济学的范畴。

（二）旅游经济学与旅游学的关系

旅游学是以世界为整体，研究旅游活动产生、发展及其运行规律的科学，目的是揭示旅游活动的内在性质、特点及发展趋势。旅游经济学则是在旅游学的基本理论指导下，揭示旅游活动在经济领域中发生的各种矛盾、现象、关系等。二者的联系：旅游学是旅游经济学的基础，为旅游经济学研究旅游活动的规律性提供指导。

（三）旅游经济学与其他旅游学科的关系

旅游是一种综合性的社会经济现象，从不同侧面在理论上反映和概括这种现象的学科还有很多，这些学科与旅游经济学的关系大致可以分为平行与纵向两种关系。

第一类是与旅游经济学成平行关系的学科，包括旅游心理学、旅游社会学、旅游人类学、旅游美学、旅游地理学，它们分别从旅游活动的不同侧面探讨旅游与有关学科结合的特点和规律，可以说旅游活动是它们相互联系的纽带。

第二类是与旅游经济学成纵向关系的学科，如旅游市场学、酒店管理等，这些学科以旅游经济学的原理为基础，从宏观和微观的角度分别在旅游管理和旅游市场方面做进一步的分析和研究。另外，景区管理、旅行社管理、旅游交通管理等也均属于旅游企业管理，以旅游经济学的基本原理为指导，从微观角度探讨旅游行业中不同类型旅游企业的经营与管理思想、原则、技术和方法。通常，它们与旅游经济学之间是具体与抽象的关系，是旅游经济学的基本理论在各具体领域中的应用和具体化。

第四节　旅游经济学的研究对象

研究对象的确定是学科研究范式的关键和前提，对学科的研究内容与研究方法起着重要的指导作用。可以说，学科研究工作是根据其研究对象展开的。旅游经济学的研究对象是旅游活动中产生的经济关系、经济规律以及各种矛盾。

一、旅游活动中的经济关系

旅游经济活动是旅游需求者和旅游供给者之间发生经济关系的过程，这种关系主要反映在以下四个方面。

（一）旅游需求者与旅游供给者之间的经济关系

旅游者支付费用，旅游企业提供旅游产品和旅游服务，进而形成经济关系。如何在满足旅游者的需求的同时实现旅游企业的利润是这一关系的焦点。

（二）旅游需求者与旅游目的地居民之间的经济关系

旅游者到旅游目的地旅游，涉及行、食、宿、游、娱、购等必要的活动。旅游者一方面要获得新的旅游经历和体验，另一方面会给旅游目的地居民带来经济、社会和环境的影响。三大影响的程度将决定旅游目的地的居民对待旅游者的态度和行为，从而决定两者之间的关系是否融洽和谐。目的地居民与旅游者之间和谐融洽的关系是旅游者获得高质量旅游体验和促进旅游目的地可持续发展的重要因素。

（三）旅游需求者与目的地政府之间的经济关系

目的地政府如何通过旅游规划、旅游营销等手段吸引旅游者前来旅游，旅游者到达目的地之后，政府如何通过旅游法律法规营造良好安全的旅游环境，等等，是旅游者与目的地政府之间关系发展的重点。

（四）旅游供给者之间的经济关系

各旅游企业之间既相互依赖，又相互竞争。在旅游活动中，旅游者的食、住、行、游、购、娱都需要得到旅游供给者之间的相互配合和支持。随着旅游者对旅游供给的要求越来越高，对旅游目的地的选择越来越多，为争取更多的客源，旅游供给者之间必然在旅游设施、服务质量、服务水平、服务价格等方面展开相互合作和竞争。

二、旅游活动中的经济规律

旅游经济学研究的任务是揭示旅游活动中的经济规律并通过其促进旅游经济协调、稳定和持续发展。在旅游活动中发挥主要作用的经济规律有以下几种。

（一）价值规律

价值规律是商品生产和商品交换的基本经济规律。在旅游活动中必然也存在着商品的价值取决于社会必要劳动时间、商品等价交换的规律，也必然会出现随着供求关系的变化，旅游产品的价格围绕着价值上下波动的现象。

（二）供求规律

供求规律是指商品的供求状况与价格变动之间的内在必然联系。一方面，旅游供求状况影响旅游产品的价格变动；另一方面，旅游产品的价格变动也会影响旅游供求状况。研究供求规律在旅游活动中的作用有利于人们利用供求规律调节旅游经济的平衡发展。

（三）竞争规律

竞争规律是商品经济的一个客观规律，是指在商品交换过程中通过市场有效竞争进行比较、较量而优胜劣汰的一种内在必然性。掌握竞争规律，可以更好地引导旅游活动中的竞争，使其朝着健康的方向发展。

三、旅游活动中的经济矛盾

贯穿旅游经济活动的主要矛盾是旅游需求和旅游供给之间的矛盾，它决定了旅游经济活动中的其他一切矛盾，具体包括以下几方面。

（一）旅游需求者方面的矛盾

旅游需求者方面的矛盾主要体现在三个方面。

（1）旅游需求与个人可自由支配收入之间的矛盾。个人可自由支配收入是个人收入在扣除各项税款和非税性负担、生活必需开支、社会消费等项目后，可供消费的那部分个人收入。人们有可自由支配的收入才有可能具备产生旅游需求的经济条件，如果人们有旅游的愿望却没有充裕的可自由支配收入，旅游需求就不可能实现。

（2）旅游需求与闲暇时间的矛盾。闲暇时间是人们在劳动时间之外，满足生理需要和家庭劳动需要等生活支出后，剩余的个人可自由支配的时间。闲暇时间是人们实现旅游活动的必要条件之一。倘若没有闲暇时间，即使人们有出游的愿望和充足的可自由支配收入，旅游需求也无法实现。

（3）旅游需求与旅游者自身文化、身体素质之间的矛盾。比如，对身体素质稍差、年纪较大的人来说，去极地、高原等比较特殊的旅游目的地会受到身体素质方面的条件限制。另外，同质文化和异质文化也会对不同文化背景的旅游需求产生不同程度的抑制作用。

（二）旅游供给者方面的矛盾

旅游供给者方面的矛盾也主要体现在三个方面。

（1）旅游供给者之间的矛盾。由于旅游业在多数情况下处于买方市场，在供大于求的条件下，旅游企业之间在客源、市场和收入分配等方面存在较大的矛盾。

（2）旅游供给者收益与成本之间的矛盾。如何以最少的成本取得最大的收益是旅游供给者关注的焦点。

（3）旅游业宏观经济效益和微观经济效益的矛盾。旅游供给者可能会因为自己的微观和局部利益，做出损害整个旅游行业的声誉、形象等牺牲宏观利益的行为。

（三）旅游需求者和旅游供给者之间的矛盾

二者之间的矛盾主要包括旅游需求者的支付能力与旅游产品价格之间的矛盾、旅游需求者的需求与旅游供给者提供的旅游服务之间的矛盾、旅游需求的高度灵活性与旅游供给的相对稳定性之间的矛盾等。旅游经济活动就是由许许多多的矛盾运动变化推动的，旅游经济学的任务就是对这些矛盾进行深入研究，以便更好地解决这些矛盾。

第五节　旅游经济学的研究内容与方法

旅游经济学的研究是围绕旅游经济活动的进行而展开的，通过分析旅游经济活动的各个侧面、旅游经济活动进行的条件、影响旅游经济活动的因素、旅游经济活动同社会经济活动乃至世界经济活动的关系等，揭示旅游经济活动中各种经济现象、经济关系的本质，探索旅游经济活动的规律性。概括地说，旅游经济学研究的内容包括旅游经济活动的各个主要环节及其相互关系。

一、旅游经济活动的起点和基础

没有旅游活动便没有旅游经济，旅游产品的特性决定了旅游经济学研究与其他经济学研究存在重大差异。因此，旅游经济活动的产生原因和旅游产品的特性是旅游经济学研究的基础和出发点。

（一）旅游经济活动的形成与发展

旅游经济是社会生产力发展到一定历史阶段的产物，是国民经济的有机组成部分。因此，研究旅游经济学首先应了解旅游和旅游经济的相关概念以及旅游现象的演变过程。在此基础上，明确旅游经济的形成及发展特点和旅游产业的性质及其主要标志，从社会经济发展的角度把握旅游经济在国民经济中的重要地位，以及其对社会、文化和生态环境的作用和影响。

（二）旅游产品

旅游产品是旅游经济活动的细胞，也是研究旅游经济学的最基本要素。对旅游产品的研究主要集中于旅游产品的定义和构成、特征和差异，旅游产品生命周期，旅游产品的开发与组合策略，旅游价格的影响因素、方法和策略。

二、旅游微观经济活动

对旅游微观经济活动的研究主要包括如下几个方面。

（一）旅游需求与供给

旅游经济活动是以旅游产品的需求和供给为出发点的。对旅游需求的研究包括旅游需求的概念与特征、旅游需求层次关系、旅游需求规律及其弹性和旅游需求模型。对旅游供给的研究包括旅游供给的概念与类型、供给特征、影响因素以及旅游供给的规律及其弹性。在此基础上，还需进一步探究旅游供需之间的矛盾与特征、供需平衡规律以及实现旅游供需平衡的途径。

（二）旅游消费

旅游消费是旅游微观经济活动研究的重点领域。对旅游消费的研究包括旅游消费的概念、类型、作用及特点，影响旅游消费的基本因素，旅游消费的结构及合理化、优化的途径。此外，分析有代表性的旅游消费决策模型，更好地满足旅游消费也是研究的主要内容。

（三）旅游经营活动

对旅游微观经营活动的研究包括旅游目的地和旅游企业两个方面。

旅游目的地是旅游活动的空间载体，也是旅游经营活动的核心空间。对旅游目的地各种经济现象的研究、对旅游资源以及由旅游资源决定的旅游吸引力的研究扩展了旅游经济活动研究的空间。对旅游经营活动的研究包括旅游目的地的经济区位、旅游容量、经济波动、经济影响等。此外，旅游目的地之间的竞争与合作、形成的原因、两者间的关系和竞争力提升也是旅游经济活动的研究范畴。

旅游企业是旅游经济活动开展和经济效益产生的主体。研究旅游企业的性质和经营管理模式，分析旅游企业成本、收益、利润及实现效益最大化的途径是旅游经济学的任务。此外，对旅游企业的一体化经营和跨国经营的成因进行剖析，探讨旅游企业跨国经营的现状和路径，分析旅游企业一体化经营的模式和优缺点，厘清跨国经营的障碍和方式，也是旅游经济学研究的一部分。

（四）旅游市场

对旅游市场的研究包括旅游市场的概念、细分、特征、功能以及旅游市场机制的表现形式，我国三大旅游市场（入境旅游市场、国内旅游市场和出境旅游市场）的竞争局势和存在的主要问题，以及解决旅游市场恶性竞争的重要手段。

（五）旅游投资

旅游投资是一个国家或地区旅游经济发展必不可少的前提条件，也是旅游业实现扩大再生产的物质基础。对旅游投资的研究包括基本概念、特点与类型、主要融资渠道，还包括旅游建设项目可行性分析的主要内容，旅游投资的风险评价、投资项目的经济效益和宏观效益评价的基本方法。

三、旅游中观经济活动

对旅游中观经济活动的研究主要集中于旅游产业组织、产业结构和产业关联方面。

（一）旅游产业组织

首先，研究旅游产业构成、产业组织以及它们之间的区别和联系，分析现代旅游产业组织理论的渊源、形成与发展历程。其次，从旅游经济活动整体出发，研究旅游产业概念、性质和特征，以及在市场经济环境下旅游产业的成长模式。此外，运用产业组织的理论研究旅游产业的市场结构和旅游企业市场行为。

（二）旅游产业结构

研究内容主要包括旅游产业结构的变迁，旅游产业结构的高级化、合理化发展，进而推动旅游业产业结构转型升级，实现旅游产业高质量发展。

（三）旅游产业关联

研究内容主要包括旅游产业的关联性及其成因、旅游产业关联度的测量以及测度模型和方法、旅游产业协调合作的多层次系统及实施途径。

四、旅游宏观经济活动

运用宏观经济分析的方法和经济增长理论分析旅游经济发展对国民经济发展的作用以及旅游经济发展政策的制定。

（一）旅游经济发展

研究内容主要包括探讨旅游经济的发展模式和发展战略，分析旅游经济的宏观管理模式，探寻中国旅游经济发展的最佳方式，建立科学的旅游管理体制及组织形式，加强旅游的全行业管理，等等。

（二）旅游经济影响

按照旅游经济活动的评价方法，测量旅游经济活动的微观和宏观影响，建立旅游经济影响的评价指标和方法，探究提高旅游经济效益、减少旅游经济负面影响的措施，并重点研究旅游乘数和旅游卫星账户。

（三）旅游发展中政府的作用

从旅游市场失灵入手，阐明旅游发展不同阶段中的政府职能与作用。在对政府干预与政府规制比较分析的基础上，研究旅游市场失灵的政府干预行为，并对政府失灵的定义、表现形式及原因进行分析，探寻旅游经济活动中"市场失灵"和"政府失灵"的规避途径。

五、旅游经济学的研究方法

旅游经济学是一门综合性的应用经济学，它的研究方法必须以经济理论为指导，结合社会科学的特点，运用多学科的研究方法。

（一）定性分析与定量分析相结合的方法

定性分析是由熟悉情况和业务的专家根据个人的经验进行分析判断，提出初步预测意见后再进行综合，最后预测未来状况和发展趋势。定量分析是运用现代数学方法对有关的数据资料进行加工处理，据以建立能够反映有关变量之间规律性联系的各类预测模型的方法体系。旅游活动中的各种经济现象不仅具有质的规定性，也具有量的规定性。因此，在旅游经济学的研究中，必须把定性分析和定量分析有机结合起来，通过定性分析准确界定其性质和特点，通过定量分析揭示旅游经济活动中的发展趋势、变化规律。

（二）实证分析和规范分析相结合的方法

实证分析方法是在分析经济问题和建立经济理论时，撇开对社会经济活动的价值判断，只研究经济活动中各种经济现象之间的相互联系，运用"大胆假设、小心求证，在求证中检验假设"的方法，在做出与经济行为有关的假定前提下，分析和预测经济行为的后果。规范分析方法是以一定的价值判断为出发点和基础，提出行为标准，并以此为处理经济问题和制定经济政策的依据，探讨如何才能符合这些标准的分析和研究方法。在旅游经济学的研究中，逻辑的推理固然重要，但倘若没有来自实践的支撑，推理就会失去理论的解释意义。所以，旅游经济学的研究需要运用实证分析和规范分析相结合的方法。

（三）综合运用多学科知识的方法

旅游经济活动是一项综合性的社会经济活动，其研究涉及经济学、旅游学、心理学、社会学、统计学、会计学等学科。因此，在旅游经济学中应学习这些学科的理论，借鉴这些学科的研究方法及最新研究成果，不断丰富旅游经济学的内容，提高旅游经济学的研究水平和对实践的指导性。

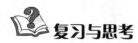

复习与思考

思政案例分析

数字人文：红色旅游发展的新路径

思政解读

（1）习近平总书记在中国共产党第二十次全国代表大会上的报告中明确指出："推进文化自信自强，铸就社会主义文化新辉煌"，"以社会主义核心价值观为引领，发展社会主义先进文化，弘扬革命文化，传承中华优秀传统文化，满足人民日益增长的精神文化需求，巩固全党全国各族人民团结奋斗的共同思想基础，不断提升国家文化软实力和中华文化影响力。"

（2）《"十四五"旅游业发展规划》中明确提出：要坚持创新驱动发展，推进智慧旅游发展，打造一批智慧旅游城市、旅游景区、度假区、旅游街区，培育一批智慧旅游创新企业和重点项目，开发数字化体验产品，发展沉浸式互动体验、虚拟展示、智慧导览等新型旅游服务，推进以"互联网+"为代表的旅游场景化建设。

案例分析与讨论

1. 结合案例材料，自行查找资料，探讨我国红色旅游近年来的发展与变化趋势。
2. 结合具体的红色旅游景区景点或红色旅游项目，谈一谈数字信息技术在其中的运用及产生的效果。

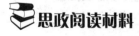

思政阅读材料

旅游业高质量发展的人民性、现代化和未来感

第二章 旅游产品理论

旅游产品是旅游经济运行的基本单位，旅游产品的质量、数量和种类直接关系到旅游经济的发展与繁荣。作为旅游经济系统中的基本"细胞"，本章在阐述旅游产品的概念和构成的基础上，分析了旅游产品的使用价值和价值的实现机制、旅游产品价格的内外决定因素；在剖析旅游产品的本质和特性的基础上，阐述了旅游产品生命周期理论，并对旅游产品的开发设计原则、开发内容和产品创新等方面的内容进行了系统介绍。

学习目标

知识目标：理解旅游产品的概念，了解旅游产品的价值表现、价格及其影响因素，思考旅游产品的本质和特性。

能力目标：能阐述旅游线路产品和旅游整体产品的构成，结合实际分析旅游产品的生命周期，结合旅游产品开发与创新的原则、内容与策略进行分析与策划。

思政目标：深入理解文旅融合对旅游发展的重要意义，增强对中华优秀传统文化有机融入现代旅游产品开发中的认识与思考，并体会 2022 年北京冬奥会、冬残奥会成功举办的重大意义，增强对体育与旅游的融合成为新时代体旅高质量发展大方向的思考。

思维导图

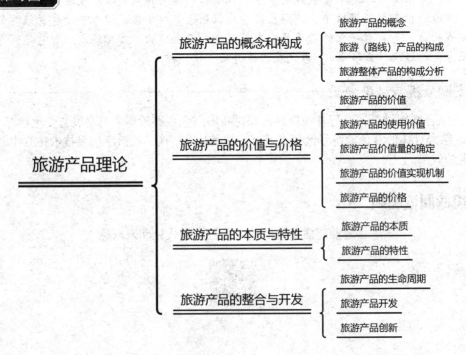

第一节　旅游产品的概念和构成

旅游产品是实现旅游经济活动中各种经济关系的连接点，也是旅游开发活动的核心，是旅游经营活动的主体。在旅游经济学的研究体系中，旅游产品是最为重要的概念之一。

一、旅游产品的概念

1985年，顾树保最先将经济学对产品的定义引入旅游研究，认为旅游产品的本质是旅游者的经历，外延是旅游者从离家到旅行结束的全部内容。以此为契机，众多学者从旅游者、旅游目的地、市场供需双方等角度全面探讨旅游产品的概念，使旅游产品的内涵更加丰富。

（一）从旅游者的角度出发的概念

从旅游者的角度来看，旅游产品是指旅游者花费一定的时间、精力和费用所获得的经历和感受。旅游者旅游的目的就是获得体验和感受，而短暂的异地生活所需的饮食、住宿、交通、游览、购物、娱乐等产品，都是实现旅游体验的重要方式。因此，旅游产品研究在旅游产品"经历说"的影响下格外重视旅游者的旅游体验，从而引申出对旅游产品体验的相关探讨。由于对旅游者而言，旅游产品是一次出游的完整经历，因此，旅游产品是体验、物象和服务相互渗透的结果。从此角度来看，旅游者也兼具旅游产品生产者的身份。

从旅游者的角度认识旅游产品，有利于强化旅游开发中的市场观念，增强旅游经营者的服务和市场意识，更好地遵守市场供求规律来提供旅游产品。但是，这种定义也有一定缺陷，主要表现在经历、感受等主观体验因人而异，缺乏质的规定性和实际操作性。

（二）从旅游经营者的角度出发的概念

在市场经济条件下，旅游产品是旅游服务业为满足旅游者旅途中各类需要所提供的各类服务的总称，也即旅游经营者凭借旅游吸引物、交通和旅游设施，向旅游者提供的用以满足其旅游活动需求的全部服务。从这个角度来看，旅游产品是由多种成分组合而成的混合体，旅游服务则是旅游产品的核心，旅游产品也表现为能满足旅游者在旅游活动过程中综合需要的服务的总和。

从旅游经营者的角度认识旅游产品，有利于分析旅游产品的组成，也有利于旅游产品的开发与销售。但是，这种观点也存在一定的局限性，主要表现在忽视了并不是所有旅游产品都是相同要素的组合这样一个事实，一定程度上忽略了单项旅游产品。

（三）从整体的角度界定旅游产品

从整体的角度来看，旅游产品指旅游者在一定时间和空间内，出于娱乐、休闲、公务、个人事务或寻求发展等目的而购买的一种总体性产品。一般来说，一个完整的旅游产品包括旅游交通、住宿、餐饮供应、游览观光、娱乐项目和旅游购物等相关要素。因此，旅游产品是由多种异质成分组合而成的综合体，但又以服务形式为主表现出来，一次旅游经历构成一个单位的旅游产品。由此可见，旅游产品整体观包含了旅游产品要素观，旅游者任何一次对目的地的访问都是由多种要素组合而成的，所有构成产品的要素都可以按照最符合旅游者特定需求的方式进行设计、搭配和创新。基于整体观、系统观看待旅游产品，有利于发掘旅游产品的层次性和结构性，深入理解旅游市场上旅游产品的丰富表现形式。

（四）旅游产品的综合性定义

综合上述观点，对于旅游产品我们可以做如下定义：从旅游者角度来看，旅游产品是指旅游者花费一定的时间、精力和费用所获得的经历和感受；从旅游经营者角度来看，旅游产品是指旅游经营者凭借一定的旅游资源、旅游设施和其他媒介，向旅游者提供的、满足旅游者需求的各种各样的物质产品和劳务的总和；从整体上看，旅游产品是满足旅游者在旅游活动过程中需要的物质实体和非物质形式的劳务总和。

因此，旅游产品可以是旅行社提供的接待服务、住宿机构提供的客房及相关服务、航空公司提供的座位及相应服务、旅游景区景点游览等单项旅游产品，也可以是向大多数旅游者提供的由食、住、行、游、购、娱等部门组成的一种复合产品，表现为线路产品或者不同的产品组合（如度假旅游、探险旅游等）。

从区域旅游开发的角度讲，区域旅游是由若干风格各异的旅游线路组成的，旅游产品还可以指这样的区域旅游地（城市、地区、国家）的旅游产品，可称之为整体产品、旅游目的地产品或者旅游产品系统。

二、旅游（线路）产品的构成

从上述对旅游产品概念的探讨中可以看出，旅游产品是一个复杂而综合的整体，其现实表现有不同的形式。不同表现形式和层次的旅游产品由于其涵盖的具体范围不同，在特点和结构上就会表现出一定的差异性。

旅游线路产品又称为组合旅游产品，指旅游经营者根据旅游者的需求，将行、住、食、游、娱、购等多种要素或单项旅游产品组合在一起所提供的产品，比如，旅行社提供的包价旅游产品、专项旅游产品等。

（一）旅游产品的营销构成

根据现代市场营销理论，产品由核心部分（核心产品）、形式部分和延伸部分组成。其中，核心产品是产品的主体，指产品的基本功能与消费者追求的基本利益或要达到的效果，满足消费者的基本效用和核心价值；形式部分是指构成产品的实体和外形，包括商标、包装等；延伸部分是指随产品销售和使用而给消费者带来的附加利益。

1. 旅游产品的核心部分

按照该理论，旅游产品也由核心部分、形式部分和延伸部分构成。旅游产品的核心部分是旅游产品的最基本层次，包含了产品向旅游者提供的基本效用，能够满足旅游者购买该产品最核心的需求。对旅游者而言，旅游产品的核心部分就是以旅游资源为基础表现的旅游吸引物，它们能够激发人们的旅游动机，促成旅游行为，拉动旅游者到旅游地消费。游览设施是游客欣赏旅游吸引物的必要条件，也是构成核心旅游产品的必要组成部分。除此之外，旅游娱乐产品、纪念品和部分旅游服务也属于核心旅游产品，但不是必要组成部分。住宿、交通、餐饮等为旅游者提供旅途服务的部分，如果不属于核心吸引物，则属于核心旅游产品的范畴，属于组合旅游产品的范畴。

2. 旅游产品的形式部分

旅游产品的形式部分指旅游者使用核心旅游产品时的表现形式，展现核心产品的特定形态。在旅游过程中，各种旅游接待设施、景区景点、娱乐项目等称为旅游产品的有效载体。而旅游产品的质量、特色、风格、声誉品牌及组合方式是依托载体反映出来的价值形式，是激发旅游者的旅游动机、吸引旅游者进行旅游活动的具体形式，如各种旅游场所的清洁和安全、宾至如归的氛围、服务人员的态度、酒店和景点良好的地理位置等。

3. 旅游产品的延伸部分

一般来说，核心产品要与形式产品匹配，而不一定必须有延伸产品。但旅游产品作为一种以服务为主体的产品，延伸产品却相当重要，它是针对核心产品所追加的额外利益，能起到与竞争产品进行区别的作用，使游客得到很多好处。延伸产品是指旅游者购买旅游产品时获得的优惠条件、意外的满足、超值的享受等，是旅游者在进行旅游活动时所得到的附加利益的总和，如免费接站、售后服务等。但是，当这些附加利益已经成为行业内的共同特征时，延伸产品就转化为形式产品。

（二）旅游产品的需求构成

由于旅游产品是一种直接面向旅游者的最终消费品，因此，从消费需求的角度出发，可以从旅游者的需求程度和消费内容两方面进一步分析旅游产品的构成。

按照旅游者的需求程度，可以将旅游产品分为基本旅游产品和非基本旅游产品两类。基本旅游产品是指旅游者在旅游活动中必须购买的，且需求弹性较小的旅游产品，如住宿、交通、游览、餐饮等。非基本旅游产品是指旅游者在旅游活动中不一定购买的，而且需求弹性较大的旅游产品，如购物、娱乐、医疗等。需要注意的是，对于基本和非基本旅游产品的划分是相对而言的，比如，"游览"对于观光旅游者来说是基本旅游产品，但对于商务旅游者来说就不一定是基本旅游产品。从需求程度分析旅游产品的构成，有助于旅游经营者针对不同类型的旅游市场提供不同内容的旅游产品，使旅游产品更好地满足旅游者需求。同时，也有助于旅游者在选择和消费旅游产品过程中，有计划地调整自己的消费结构和档次水平，使旅游活动更轻松、舒适，以达到有益于身心的目的。

按照旅游者的消费内容划分，一般旅游产品由食、住、行、游、购、娱六大部分组成。住宿和饮食是向旅游者提供基本生活条件的消费，交通是向旅游者提供实现旅游活动的主要手段，游览是向旅游者提供旅游活动的中心内容，娱乐是向旅游者提供一种愉悦的参与性体验和感受，购物是向旅游者提供辅助性消费的内容和形式。

（三）旅游产品的供给构成

从旅游产品供给的角度来看，旅游产品主要是由旅游吸引物、旅游设施、旅游服务、旅游购物品和旅游通达性等多种要素构成的。

旅游吸引物是指一切能够吸引旅游者的旅游资源与条件，是旅游活动的客体。在自然界和人类社会中，凡是能吸引旅游者进行旅游活动，能给旅游业带来各种综合效益的事物，都属于旅游吸引物。按照本身的属性和组成要素，旅游吸引物可以分为自然的和人文的两大类，它们能从不同层面激发和满足旅游者审美、休闲、娱乐、探险、考察、教育等需要，促进旅游行为的发生。

旅游设施是实现旅游活动必须具备的各种设施、设备和相关的物质条件，也是构成旅游产品的必备要素。旅游设施一般分为专门设施和基础设施两大类。专门设施指旅游经营者直接服务于旅游者的凭借物，通常包括游览、餐饮、住宿、娱乐等设施。基础设施指开展旅游活动必不可少的各种公共设施，包括城镇（风景区）道路、桥梁、供电、供热、通信、给排水以及街区绿化、路灯、交通工具等。

旅游服务是旅游产品的主体。旅游服务可以按照经营阶段进一步划分为售前服务、售中服务和售后服务。售前服务是指旅游活动准备性的服务，通常包括咨询、办理入境手续、接站、相关保险服务等。售中服务是指在旅游活动中向旅游者直接提供的服务，如餐饮服务、住宿服务、交通服务、游览服务、娱乐服务等。售后服务是指旅游者结束旅游活动离开目的地及后续相关服务，包括送站、出境手续办理、委托代办服务、游客返家的后续跟踪服务等。

旅游购物品是旅游者在异地购买并在旅途中使用、消费或携回使用、送礼、收藏的物品，通常具有实用性、纪念性、礼品性和收藏性价值。旅游购物品种类繁多，大致可以分为实用品、工艺品和艺术品等。

旅游通达性指旅游者在旅游目的地之间来回移动的方便、快捷、通畅的程度，具体表现为进出旅游目的地的难易程度。旅游目的地的通达性对旅游产品的成本、质量、吸引力等有较大的影响作用。

（四）旅游产品的物质形态构成

按照物质的形态，可以将旅游产品分为有形的和无形的两大部分。有形的部分是指旅游者在旅游过程中客观使用、看得见、摸得着的物质部分，具体可以分为旅游吸引物和旅游设施两大类。无形的部分是指旅游者看不见、摸不着、主观上感受的非物质部分，如旅游过程中的服务，旅游目的地的形象和声誉、环境和气候等。

三、旅游整体产品的构成分析

旅游整体产品又称为旅游目的地产品，是指某一旅游目的地能够提供并满足旅游者需求的全部物质产品和服务，其中包含了若干项单项旅游产品和若干条旅游线路产品。按照旅游吸引物和旅游服务的不同，通常划分为观光、度假、商务、研学、康养、科考、探险等不同的旅游产品类型。

（一）旅游整体产品的谱系分析

以旅游产品的存在形式和表现类型来看，一个完整的旅游产品系统是由观光、度假、康养、商务、文化、专项特种旅游产品构成的。但对于具体的旅游目的地而言，因区域大小不同和旅游资源的限制，旅游产品系统不一定全部包含上述各类旅游产品。即使全部包含，每一类在该区域中所占比例也有差异，从而使得不同旅游目的地的旅游产品系统不同，不同旅游区域特色各异。

观光旅游产品指旅游者以观赏和游览为主要目的的旅游产品。在文旅融合的过程中，在许多观光旅游产品中也融入了更多的文化内涵和休闲度假元素。度假旅游产品指旅游者以修养身心和放松消遣为主要目的的旅游产品，其特点是强调休闲和消遣。康体旅游产品的主要目的在于使旅游者身体素质和体能得到不同程度的提高和改善，主要包括体育旅游和保健旅游两大类。商务旅游产品指人们以商务活动为主要目的，以游览观光、休闲度假为辅助活动的旅游产品。文化旅游产品以学习、研究旅游目的地历史文化为主要目的，突出文旅融合，可以继续细分为研学旅行、博物馆旅行等具体产品类型。特种旅游产品一般能够满足旅游者在某一方面的特殊需要。

（二）从旅游产品系统的组合结构分析

旅游产品系统是宏观层面上区域内各种类型旅游产品、旅游线路的有机组合。对旅游产品系统的组合结构进行分析的目的在于衡量其是否有良好的产品组织结构，能否在市场形成一个有竞争力的整体，满足目标群体的需求。

旅游产品系统的内部布局指旅游产品系统在其形体结构上是否形成了品牌产品（拳头产品）、重要产品和配套产品。品牌产品是旅游目的地的导向型产品，对市场具有引导作用，是竞争力较强的旅游产品，它能够展现和强化旅游目的地的形象。重要产品是整个产品布局体系的支撑，是旅游目的地的主力产品。配套产品的市场吸引力和号召力相对较弱，但却可以丰富目的地旅游产品系统的结构，满足相对小众或低消费市场群体的需要。

第二节　旅游产品的价值与价格

马克思认为：任何劳动产品要成为商品，必须能够满足人们的某种需求，并能够用于市场的交换，即产品必须具有价值和使用价值。旅游产品之所以能成为商品，也是因为它具有一般商品所具有的基本属性，即使用价值与价值的统一。

一、旅游产品的价值

价值是商品的社会属性，是凝结在商品中的一般人类劳动。根据马克思的服务理论，没有实物形式的商品性服务在生产过程中既消耗具体劳动，也消耗抽象劳动。因此，和其他产品价值一样，旅游产品的价值是指凝结在旅游产品中无差别的人类劳动，是人类脑力、体力支出的结果。其价值量的大小由生产时所耗费的必要劳动时间和劳动量决定，是旅游产品所凭借的实物劳动产品的价值和服务所创造价值的总和。具体来说，旅游产品的价值同一般产品相同，基本也由三个部分组成。

（一）转移价值

转移价值是指旅游经营者向旅游者提供旅游服务时，所凭借的各种服务设施和设备的折旧，提供餐饮、住宿、娱乐等旅游活动所耗费的各种原材料、辅助材料等，它们是旅游行业劳动者过去所创造价值的转移，属于社会总产品中不变部分的转移，如设备和设施的使用磨损、原材料消耗等物化劳动。

（二）补偿价值

补偿价值是指劳动者所创造的新增价值的一部分，即用于补偿旅游经营者和服务人员劳动支出的工资与福利，是由旅游从业人员所创造的、用以维持劳动力再生产所消耗的物质资料的价值，其形成旅游产品价值中的变动部分，是社会总产品中满足劳动者需求的个人消费品，如服务人员、管理人员的活劳动。

（三）剩余价值

剩余价值是指旅游从业人员超过社会必要劳动时间，为社会创造的新增价值部分，其形成旅游产品价值中的剩余价值部分，是满足社会扩大再生产及其他公共消费需求，并以积累基金和社会消费基金等形式所表现出来的社会总产品中的公共必要产品，如服务人员、管理人员创造的剩余价值部分，也即利润与税收。

因此，旅游产品的价值由转移价值、补偿价值和剩余价值组成，补偿价值和剩余价值构成了旅游产品的新增价值，是社会主义旅游经济运行的核心，体现了旅游业对社会经济做出的贡献。

二、旅游产品的使用价值

产品的使用价值是指其能够满足人们物质或精神方面的某种需求的特点。旅游产品的使用价值首先表现在能够满足旅游者旅游活动中各种需要的效用。旅游产品中所包含的食、住、行、游、购、娱等部分，既有满足旅游者生理需要的部分，又有满足各种各样心理与精神需要的部分。而且，由于旅游者对旅游产品的消费（尤其是对国际旅游产品的消费）是一种相对高水平的消费，其使用价值在满足旅游活动的基本物质需要之后，更多表现为满足人们的精神需要，如通过旅游增长见识、陶冶情操、愉悦身心、增进友谊等，并满足了旅游者求新、求知、求美、求奇、求乐等愿望。但是，旅游产品的使用价值除了具备这些基本属性，还具有区别于其他产品的特殊性质，具体表现为以下几方面。

（一）旅游产品使用价值的多效用性

一般的物质商品只能满足人们某方面的需要，而旅游产品却能满足旅游者从物质到精神方面的多层次需要。例如，旅游产品不仅能够满足旅游者的基本物质生活需要，还能够满足更高层次的诸如观光、游览、文化、娱乐方面的需要，满足旅游者求新、求知、求美、求奇等高层次心理需要。

（二）旅游产品使用价值的多层次性

通常，一个完整的旅游产品应该根据旅游者的需要、旅游产品的成本以及旅游市场的供求状况等，制定出高、中、低等若干档次的产品规格以及相应的价目表。但是，无论是哪一规格、档次和价格的旅游产品，其使用价值都能满足旅游者的综合性需要，满足不同消费层次旅游者的需求。

（三）旅游产品使用价值的多功能性

在旅游产品的使用价值构成中，既有构成旅游产品使用价值中必不可少的基本部分，也有构成旅游产品使用价值中的附属部分。例如，在旅游的过程中，如果游客突发疾病，旅游经营者则要即时提供医护条件和相应的协助服务。虽然这些服务不属于旅游产品使用价值中的基本部分，但却属于附属部分，一旦旅游者需要，旅游经营者也要义不容辞地提供。

三、旅游产品价值量的确定

旅游产品一方面能够满足游客的精神、物质、文化需求，有使用价值；另一方面包含了物化劳动价值和活劳动价值，二者同时具备才能成为商品。但是，从旅游产品的价值决定和价格形成的角度看，旅游产品价值量的确定又具有一定的特殊性。

（一）旅游产品价值量的确定主要以质量为标准

旅游服务是旅游产品的核心，旅游服务质量的高低直接影响旅游产品价值能否实现。而旅游服务质量主要与从业人员的文化素质、业务能力、职业道德水平密切相关。因此，只有提供高质量的旅游服务，才能保证旅游产品价值的有效实现。

（二）旅游产品价值量的确定具有垄断性

旅游资源是旅游产品构成的重要内容，旅游资源的种类和特色决定了旅游产品价值量的差异性。例如，人文景观中的历史文物古迹，除了是前人劳动的结晶外，历代的维修保养也付出了大量的劳动，使这些旅游资源具有不可替代且不能以劳动量衡量的历史价值，因而这种价值的不可估量性反映在价格上即为垄断性。

（三）旅游产品的价值量随旅游产品组合不同而发生变化

旅游产品中的旅游设施同市场上的其他物质产品一样，其价值也是由凝结于其中的社会必要劳动量决定的。但是，这些设施受旅游经济活动的特点影响，在旅游产品的组合过程中会产生新的附加值。旅游者在旅游活动过程中享受相关设施的环境条件和服务内容可以形成不同的组合，旅游产品价值量就会有相应差异。

四、旅游产品的价值实现机制

任何商品的价值实现都需要通过市场交换，商品价值的市场表现就是商品的交换价值。商品的交换价值一方面取决于商品本身的价值，另一方面也取决于商品的供求状况。

就旅游产品而言，其使用价值体现了旅游者在其活动中所获取的一切经济价值，包括从自然界和人类社会中直接提取的初级资源、制造出的有形商品、无形服务、难忘体验、引导的转型。初级资源，诸如自然资源中的阳光、沙滩、海水、植物、动物、空气，人文资源中的历史古迹、纪念地、标志物、典故、民俗等。有形商品，如旅游设施的折旧部分、餐饮食品、旅游购物品等。无形服务，如导游服务、问询服务、交通运输服务、餐饮服务、住宿接待服务、游览娱乐服务、购物服务、邮件通信服务、护照签证服务等。难忘的体验，如教育体验、娱乐体验、审美体验等。引导的转型，如体能得到恢复和发展、个人的精神世界获得一种"满足感"、激发出对物质世界的探索兴趣、改变对目的地社区居民的看法与态度等。旅游者为了获得在某一时间段、空间范围对这些初级资源的使用权，并享受无形的服务以获得难忘的体验等，就必须在旅游市场上用相应的货币量作为交换，以得到这些使用价值，从而对其中包含的各项物质资源以及人类劳动的价值进行合理补偿。

五、旅游产品的价格

（一）旅游产品价格的内在决定因素

1. 价值

和其他产品一样，价值是价格的基础，价格是凝结在产品中的社会劳动的货币反映，价格必然要随产品所含价值量的变化而变化。价值是决定旅游产品价格的根本性因素。旅游产品是一种特殊形式的产品，既不是完全的有形产品，也不是完全的无形产品，而是各种自然、社会、有形与无形产品组合而成的综合产品。因此，旅游产品价值的决定和实现过程具有特殊性，可以在不同的时间、地点和人群中表现出极大的差异性，也可以在市场上表现出极大的波动性和不确定性，这正体现了其社会价值的决定和实现过程与其他商品价值的决定和实现过程相区别的特殊性。

2. 成本

旅游产品成本是开发、创造及实现旅游产品过程中所支付的各种费用的总和。由于旅游产品的特殊性，其成本也十分特殊，表现在以下方面：第一，服务费用所占比例较大，服务费可以因人、因时、因地不同而产生相当大的差异；第二，物质消耗部分的转移时间一般较长，单位旅游产品所含物化劳动会随所销售旅游产品总量的变化而不断改变，这说明旅游产品的单位固定成本是一个不断变动的量，为产品价格的市场变动提供了内在的可能性和较大的空间。

（二）旅游产品价格的外在决定因素

一般来讲，旅游产品价格的外在决定因素主要包括以下两个方面。

（1）旅游者的认同和接受程度。由于旅游产品属于较高层次的精神消费产品，属于非基本生活消费品，其市场需求变动并不完全符合一般产品的市场需求规律。从某种程度上讲，低价并不一定能真正吸引消费者，高价也不会使所有消费者望而却步。满足旅游者的消费需求和心理期望，并能在经济上被消费者所接受和认同的价格，才是市场中比较合理的价格。

（2）旅游市场供求关系与竞争状况。竞争一方面产生于市场供求状况，另一方面也取决于旅游市场中不同旅游产品之间的相互替代程度。一般来说，在旅游产品的供求关系中，供给一经形成就具有极强的稳定性，尤其是一些主要的旅游基础设施，如酒店、景区景点等。而旅游需求由于制约和影响因素众多，相对于供给而言弹性大很多。因此，相对而言，需求决定和牵制旅游市场价格的趋势十分明显和突出。除此之外，替代产品的状况对旅游产品价格的影响也十分重要。当然，除上述两方面之外，在旅游产品价格外在决定因素中，游客的收入水平高低、闲暇时间长短、目的地经济景气状况、东道主国家旅游政策、汇率变动等也同样对旅游产品的价格高低发挥着重要的作用。

第三节　旅游产品的本质与特性

一、旅游产品的本质

旅游产品的本质特征是指旅游产品区别于一般服务性产品的根本内在差异。旅游吸引物是旅游产品形成的先决条件和最基本要素，是旅游产品的灵魂和生命所在。没有旅游吸引物就没有旅游产品，旅游吸引物是统摄旅游产品整体的核心因素。因此，旅游产品的本质特征应归结为旅游吸引物的特点。概括而言，旅游吸引物具有以下特点。

（一）整合性

整合性是旅游吸引物具有的将各种现实和潜在的单项实物产品和服务性产品聚合统一为完整的旅游产品的特点。

整合性可以从以下三个方面加以理解。

（1）明确了旅游吸引物的支配地位和决定性作用，反映了旅游产品的内在聚集力。

（2）体现了旅游产品的"综合性"，反映出旅游产品构成的多样性。

（3）显示了旅游业的行业和部门关联的广泛性。

（二）塑损矛盾性

"塑"指旅游吸引物具有强烈的可塑性。与一般产品不同，旅游吸引物具有恒值性，其价值和使用价值不因旅游消费活动而贬损或丧失，可以持续不断地供不同的旅游者消费，同时保持其吸引力。另外，旅游吸引物的恒值性促成了旅游产品供给的相对稳定性，而这种相对稳定性与巨大包容性相互作用又能促成旅游吸引物乃至整个旅游产品价值的增长。

"损"指旅游吸引物具有易失性。易失性是指一旦受损，就难以恢复甚至完全从世界上消失的特征。自然吸引物和人文吸引物是旅游吸引物的主要构成部分，也是最受欢迎、最能带动大众旅游的部分。然而，这些吸引物大多数属于不可再生的旅游资源，其价值和使用价值具有不可复制和不可替代性。一旦受损，不仅自身难以恢复，也会导致旅游产品整体失去存在价值。

（三）被动外向性

被动外向性指旅游吸引物具有被动接受外来游客消费的特点。多数旅游吸引物通常静止不动且与旅游消费者保持较远的空间距离。旅游吸引物的"不动"决定了旅游产品的不可移动，旅游者必须通过空间移动接近、接触和享受旅游吸引物。旅游消费客体的"不动"与消费主体的"移动"相结合构成了"被动外向性"特点。受此特点影响，运输、餐饮、住宿等大量服务行业的产品才进入旅游行业，成为旅游产品的重要内容和实现旅游目的的必要条件，并应运而生了旅行社服务、导游服务等旅游专门服务。

因此，旅游吸引物的整体性、塑损矛盾性和被动外向性相互联系，构成了旅游产品的本质特征。

二、旅游产品的特性

综合来看，旅游产品具有综合性，无形性，不可转移性，不可储存性，生产、消费、交换的同时性和易波动性六大特点。这些特点由旅游吸引物的特点所决定，是其衍生和外化。

（一）综合性

旅游产品的综合性主要表现在以下方面：第一，旅游业是多行业、多部门构成的松散综合体；第二，旅游产品是多类型产品的组合群；第三，旅游产品可以满足游客的综合需求；第四，旅游产品之间互相依赖、互相影响、互相补充。可以看出，旅游产品的综合性主要源于旅游产品是由多种旅游吸引物、交通设施、住宿餐饮设施、娱乐场地以及多项服务组成的混合型产品，而且在生产过程中涉及了众多的部门和行业。因此，虽然旅游产品中的各构成要素在经营中往往是分散的，但旅游者的旅游需求却是整体和综合性的。

（二）无形性

无形性是服务性产品的普遍特点，服务作为一种活动和行为，无法被触摸或以数量衡量。服务产品在消费者心中只是一种感受。而旅游产品主要表现为旅游服务，只有当游客到达旅游目的地并享受到旅游服务时，才能感受到旅游产品的使用价值。游客在选择旅游目的地时见不到旅游产品实体，只有通过各种媒介所得到的印象。

具体而言，旅游产品的无形性主要表现在以下方面：第一，旅游产品是以旅游线路的形式出售给旅游者的，游客在购买前看不到、摸不着，只能听宣传、看广告，产品质量好坏事前无法获知；第二，旅游产品是以服务的形式生产并提供给游客的，游客购买后对产品的质量不满意时无法退还、无法补救；第三，旅游产品中有形的物质产品价值必须通过无形的服务实现；第四，旅游产品的好坏没有统一的衡量仪器和尺度，质量标准是由游客的主观评价所决定的。

（三）不可转移性

一般产品可以根据市场需求，通过交通运输在不同的地域流通。而旅游产品不同，其不可转移的特性主要表现在以下几个方面：第一，旅游服务所凭借的吸引物和旅游设施无法从目的地运输到客源地供游客消费，只能通过旅游信息的传递和旅游中间商的促销活动把游客组织到目的地进行消费；第二，自然、人文旅游资源和旅游服务设施是固定的，游客只有到当地才能购买；第三，游客只能购买某一段时间内对产品的使用权，产品的所有权不发生转移，因此，游客获得的是特定时间和地点上对旅游产品的暂时使用权，而不是永久的所有权。

（四）不可储存性

由于旅游服务和旅游消费的时空同一性，当没有旅游者购买和消费时，以服务为核心的旅游产品就不会生产出来，也就无法像其他有形产品那样，在暂时销售不出去的时候可以存储起来，留待以后再销售。同时，旅游产品的核心是服务，服务是一种行为，因此，只有当游客来到并进行消费时，服务创造的使用价值和价值才会实现。如果缺乏服务对象，这一日的服务价值就会丧失，无法让有形产品去承载它的价值，因而，旅游产品有不可储存性。而且，旅游硬件有生命周期，随着产品更新换代加速，旅游产品的生命周期越来越短。旅游企业经营管理过程中普遍存在能源消耗不经济的现象，旅游季节性变化带来的损失等都进一步说明了旅游产品的不可储存性。

（五）生产、消费、交换的同时性

不同于其他物质产品，旅游产品的生产、交换、消费环节是同时发生的。只有当游客来到旅游目的地，旅游服务的提供才会发生，也意味着当游客接受旅游服务时才开始消费。虽然游客可以通过预订在旅游前交换旅游产品，但预订并不意味着"购买服务"这一行为的发生。因此，我们将旅游服务和旅游消费的时空同步性称为旅游产品生产和消费的同时性。

（六）易波动性

旅游产品的易波动性又称为易折性或脆弱性，是由"综合性""同时性""不可储存性"等特点进一步导致的，指旅游产品较一般产品受到的制约因素多，易出现"一损俱损"的多米诺骨牌效应。这表现在旅游产品的生产、交换、消费过程会受到各种因素的影响，政治、经济、文化、法律、战争、自然灾害等都易使旅游产品的价值和使用价值出现波动。例如，旅游资源因气候不同而引起观赏价值的差异，导致旅游者的需求随季节波动。再如，社会政治因素中的国际政治关系恶化、旅游地社会政局动荡、社会暴力恐怖活动猖獗、战争爆发等，以及经济因素中的汇率变化、经济危机等，都会在不同程度上导致旅游产品销售的波动。因此，我们将旅游业视作敏感行业，将旅游产品视为敏感产品。

第四节 旅游产品的整合与开发

旅游产品开发是根据旅游市场需求，对旅游资源、旅游设施、旅游景点、旅游人力资源等进行规划、设计，并开发成旅游产品的全过程，也就是将旅游产品概念转换为具体旅游产品的过程。旅游产品的研发就是要针对迅速变化的市场需求，发挥旅游资源的特色，不断地开发和推出各种旅游新产品，或对已有的旅游产品进行升级改造，以满足旅游者日益增长的需求。

旅游产品开发分析的内容包括旅游产品概念的提出和评价、旅游产品开发的优劣分析、旅游产品形象的塑造、旅游产品生命周期分析以及旅游产品的市场竞争力分析等。在实践中，旅游产品开发一般包括旅游产品开发战略的制定、旅游产品概念的创意与形成、旅游产品的评价与筛选以及旅游产品投放市场和经营管理的步骤等。可以看出，旅游产品的开发是一项系统工程，需要在一定的原则基础上，遵循一定的流程，按照一定的策略，对旅游产品的各项内容进行重新整合与评估，从而进行开发设计工作。

一、旅游产品的生命周期

（一）旅游产品的生命周期概述

旅游产品一经开发成功，便要进入市场进行销售，接受旅游者的选择和消费。尽管旅游产品因其不可转移性明显区别于一般消费产品，但它同样会经历从产生到衰亡的生命过程。这一过程经历的时间长短虽然随具体产品而不同，但是所有旅游产品都必然要经历某种历时性的演变过程，即从旅游产品开发后进入市场开始，直到被市场淘汰，从而再无生产的可能和必要为止的全部持续时间，这就是旅游产品的生命周期。

（二）旅游产品生命周期模型

旅游产品生命周期理论源于产品市场生命周期理论。20 世纪 80 年代，加拿大学者巴特勒（Butler）借鉴了产品生命周期理论，提出了旅游产品的生命周期理论，将其大致划分为探索期、参与期、发展期、稳固期、停滞期、衰落期或复兴期等阶段。

1. 探索期

在此时期，少量游客进入，他们以散客、爱好者、驴友为主，他们与当地居民接触频繁。目的地没有公共服务设施。当地自然和人文环境并没有因为旅游者的到来而改变。

2. 参与期

来访游客逐渐增多。当地居民开始为旅游者提供一些基本设施和服务，广告开始出现，旅游季节性开始显现，当地自然和人文环境为适应旅游者开始发生改变。

3. 发展期

游客量迅速增加，旺季时超过当地居民数。旅游者主要与景区商业机构打交道，与当地居民交往很少。景区内交通、服务设施、服务质量得到明显改善。外来公司对景区发展发挥重要作用。景区的自然和人文环境迅速变化。

4. 稳固期

游客量保持增加趋势，但增长率下降。当地居民对旅游者的到来反感。景区发展与旅游业发展密切相关，广告促销进一步扩大，但是设施逐渐老旧，景区不再是人们向往的地方。

5. 停滞期

游客量达到高峰，客源市场的维持依赖于会议旅游者和重游旅游者。自然和人文设施被人造景观所替代，接待设施过剩，景区容量达到或超过最大限度，导致许多经济、社会和环境问题和当地居民不满。

6. 衰落期或复兴期

旅游者被新景区吸引，大批旅游设施被取代，只剩下周末度假者和不露宿的旅游者。在此阶段，景区的发展有下述一些可能情形：进入景区停滞阶段后，创造新的人工景观或开发后备的自然资源，从而进入复兴期；或者资源过度使用或灾难性事件导致游客量迅速下降。

上述旅游产品生命周期模型只是一种典型化或理想化的描述，说明了旅游产品在市场上发展的一般情况。实际上，很多旅游产品并非完全如此，由于种种原因，其周期模型会出现各种变异。

（三）旅游产品生命周期的影响因素

一种产品在市场上的发展变化是多种因素影响与制约的结果，有时甚至会出现各种非典型、非正常的变化现象，我们称之为产品生命周期的变异。旅游产品是一种综合性产品，其生命周期更易受到主、客观条件以及宏、微观等各种因素的影响而出现各种变异情况。比如，某种专项旅游产品作为时尚产品，其生命周期可能只表现为快速成长和快速衰退两个阶段；某旅游目的地在成长阶段可能由于自然灾害或战争等一些偶发因素，没有经过成熟期就直接进入衰退阶段；某旅行社经营的一条旅游线路在进入成熟期后，由于企业努力促销或大力改进本产品，促使产品销量出现突发性扩大，从而在成熟期内又出现一个成长期；等等。因此，生命周期是客观存在的，但不是固定不变的，其变化受许多因素的影响。虽然影响因素很多，但决定旅游产品生命周期的演变的因素主要有四个，分别是吸引力因素（供给因素）、需求因素、效应因素和环境因素。图 2-1 概括了这四种因素的相互作用关系。

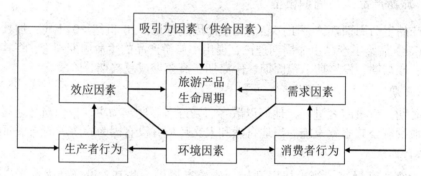

图 2-1　旅游产品生命周期影响因素的相互作用关系

1. 吸引力因素

旅游吸引物的吸引力是关乎旅游产品生死存亡的关键因素，主要体现在两大功能上。一是吸引功能，它决定了旅游产品对旅游者的吸引力大小。一般来说，吸引力越大，旅游产品生命周期就越长。二是效益功能，它决定了当地旅游业的发展状况。旅游吸引物的经济、社会、生态效益越高，旅游业就越发达，旅游产品生命周期也就越长。因此，从旅游吸引物的这个角度来看，其吸引力不但对旅游产品的生命周期影响极大，而且也直接影响着旅游者的需求和旅游业的发展。从供需角度来看，吸引力因素实际是供给因素，由旅游产品生产者和经营者决定。

2. 需求因素

需求因素作为旅游消费者或潜在消费者的行为结果，是决定旅游产品产生、发展和消亡的重要因素之一。旅游消费者的需求受到社会经济发展程度、消费者观念和需求口味的变化、人均收入的增减、新的旅游景点的出现、时尚潮流的变化、旅游地的环境或服务质量等因素的影响，进而时常发生变化，并会引起客源市场的变化和旅游产品生命周期的演变。

3. 效应因素

效应因素对旅游产品生命周期的影响主要表现在经济、环境和社会文化三个方面，即由旅游活动（包括旅游者活动和旅游产业活动）所引发的对旅游目的地的经济、环境和社会文化效应。因为旅游产品的吸引力不仅来自产品本身，而且在更大程度上依赖于旅游目的地的社会经济环境和自然环境的吸引力，如居民的友好态度、怡人的气候环境、安全便捷的交通等。

（1）旅游经济效应。其对旅游目的地的影响可以集中反映在两方面。一方面，持续、积极的经济效应可以增强旅游目的地维持繁荣期的能力，促进旅游目的地的深度旅游开发；

另一方面，消极的经济效应只能加速旅游目的地走向衰退。

（2）旅游环境效应。越来越多的事实表明旅游对环境的影响广泛而深刻，而环境是旅游产品的重要载体。旅游目的地如果因管理不善而带来严重的环境问题，不仅意味着旅游者购买该旅游产品的初衷无法实现，环境问题所引起的社区各种利益集团的负面影响也会加速旅游产品的衰亡。

（3）旅游社会文化效应。一般而言，在旅游目的地的早期发展阶段，旅游者对旅游目的地主要产生积极影响，而在后期，旅游的大众化对地方文化的冲击趋于激烈，会引发一些社会摩擦，可能潜在或现实地加速旅游目的地旅游产业的衰亡。

4. 环境因素

旅游企业的经营环境包括内部组织条件、外部经营环境和社会大环境。这些环境因素对旅游产品生命周期的作用力，除了来自环境系统本身，还有效应和需求因素。旅游企业对外部社会大环境的积极适应能力，与外部经营环境中的协作关系的性质，以及自身在组织结构、企业文化和资源获得方面的组织情况，共同构成多元环境因子，不断渗入旅游产品，成为能决定旅游产品生命周期的重要因素。其中，企业实施正确经营策略和方针的能力尤为重要。

二、旅游产品开发

（一）旅游产品开发与设计原则

为了避免旅游产品设计与开发的盲目性、随意性，旅游产品设计与开发需要遵循一些指导原则。

1. 市场导向原则

旅游产品开发与设计必须以市场为导向，以市场需求为出发点。具体包含两层含义：一是旅游市场定位；二是目标市场需求状况分析。任何旅游产品的开发都不可能迎合所有旅游者的需求，因此对旅游产品开发者而言，结合当地的社会经济发展情况和当前旅游业的发展趋势，确定产品的主要客源市场是十分必要的，这样可以使旅游产品的开发与设计具有较强的针对性。其次，在目标市场被确定的基础上，产品开发者还需进一步掌握目标市场的需求内容、规模档次、水平及发展趋势，从而开发与设计出适销对路的旅游产品，取得预期的经济效益。

2. 综合效益原则

追求经济利益最大化是资本的天性。旅游产品的开发与设计要投入大量的资金，所以，在开发过程中始终要把提高经济效益放在很重要的位置。但是，由于旅游产品不是一般的物质产品，还具有文化属性，因此，在保证旅游企业获得较好经济效益的同时，还要努力提高旅游目的地的综合效益。首先是经济效益，要在项目可行性研究的基础上进行投资效益分析，不断提高旅游产品投资开发的经济效益。其次是社会效益，旅游产品的开发与设计既要考虑当地社会经济发展水平，又要考虑政治、文化和地方民俗，还要考虑人民群众的心理承受能力。最后是生态环境效益，按照旅游产品开发的规律和自然环境的可承载力，以开发促进环境保护，以环境保护提高开发的综合效益，形成保护—开发—保护的良性循环。

3. 系统性原则

旅游产品开发与设计中的系统性原则主要体现在两个方面：一是旅游吸引物、旅游交通和旅游经营接待的相互协调统一；二是人文旅游资源与其历史的完美结合。由于不同的地理环境孕育着不同的文明，形成了千差万别的旅游资源，因此在旅游产品开发与设计中不能脱离地理环境的约束，需要深层次地挖掘文化内涵，充分展现旅游产品的文化性。

4. 主题特色突出原则

无论在资源开发、设施建设还是在服务的提供上，都要具有鲜明的特色和主题，做到"你无我有，你有我优，你优我新，你新我奇"。鲜明的特色和主题往往能减弱与其他旅游产品的雷同与冲突，使旅游者产生深刻印象且难以忘怀，具有更强的吸引力。此外，特色与主题的塑造有助于提升旅游产品的内涵与品位，是现代旅游产品竞争获胜的"法宝"。因此，在设计与开发旅游产品时应注意主题的理性延伸、合理创新，达到"既在情理之中又在意料之外"的境界，以时空为主线，化静为动，给旅游产品不断注入新的活力。

5. 可持续发展原则

旅游产品开发中尤其要避免短视行为，不能只注重眼前利益，要时刻用可持续发展的原则指导旅游产品的开发，这有利于延长旅游产品生命周期，增强旅游产品的生命力，避免造成资源浪费、环境污染、生态破坏等一系列问题。在全球化进程中，生态保护逐渐成为人们的共识，人类正致力于由工业文明向生态文明的跨越。所以，在对旅游产品进行开发与设计时，应充分考虑产品的自然倾向性和社会适应性。

（二）旅游产品开发的内容

一般来说，对于单项旅游产品的开发，由于单项旅游产品主要满足的是旅游者一种或几种旅游需求，因此，在开发过程中必须具有明确的指向性，突出主题和特色，注重核心价值的创造。

对于组合旅游产品的开发，也称为旅游线路产品开发，是将若干单项旅游产品组合设计后推向市场的过程。因此，需要考虑资源、设施、服务等若干因素。

对于整体旅游产品的开发（特指旅游目的地产品），在开发时应该站在宏观的角度统筹考虑旅游目的地的各项资源，以树立旅游目的地整体形象、推广旅游目的地整体品牌为目标，注重单项旅游产品和旅游线路产品的有机整合，优化资源配置，突出地方资源与特色，在可持续发展原则的指导下对整体旅游产品进行科学的开发。

（三）旅游产品的开发策略

一般来说，旅游产品的开发策略包括三种。第一，市场型策略。市场型策略重点在于做好市场细分，针对目标市场开发适合其特定需求的旅游产品。市场型策略有利于满足各个市场的特定需求，灵活适应市场变化，使旅游企业集中资源对特定的旅游需求进行旅游产品开发，满足旅游者日益多变的旅游需求。第二，产品型策略。产品型策略重点在于开发能够满足目标市场特定需求的产品。这要求旅游企业保持成本竞争优势，专注于特定旅游产品的深度开发，以产品创品牌、创形象。但是，由于单个企业内外部资源有限，往往产品类型单一，经营风险较大。第三，组合型策略。组合型策略指旅游供给者根据不同的目标市场推出不同类型的旅游产品，满足不同种类的旅游需求。组合型策略具备了市场型策略和产品型策略的优点，可以有效扩大市场占有率、减少经营风险，是旅游企业常用的旅游产品开发策略。

三、旅游产品创新

创新是旅游产品生命力的根本所在。通常，旅游产品创新的类型有如下几种。

（一）主题创新

当今旅游产品的创新逐渐走向主题化。围绕特定的、鲜明的主题设计、开发和改进单项、组合和整体旅游产品，可以使产品焕发勃勃生机，使特性更鲜明、个性更彰显，也更容易塑造受市场欢迎的旅游产品。

（二）结构创新

旅游产品的结构创新通常要提升到整个产业的角度进行分析。旅游者需求的多样化和个性化对旅游产品的结构提出了新要求。旅游产品的结构重组能完善产品结构，是旅游产品创新的一个方向。

（三）功能创新

功能创新着重于旅游产品给旅游者提供的实际价值方面。可以借助现代先进的科学技术对旅游产品的功能实现提升，对产品和设施增加多种功能性设计，提高产品价值，充实产品内涵。

（四）类型创新

市场的不断复杂化和多样化使新兴旅游产品不断涌现。旅游企业应该密切关注市场发展的动向，实施有效且科学的市场调查与分析，开发更多类型的旅游产品，更好地满足旅游者的需要。

（五）过程创新

重新认识、设计和整合旅游产品生产过程，实现流程再造，是旅游产品创新的重要环节。过程创新有利于减少不必要的产品业务流程，简化产品供给，降低成本，提升旅游产品的市场竞争能力。

总体来说，一方面，随着旅游业的不断发展，竞争压力、利润吸引力、市场需求推动力、社会及旅游业环境支持力持续作用于主体，再加上旅游经营者的内环境支持力，合力驱动旅游企业持续开展旅游产品的创造性组合；另一方面，旅游经营者在创新过程中也以自身的新产品、新管理理念、新组织行为影响旅游业内环境，并进一步影响市场消费潮流，改变竞争格局，影响政府对行业的评估和发展政策，影响当地经济环境和居民社会生活，等等。这种外界环境作用于旅游经营者和旅游经营者反作用于环境的两种力量交织、斗争，此消彼长，共同推动旅游产品创新的历史发展。

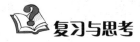

主题公园与戏剧艺术双视角下的"只有河南·戏剧幻城"

思政解读

（1）《"十四五"旅游业发展规划》中第二部分"总体要求"的"基本原则"部分，第一个基本原则就是"坚持以文塑旅、以旅彰文"。以社会主义核心价值观为引领，让旅游成为人们感悟中华文化、增强文化自信的过程，推动旅游业实现社会效益和经济效益有机统一。

（2）《"十四五"旅游业发展规划》中明确提出：保护传承好人文资源。坚持保护优先，在保护中发展、发展中保护，以优秀人文资源为主干，深入挖掘和阐释其中的文化内涵，把历史文化与现代文明融入旅游业发展，提升旅游品位，在依法保护管理、确保文物安全的前提下，推动将更多的文物和文化资源纳入旅游线路、融入旅游景区景点，积极传播中华优秀传统文化、革命文化和社会主义先进文化。

（3）文旅融合的理念贯穿《"十四五"旅游业发展规划》始终，目的是深入挖掘和阐释文化内涵，把历史文化与现代文明融入旅游业发展，让旅游成为人们感悟中华文化、增强文化自信的过程，推动旅游业实现社会效益和经济效益有机统一。

案例分析与讨论

1．自行查找"只有河南·戏剧幻城"的相关资料及游客评价，分析其产品的设计与开发特点。

2．结合相关资料，围绕文旅融合的产品创新，简要分析我国主题公园市场的发展与演化。

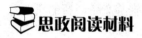 **思政阅读材料**

体旅新时代，冰雪新征程

第三章　旅游供求理论

学习导引

旅游需求和旅游供给是旅游经济活动中一对重要的概念范畴，它们既对立又统一，旅游需求和旅游供给之间的矛盾运动构成了旅游经济活动的主要内容。本章从阐述旅游需求和旅游供给的概念入手，分析影响旅游需求和旅游供给的主要因素，揭示旅游需求和旅游供给的基本经济规律，阐述旅游需求弹性和旅游供给弹性的概念，并分析旅游需求和旅游供给的矛盾运动，探讨旅游需求和旅游供给的有效管理。

学习目标

知识目标：理解旅游需求和旅游供给的概念，了解旅游需求产生的条件和影响因素、旅游供给的特征及影响因素，思考旅游供求均衡的调控。

能力目标：能阐述旅游需求规律和旅游供给规律，并理解和运用旅游需求弹性和供给弹性的概念、类型分析相关问题。

思政目标：增强对旅游目的地可持续发展的认识与思考，并深入学习和领会《"十四五"旅游业发展规划》中有关旅游供给的相关举措，加深对"深化供给侧结构性改革"的理解和认识。

思维导图

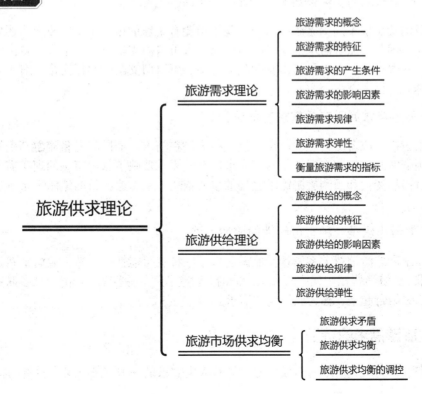

第一节　旅游需求理论

一、旅游需求的概念

心理学上的需求是指在一定条件下满足人们对某种事物渴求的欲望。经济学上的需求是指一定的时期内，在各种可能的价格条件下，消费者愿意并且能够购买的消费品的数量。经济学上的需求不仅强调要有欲望，还要有支付能力。

旅游需求是指在一定时期内人们愿意并能够以一定支付能力购买的旅游产品数量。旅游需求一般会受到自由的闲暇时间、支付能力、出行欲望等多种因素的制约，为了正确理解旅游需求的概念，还必须认识以下几点。

（一）旅游需求表现为旅游者对旅游产品的购买欲望

旅游需求表现为旅游者对旅游产品的购买欲望，是激发旅游者旅游动机及行为的内在动因，受到旅游者消费能力和旅游供给者供给能力的制约。

（二）旅游需求由主导需求和派生需求构成

从整个旅游过程来看，旅游者对旅游产品的需求是由主导需求和派生需求构成的。主导需求是指旅游者对旅游体验和旅游经历的需求。派生需求是指为了获得旅游体验和旅游经历，旅游者需要进行交通、住宿、餐饮消费的需求，而它们是从主导需求中派生出来的。旅游产品生产和消费的同时性决定了游客必须通过旅游消费完成旅游活动。

（三）旅游需求的实现需要有足够的闲暇时间

和一般消费需求不同，旅游需求的实现不但要有足够的可自由支配收入，还要有足够的闲暇时间。因此，旅游需求的支付能力包括个人可自由支配收入和个人可自由支配时间两个方面。一般来说，个人可自由支配收入越多、可自由支配时间越充裕，对于旅游产品的需求就越大；反之越小。

（四）旅游需求属于有效需求的范畴

仅有旅游欲望或者支付能力的需求只能称为潜在需求，而同时具备旅游消费欲望、支付能力和闲暇时间的旅游消费才是有效需求。有效需求反映了旅游市场的现实需求状况，是分析旅游市场变化和预测旅游需求趋势的重要依据，也是旅游目的地制定旅游规划的出发点。

（五）旅游需求是一种有可能性的旅游消费

旅游需求和旅游消费关系密切。旅游需求是一种有可能性的消费，旅游消费是实现了的实际需求。旅游消费在实现旅游需求的同时，创造了新的旅游需求。由于二者联系紧密，一般都将二者结合起来，称为旅游消费需求。

二、旅游需求的特征

旅游需求作为人类需求的组成部分，既有人类需求的一般特征，又有自身的特殊性。

（一）高层次

美国心理学家马斯洛认为，由于人们的兴趣爱好及所处环境不同，使人们产生各种各样的需要，一般来说，可以分为生理需要、安全需要、社交需要、自尊需要和自我实现需要这五个层次。相对来说，旅游需求是人们的一种高层次需求，主要是为了满足社交、自尊和自我实现这几个层面，表现为人们追求更好的物质消费、精神消费和享受消费方面的满足。

（二）敏感性

影响旅游需求的因素众多，不仅有自然因素，还有社会经济因素。当这些影响因素发生变化，旅游需求也会随之变化。也就是说，旅游需求具有很强的敏感性。此外，旅游产品的生产和消费具有不可分割的特征，旅游产品的信息传播一定程度上受到营销宣传过程和消费者心理感受的影响。近年来，入境旅游的热潮就是在旅游企业和政府机构的旅游促销下形成的。

（三）主导性

旅游需求的形成需要具备一定的主客观条件。旅游消费欲望是主观条件，指在外部刺激影响下，经过心理作用而产生的消费意愿，是人类旅游行为发生的内在动力。支付能力和闲暇时间是客观条件，是人类旅游行为发生的客观保障。但总的来说，主观条件是旅游需求的决定性因素，旅游需求呈现出人类主导性特征。

（四）多样性

根据马斯洛的需求层次理论，当满足基本生活需求以后，人类就会产生更高层次的需求。以满足审美和自我实现的需要。作为一种高层次的需求，旅游需求会受到旅游者的教育程度、兴趣爱好、身体状况等因素的影响。不过，由于游客在职业、社会地位、消费习惯、年龄、性别、国籍、旅游经历和旅游偏好等方面存在差异，即便是出于相似的旅游动机，在目的地的选择、旅游方式、消费等级、出行时间等方面也会存在差异，从而使旅游需求具有多样性。这种需求的多样性也决定了旅游市场经常处于供求不平衡的状态。

（五）复杂性

旅游需求的复杂性是由游客心理活动的复杂性决定的。游客旅游消费行为中的认知、态度、情绪、偏好及学习过程是复杂的，这表现在有的旅游者喜欢住高星级的酒店，有的旅游者更倾向于选择比较有特色的民宿；有的旅游者喜欢刺激、冒险的旅游活动，有的旅游者更喜欢安全、安逸的旅游项目。此外，旅游环境的复杂性也使旅游需求趋于复杂。旅游活动的多样性和变化会对游客的心理和行为产生重要影响，导致旅游需求的动态变化，使旅游需求呈现出多变和复杂的特征。

三、旅游需求的产生条件

现代旅游需求是在主观因素和客观条件的共同作用下产生的。从客观上讲，旅游需求是科学技术进步、生产力提高和社会经济发展的必然产物。其中，可自由支配收入的提高、闲暇时间的增多及交通运输条件的现代化是产生旅游需求的主要客观条件。主观条件主要是旅游动机。

（一）可自由支配收入的提高

可自由支配收入的提高是产生旅游需求的主要客观条件之一。一般来说，随着可自由支配收入的增加，人们用于生活必需品的支出比例会相对减少，用于较高层次消费的支出比例会相对增加。社交、自尊及自我实现等较高层次需求的实现必然会激发如外出考察学习、探亲访友、疗养度假、旅行观光、览胜探奇等旅游需求。此外，可自由支配收入的多少还会影响到出行距离、消费模式、消费水平等方面，会导致旅游需求层次和需求结构的变化。

（二）闲暇时间的增多

闲暇时间是另一个产生旅游需求的重要客观条件。一方面，社会生产力的发展和劳动生产率的提高使人们客观上用于工作的时间相对减少，闲暇时间相对增加；另一方面，社会实际工资率的上升使劳动者的收入增加，对不同类型物品与劳务的需求也增多。闲暇时间作为"物品"，被认为能够令人愉快但不能带来收入。但是，增加闲暇时间的收益大于减少闲暇时间的损失，人们就愿意减少工作以换取更多的闲暇时间。随着每周五天工作制和带薪假期制度的逐渐完善和普及，人们的闲暇时间越来越多，促使现代旅游需求规模迅速扩大。随着闲暇时间的增加，人们不仅有条件开展周边短途旅游，而且有时间进行远程旅游、国际旅游，推动了旅游业的快速发展。

（三）交通运输条件的现代化

任何旅游活动都离不开一定的交通运输条件。舒适而便捷的运输工具对旅游需求规模的扩大有着直接的影响。一方面，高速公路、高速列车及现代航空运输业的快速发展极大地缩短了旅游的空间距离，缓解了旅游的时空矛盾，使更多的人能够在有限的闲暇时间内实现外出旅游的愿望；另一方面，空调客车、豪华游轮等现代交通工具的出现使旅游过程中的空间移动更加舒适、方便和安全。

（四）旅游动机

旅游动机是旅游需求产生的主观条件，如果一个人主观上没有旅游的动机和愿望，即使具备支付能力、闲暇时间等客观条件，也不可能成为旅游者。同时，旅游动机来自需要，是从需要到行动的中间环节。动机被付诸行动之后，就会以行动的结果满足需要并释放动机。因此，深入研究消费者的旅游动机有助于了解消费者的需求，准确细分市场，及时推出符合目标市场需求的旅游项目，从而提高市场占有率。

一般情况下，旅游动机具有以下一些特点。

（1）旅游动机具有一定的指向性。旅游动机总是指向某种具体的旅游目标，即人们期望通过旅游行为所获得的结果，比如，长期生活在内陆的人往往会产生去海边旅游的动机。

（2）旅游动机具有一定的相关性。这表现在旅游者的旅游动机往往并不是单一的，不同的旅游动机之间存在着相互关联，形成复杂的旅游动机体系。旅游动机体系中的各个动机具有不同的强度，在强度上占有优势的旅游动机往往主导着旅游行为的主要目标。比如，旅游者在游山玩水的同时，又想顺便拜访一下当地或者附近的亲朋好友。

（3）旅游动机具有一定的起伏性。这表现在旅游者的旅游动机获得满足后，在一定时间内暂时不会再产生，但随着时间的推移或下一个节假日的来临，又会重新出现旅游动机，呈现起伏性。旅游动机的起伏性主要由旅游者的生理和心理需要引起，并受到旅游环境的发展进程和社会时尚的变化节奏的影响。

（4）旅游动机具有一定的发展性。当一种旅游动机实现后，会在其基础上产生新的旅游动机，成为支配人们旅游行动的新的目标和动力，这是旅游动机发展变化的规律。随着我国社会主义经济的持续发展和物质文化生活水平的不断提高，旅游者对旅游对象和服务的要求都在不断地发展，越来越多的人不但可以走出家门游览名山大川，更能跨出国门看看外面的世界。因此，旅游业作为文化性特征很强的经济产业，其旅游资源的不断开发、旅游接待配套设施的不断完善、旅游产品的不断更新，正是旅游者需要不断发展的结果，使旅游动机具有发展性。

四、旅游需求的影响因素

旅游需求除了受到旅游动机、收入水平、闲暇时间等因素的直接作用，也会受到其他一些因素的影响，主要表现在人口、经济、社会文化、政治法律和旅游供给等方面。

（一）人口因素

旅游是人的行为活动，人口因素是影响旅游需求的重要因素之一。因此，客源地的人口总数、人口结构、家庭结构以及人口分布状况等都会对旅游需求产生影响。一般来说，人口基数大的国家或地区，游客需求相对更多，因此从长远角度来看，其潜在的旅游需求也大，在客观条件具备的情况下，转化为现实旅游需求的数量就比较大。从人口年龄构成来看，不同年龄段的人的经济收入、兴趣爱好、身体健康状况、消费需求等各不相同，旅游需求的差异性也会比较明显。除此之外，性别、种族、职业等因素，以及人口的城乡分布及变化状况也会影响旅游需求。

（二）经济因素

没有经济的发展便没有如今的旅游经济活动。在经济因素中，一个国家或地区的经济发展水平、居民的收入状况、旅游产品的价格以及外汇的汇率等都会直接或间接地影响旅游需求的规模和结构。国民经济发展水平所带来的居民可自由支配收入的多少对旅游需求的影响最大，具有不同可自由支配收入水平的旅游者对饭店星级、餐饮规格、购物数量、游览方式、交通工具等的选择都会存在差异。因此，国民经济发展水平对旅游需求的总量和结构具有决定性作用。

（三）社会文化因素

通常可以把客源地和旅游目的地之间的文化差异称为文化距离，文化距离会进一步产生不同地区之间价值观念、风俗习惯、语言文学、宗教信仰、美学和艺术等方面的差异，这些差异是游客出游的重要动因。一般来说，求新、求异、求奇、求美是重要的旅游动机。文化距离越大，旅游目的地对于客源地居民的吸引力往往就越大，旅游需求越强烈，需求规模也就越大。当然，文化距离过大也容易使旅游者产生不安全感，因此，在旅游接待中，要注意分析不同游客的社会文化背景，研究消费习惯和需求心理，尽量降低由陌生环境所引起的不信任感，促使旅游需求持续、稳定地增长。

（四）政治法律因素

政治对旅游需求的影响一般体现在：政府及领导人对国际旅游业的影响；国家内部政局是否稳定；客源地和旅游目的地之间的外交关系是否和谐；国家间的政治冲突、战争、恐怖主义活动及任何形式的不稳定因素；政府对旅游业发展的指导政策和措施；等等。

此外，旅游目的地健全的法律制度也可以使旅游者在消费的过程中更好地维护自己的权益，促进旅游消费的顺利进行和旅游需求的增加。

（五）旅游供给因素

旅游目的地国家或地区的旅游供给水平和能力会对旅游需求产生重要的影响，甚至决定着旅游需求被实现和满足的程度。在旅游供给中，旅游资源及其形成的旅游吸引物是保证旅游需求得以充分满足的根本基础。此外，旅游设施条件、旅游服务水平以及当地居民的友好态度都可以增加或消弱一个国家或地区对游客的吸引力。

五、旅游需求规律

旅游需求的产生和变化受多种因素的制约和影响，但对旅游需求量具有决定性影响的因素主要是旅游产品的价格、人们的收入状况及闲暇时间。因此，旅游需求量变化的规律性主要反映旅游需求与价格、收入和闲暇时间的相关性和变动关系。

（一）旅游需求量与旅游价格之间的变动关系

旅游价格是影响旅游需求的最直接因素。通常情况下，旅游需求量与价格呈反方向变动。在其他因素不变的情况下，当旅游产品的价格上升时，旅游需求量下降；当旅游产品的价格下降时，旅游需求量上升。这种关系形成如图 3-1 所示的旅游需求价格曲线。当旅游产品价格为 P_0 时，旅游需求量为 Q_0；若价格上升至 P_1，则旅游需求量下降至 Q_1；若价格下降至 P_2，则旅游需求量上升至 Q_2。

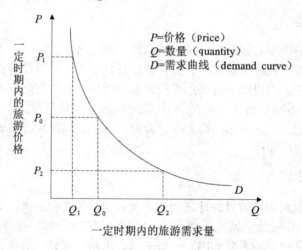

图 3-1　旅游需求价格曲线

值得注意的是，在旅游消费中会出现"范伯伦效应"，使旅游需求量与价格呈正方向变动，即当旅游产品价格升高，旅游需求量非但没有减少，反而增加；当旅游产品价格降低，旅游需求量也相应降低。通常，这种现象存在于一些较为特殊的情况下。一是存在于社会高收入阶层的游客中，他们出游除了出于度假、观光、经商等目的，还为了显示自己的身份、地位，追求高档次的享受和消费，因此，高价格是旅游产品档次和质量提高的体现，会刺激游客的需求并增加购买数量。二是出现于人们对旅游价格变动的预期过程中，即当旅游价格开始提高，人们预期如果现在不购买旅游产品，价格将会继续上升，就会增加对旅游产品的需求量；反之，当旅游价格开始降低，人们预期旅游价格将会继续走低，就会出现持币待购的消费心理和行为，使旅游需求量减少。

（二）旅游需求量与可自由支配收入之间的变动关系

人们可自由支配的收入与旅游需求有着直接而密切的联系，旅游需求量与可自由支配收入之间呈同方向变动关系。在其他因素不变的情况下，可自由支配的收入越高，对旅游产品的需求量就越多；可自由支配的收入越低，对旅游产品的需求量就越少。这种变化关系如图 3-2 所示：当可自由支配的收入为 I_0 时，旅游需求量为 Q_0；当可自由支配的收入升至 I_1 时，旅游需求量升至 Q_1；当可自由支配的收入降至 I_2 时，旅游需求量降至 Q_2。

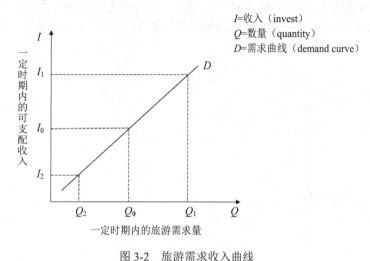

I=收入（invest）
Q=数量（quantity）
D=需求曲线（demand curve）

图 3-2　旅游需求收入曲线

（三）旅游需求量与闲暇时间之间的变动关系

闲暇时间与旅游需求的密切关系体现在两方面：一是闲暇时间是旅游需求产生的重要条件；二是闲暇时间是旅游消费活动的组成部分。当可自由支配收入达到相当水平后，必须拥有足够的闲暇时间才有可能外出旅游。如果闲暇时间增多，旅游需求量则相应增多；如果闲暇时间减少，旅游需求量也相应减少。因此，旅游需求量与闲暇时间呈同方向变化。这种变化关系如图 3-3 所示：当闲暇时间为 T_0 时，旅游需求量为 Q_0；当闲暇时间升至 T_1 时，旅游需求量升至 Q_1；当闲暇时间降至 T_2 时，旅游需求量降至 Q_2。

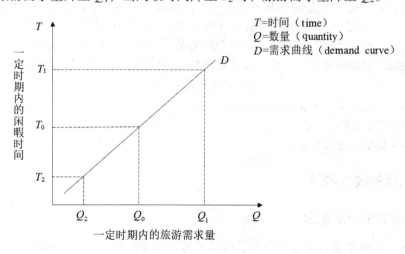

T=时间（time）
Q=数量（quantity）
D=需求曲线（demand curve）

图 3-3　旅游需求时间曲线

（四）旅游需求量与其他因素之间的变动关系

以上是假定在其他相关因素不变的前提下，旅游需求量与某一影响因素之间的变动关系。假设在某一影响因素不变的情况下，其他相关因素发生了变化，旅游需求量也会出现变化，曲线将随之平行位移。这种旅游需求曲线的移动变化如图 3-4 所示：曲线 D 表示随着旅游价格变化而变化的需求曲线，即在其他相关因素不变的条件下，旅游价格的升降导致旅游需求量沿着曲线 D 增加或减少；曲线 D_1 和 D_2 表示在旅游价格不变的情况下，其他相关因素发生变化对旅游需求量的影响，使旅游需求曲线向左或向右位移。当受到有利因素的刺激时，旅游需求曲线从 D 移向 D_1，表示虽然旅游价格不变，但旅游需求量会从 Q_0 增长到 Q_1。当受到不利因素的影响时，旅游需求曲线从 D 移向 D_2，旅游需求量则从 Q_0 减少到 Q_2。

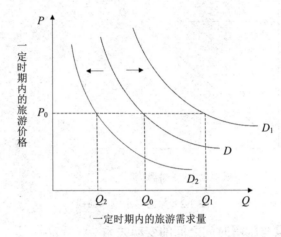

图 3-4　旅游需求其他因素曲线

在研究旅游需求变化的规律时，需要综合考虑除价格、收入、时间之外的其他各种因素的影响。例如，近年来我国各级政府纷纷出台各种支持旅游业发展、便利游客出游的积极政策，人民币对美元汇率的变化等都是提高国际和国内旅游需求量的有利因素。新型冠状病毒肺炎（以下简称"新冠肺炎"）疫情自 2020 年年初爆发以来，很快在全球传播，几乎所有受影响的国家都实施了旅行限制措施，导致一段时间内国际游客量锐减。

综上所述，旅游需求变动的基本规律如下：在其他因素不变的情况下，旅游需求量与人们的可自由支配收入和闲暇时间呈正方向变动，与旅游价格呈反方向变动。在旅游价格、可自由支配收入和闲暇时间等因素不变的情况下，旅游需求量受其他有利或不利因素的影响，也会随之增加或减少。因此，旅游需求是受多种因素影响而变化的函数，可表达为

$$QD = f(F_1 F_2 F_3 F_4 \cdots F_n)$$

式中：QD——需求量（quantity of demand）；

　　　f——函数关系（function）；

　　　F——影响因素（factor）。

六、旅游需求弹性

（一）弹性的一般概念

经济学上的弹性概念是指一个变量相对于另一个变量发生一定比例改变的属性。作为

原因的变量通常称作自变量，受其作用发生改变的变量称作因变量。具体来说，若两个经济变量之间存在函数关系，作为自变量 X 的任何变化都会引起作为因变量 Y 的变化。而弹性就是指因变量 Y 的相对变化对于自变量 X 的相对变化的反应程度。用公式可表示为

$$e = \frac{\dfrac{\Delta Y}{Y}}{\dfrac{\Delta X}{X}} = \frac{\Delta Y}{\Delta X} \cdot \frac{X}{Y}$$

式中：e ——弹性；
　　　X ——自变量；
　　　Y ——因变量；
　　　ΔX ——自变量的变化量；
　　　ΔY ——因变量的变化量。

（二）什么是旅游需求弹性

旅游需求弹性是指因各种影响因素的变化而引起旅游需求量变化的敏感性，即旅游需求量随着各影响因素的变化而发生变化的状况。

旅游需求弹性系数是指用于测量因各种因素的变化而引起旅游需求量变化大小的程度，即衡量旅游需求因受影响而变化的敏感性指标。也就是说，在各种影响因素的作用下，旅游需求量变化的幅度大，需求弹性就大；旅游需求量变化的幅度小，需求弹性就小。

由不同影响因素引起的旅游需求量的变化程度会产生不同类型的旅游需求弹性，通常分为旅游需求价格弹性、旅游需求收入弹性和旅游需求交叉弹性。

旅游需求弹性在计算上可以分为点弹性和弧弹性。点弹性表示的是需求曲线上某一点的弹性。它衡量在需求曲线的某一点上需求量无穷小的变动率对于价格无穷小的变动率的反应程度。弧弹性表示某商品需求曲线上两点之间需求量的相对变动对于价格的相对变动的反应程度，其计算公式为

$$e = \frac{\dfrac{\Delta Y}{\frac{1}{2}(Y_1 + Y_2)}}{\dfrac{\Delta X}{\frac{1}{2}(X_1 + X_2)}} = \frac{\Delta Y}{\Delta X} \cdot \frac{X_1 + X_2}{Y_1 + Y_2}$$

式中：e ——弧弹性；
　　　X_1、X_2 ——自变量；
　　　Y_1、Y_2 ——因变量；
　　　ΔX ——自变量的变化量；
　　　ΔY ——因变量的变化量。

（三）旅游需求价格弹性

旅游需求价格弹性是指旅游需求量对旅游价格变动的反应及变化关系。旅游需求价格弹性系数是指旅游需求量随着旅游产品价格变化的敏感程度。它表现为旅游产品价格变化的百分数与旅游需求量变化的百分数的比值。由于旅游需求量与旅游价格的变化方向相反，

所以旅游需求价格弹性系数总是表现为负数，通常用绝对值表示。

旅游需求的点弹性公式和弧弹性公式分别为

$$|Edp| = \frac{-Q_1 - Q_0}{Q_0} \div \frac{P_1 - P_0}{P_0}$$

$$|Edp| = \frac{Q_1 - Q_0}{-(Q_1 + Q_0)/2} \div \frac{P_1 - P_0}{(P_1 + P_0)/2}$$

式中：$|Edp|$ —— 旅游需求价格弹性系数；

P_0、P_1 —— 变化前后的旅游产品价格；

Q_0、Q_1 —— 变化前后的旅游需求量。

旅游需求价格弹性系数$|Edp|$通常有以下三种情形。

（1）$|Edp|>1$，旅游需求富有弹性。如图 3-5 所示，旅游需求价格曲线的斜率很大，即旅游价格的微小变动会引起旅游需求的大幅增减。此时，提高旅游产品价格会导致旅游总收益减少；降价则会使旅游总收益大幅度上升。因此，如果某种旅游产品的旅游需求价格是富有弹性的，则适合采取降价策略来增加旅游总收益。一般来说，观光、度假和探亲旅游的需求价格弹性比较大，旅游中的餐饮、娱乐和购物等消费都属于这种类型。从总体上讲，旅游产品是精神文化和替代性较强的非生活必需品，价格需求弹性较大。

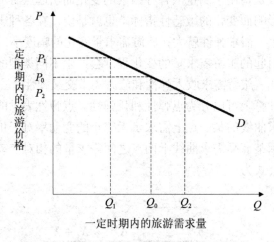

图 3-5　旅游需求价格弹性大于 1 的需求曲线

（2）$|Edp|<1$，旅游需求缺乏弹性。如图 3-6 所示，旅游需求价格曲线的斜率很小，即旅游价格发生较大的变化只会引起旅游需求的较小幅度增减。此时，适当提高旅游产品价格可以使旅游总收益增加；反之，降价会使旅游总收益有微小下降。因此，如果某种旅游产品的旅游需求价格是缺乏弹性的，则适合采取提价的策略来增加旅游总收益。一般来说，会议、商务和奖励旅游的价格需求弹性比较小，旅游中的住宿、交通以及具有稀缺性和垄断性的旅游吸引物门票也属于这种类型。

（3）$|Edp|=1$，旅游需求具有单位弹性。如图 3-7 所示，旅游需求曲线的斜率适中，说明旅游需求量与旅游价格的变动幅度相同。此时，旅游价格的变化对旅游总收益几乎没有影响，提价和降价都不会使旅游总收益发生明显增加。因此，保持旅游价格稳定是相对适合的策略。

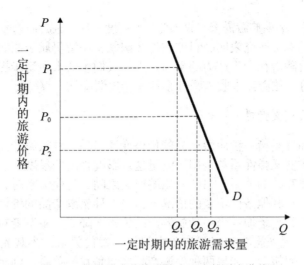

图 3-6　旅游需求价格弹性小于 1 的需求曲线

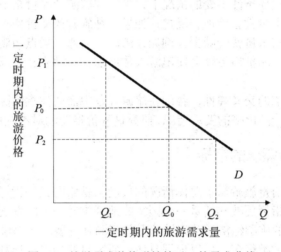

图 3-7　旅游需求价格弹性等于 1 的需求曲线

（四）旅游需求收入弹性

旅游需求收入弹性是指旅游需求量对旅游者可自由支配收入变动的敏感程度。由于旅游需求量与人们可自由支配收入的变化方向相同，所以旅游需求收入弹性系数一般表现为正数，其计算公式为

$$Edi = \frac{Q_1 - Q_0}{Q_0} \div \frac{I_1 - I_0}{I_0}$$

式中：Edi —— 旅游需求收入弹性系数；

　　Q_0、Q_1 —— 变化前后的旅游需求量；

　　I_0、I_1 —— 变化前后的可自由支配收入。

旅游需求收入弹性也有以下三种情形。

（1）当 $Edi > 1$ 时，表明旅游需求对收入变动的敏感性大，人们可自由支配收入的较小变化会引起旅游需求的大幅增减。

（2）当 $Edi < 1$ 时，表明旅游需求对收入变动的敏感性小，人们可自由支配收入的变化只会引起旅游需求较小幅度的增减。

（3）当 $Edi=1$ 时，表明旅游需求与收入变动的程度一致，旅游需求收入弹性为单位弹性。

国际旅游组织的有关研究表明，目前在许多国家，旅游仍属于高级消费品，旅游需求收入弹性较高。只有随着社会生产力的不断发展，人们生活水平稳步提高，旅游成为日常生活必不可少的部分，旅游需求收入弹性系数才会逐渐降低。

（五）旅游需求交叉弹性

旅游需求交叉弹性是指一种旅游产品的价格变动对另一种旅游产品需求量产生影响的变化程度，旅游需求交叉弹性系数是用于测量这种影响程度的尺度。一般情况下，各旅游产品之间存在替代或互补的关系。当两种旅游产品之间为替代关系时，旅游需求交叉弹性系数为正数。它表示在其他条件不变的情况下，当一种旅游产品的价格上升了，旅游者对其他旅游产品的需求就会增加；当一种旅游产品价格下降了，旅游者对其他旅游产品的需求就会减少。例如，观光旅游和度假旅游之间就是替代关系，当观光旅游产品价格提高了，人们就会转向度假旅游。如果两种旅游产品之间是互补关系，则旅游需求交叉弹性系数为负数。它表示在其他条件不变的情况下，当一种旅游产品价格下降了，与之为互补关系的其他旅游产品需求量就会增加；反之，如果一种旅游产品价格上升了，则与之为互补关系的其他旅游产品需求量就会减少。例如，酒店、交通、景点与观光旅游产品之间就是互补关系，观光旅游产品价格下降会使出游人数增加，对酒店、交通、景点的需求量也会随之增加。

根据旅游产品需求的交叉弹性，各国在旅游经营中需要注意国际旅游市场上其他国家旅游价格和其他旅游产品价格的变动情况，研究这种价格变动对本国旅游市场带来的影响。

七、衡量旅游需求的指标

旅游需求指标是衡量旅游需求总体情况的尺度，是旅游经济指标体系中的有机组成部分，是运用一套经济指标反映和衡量一个国家或地区旅游需求的发展状况和水平，为人们掌握一个国家或地区的旅游经济活动运转情况并观测其发展趋势提供量化的依据。

旅游需求指标的种类很多，可以根据具体的研究目的加以选择和设计，其中常用的旅游需求指标主要包括游客人次、游客停留天数、游客消费指标和出游情况。

（一）游客人次

游客人次指标是指一定时期内到某一旅游目的地国家或地区的游客人数与平均旅游次数的乘积。旅游目的地国家或地区通常根据这一指标了解旅游市场对其旅游产品的需求数量和变化情况。因此，这一指标也是衡量一个国家或地区旅游业发展水平的重要尺度之一。

（二）游客停留天数

一般情况下，游客停留天数指标可以分为游客停留总天数和游客人均停留天数。

1. 游客停留总天数

游客停留总天数是指一定时期内旅游者在某一旅游目的地停留的总天数，即旅游人次与人均停留天数之乘积。这一指标从时间角度反映了旅游者对旅游产品的需求状况及水平。通过该指标可以看出旅游产品对旅游者吸引力的强弱以及旅游接待能力的大小，能够更全面地反映旅游需求状况。

2. 游客人均停留天数

游客人均停留天数是指在一定时期内旅游者在某一旅游目的地的平均停留天数，即旅游者停留天数与旅游者人次之比。这个指标从平均数的角度反映旅游产品的需求状况，不仅反映了旅游市场对旅游目的地旅游产品的需求状况，也反映了旅游需求的变化趋势，能为旅游目的地国家或地区制定发展目标、开拓旅游市场、进行旅游宣传提供科学依据。

（三）游客消费指标

游客消费指标是以价值形态来衡量旅游需求的综合性指标，一般包括游客消费总额、游客人均消费额和旅游消费率。

1. 游客消费总额

游客消费总额是指一定时期内旅游者在旅游目的地国家或地区的旅游活动过程中支出的货币总额。它从价值形态上反映了旅游者对旅游目的地国家或地区旅游产品需求的总量，也是该时期内旅游目的地国家或地区提供的旅游产品的总价值量。从另一角度看，这一消费总额则构成同期内旅游目的地国家或地区的旅游收入。因此，该指标也是衡量旅游需求最重要的指标之一。

2. 游客人均消费额

游客人均消费额是指一定时期内在旅游目的地国家或地区的旅游活动过程中每个旅游者支出的货币量，即游客消费总额与旅游人次之比。这一指标是从平均数的角度在价值上反映某一时期内旅游者对旅游目的地旅游产品的需求情况。通过这个指标，人们可以了解旅游者在旅游目的地消费支出的变化情况。对同一个旅游目的地来说，在其旅游供给相对稳定的情况下，旅游者人均消费额一般与人均停留天数同向变化，但两者之间并不完全成正比关系。

3. 旅游消费率

旅游消费率又称旅游开支率，是指一定时期内一个国家或地区的出国旅游消费总额与该国或该地区居民消费总额或国民收入的比值。它从价值的角度反映了一定时期内某一国家或地区的居民对出国旅游的需求强度。

（四）出游情况

设计这类指标是为了了解客源地的旅游需求现状和发展趋势，以便有重点地开展旅游市场营销工作。一般来说，这类指标主要包括以下几个。

1. 旅游出游率

旅游出游率是指一定时期内一个国家或地区的居民外出旅游的人数或人次与其总人口数的比率。它反映了一个国家或地区旅游需求的能力及强度，同时也反映出该国家或地区作为旅游客源地的可能性程度，是选择客源市场的依据。根据上述定义，一般可把旅游出游率分为总出游率和净出游率两类。

$$总出游率=（一个国家或地区出国旅游的人次/总人口）×100\%$$
$$净出游率=（一个国家或地区出国旅游的人数/总人口）×100\%$$

2. 旅游重游率

旅游重游率是指一定时期内一个国家或地区的出国旅游人次与出国旅游人数之比。它所反映的是一定时期内一个国家或地区的居民出国旅游的频率，同时体现了其旅游需求的规模和能力，是选择客源市场的又一项参考指标。

$$旅游重游率=（出国旅游人次/出国旅游人数）×100\%$$

第二节　旅游供给理论

一、旅游供给的概念

在经济学中，供给是指生产者在一定价格下愿意并能够出售的产品量。旅游供给是指旅游经营者在一定时期内和一定价格水平下，愿意并且能够向旅游市场提供的旅游产品的数量。为了正确理解旅游供给的概念，还必须注意以下几点。

（一）旅游供给以满足旅游需求为目的

旅游需求是旅游供给发生的基本前提，即旅游经营者必须将满足旅游需求作为经营目标，通过建立一套适合旅游需求的旅游供给体系，提供满足人们旅游需求的、高质量的旅游产品。为此，旅游供给者在实际经营中，在认真调研和预测旅游需求的内容、层次和变动趋势的基础上，开发旅游资源、设置旅游设施、制订计划、组织旅游产品的生产，以满足旅游需求。

（二）旅游供给表现为旅游经营者愿意提供的旅游产品

旅游需求仅仅是旅游供给的前提条件，旅游供给的关键是旅游经营主体愿意提供相应的旅游产品，即旅游经营者在一定时期内、一定价格条件下，愿意提供的旅游产品的数量、品种、规格和质量。因此，在旅游供给过程中，既要求旅游经营者提供足够的旅游产品数量，更要求经营者重视提高旅游产品的质量、旅游服务的质量以及旅游设施的水平，才能有效增加旅游供给，更好地满足旅游需求。

（三）旅游供给表现为旅游经营者能够提供的旅游产品

旅游供给必须是有效供给，即旅游经营者愿意并且能够提供的旅游产品。这种有效性取决于基本旅游供给和辅助旅游供给两方面。基本旅游供给是指直接针对旅游者需要提供的旅游产品，主要包括吸引游客来访的旅游资源、为保障游客旅游活动顺利进行而专门开发和建设的旅游设施以及面向游客提供的各种服务等，它们构成了旅游供给的核心部分，其质量和水平决定了旅游目的地的吸引力和声誉。

辅助旅游供给是指旅游目的地的基础设施，主要包括交通运输、通信、能源系统及区域公用设施等各种公共产品和辅助设施，它们是旅游活动得以进行的物质前提，是旅游供给中不可缺少的组成部分。只有当基本旅游供给和辅助旅游供给相互配合，并在数量、结构等方面相适应时，才能向旅游者提供有效的旅游产品。

可以看出，旅游供给和旅游需求是旅游经济活动中两个既相互促进又相互制约的方面。一方面，旅游供给对旅游需求具有导向作用，即供给的旅游产品对游客的吸引作用是促成旅游需求发展的条件；另一方面，旅游需求的发展又反过来推动了旅游产品的供给，并要求旅游供给的产品适应旅游需求的需要。

二、旅游供给的特征

旅游产品是一种特殊的综合性产品，决定了旅游供给也是一种特殊的供给。与一般产品的市场供给相比，其特殊性主要表现在以下几个方面。

（一）多样性

旅游供给的存在是以需求为前提的，旅游者的市场需求多种多样，决定了旅游供给为了有效满足旅游需求必然具有多样性的特点。旅游供给者在旅游产品的生产和供给过程中，要重点关注旅游者在物质方面和精神方面的需求，把所有相应的物品和服务都纳入经营的范畴，在大力发展传统性大众旅游产品的同时，针对特殊旅游者的特殊需求，积极开发个性化的旅游产品。

（二）关联性

旅游供给的关联性一方面体现在旅游业的发展为旅游目的地的相关行业带来了更多的市场需求，有利于促进上游产业链的发展；另一方面也说明了旅游供给对各个上游行业具有较大的依赖性。旅游目的地销售渠道里任何一个行业的滞后发展都会形成旅游供给的瓶颈，制约旅游行业的发展、旅游产品产量的扩大和质量的稳定与提高。比如，如果旅游业的上游行业交通客运业（航空、铁路、汽车等）受到突发事件或者经济波动的影响，将会进一步影响相关区域的旅游供给，地处边远、交通不便的旅游目的地更是如此。

（三）稳定性

除了少数新开辟的旅游目的地和衰落的旅游目的地，绝大多数旅游目的地的旅游供给在相对较短的时期内（如一年内）很少出现供给量大起大落的现象，这也在一定程度上说明旅游供给的弹性一般比较小。这主要是由旅游供给构成要素的性质所决定的。首先，旅游供给的固定性特点决定了旅游目的地无法在较短的时期内随着旅游需求和旅游产品价格的变化而任意扩大或缩小。其次，旅游设施和基础设施的建设一般需要较大的资金投入和建筑工期，不可能在较短的时间内发生明显的增加。最后，旅游供给受旅游目的地社会经济发展水平、科学技术发展水平、环境容量等因素的制约，难以在较短的时间里迅速扩大或缩小。

（四）产地消费性

地域固定性是旅游产品的一大特点，旅游目的地供给的旅游产品表现为长期固定于一个地方的旅游资源、旅游设施等内容，旅游供给企业和部门无法将产品运输到旅游者的居住地供其消费，旅游者只能离开居住地前往旅游目的地消费所购买的旅游产品，因此，旅游产品的生产、交换、消费是同时发生在旅游目的地的。这使得旅游产品既不能先于消费生产，也不可能通过储存来调节旅游供求矛盾，在进行旅游供给能力规划时要充分考虑到环境的容量和承载力。

三、旅游供给的影响因素

在市场经济条件下，影响旅游供给的因素十分广泛，各种自然的、历史的、社会的、经济的和政治的因素都会对旅游供给产生影响，概括而言包括以下几个方面。

（一）旅游需求因素

需求决定供给。旅游供给的最终目的是满足消费者的旅游需求，旅游供给只有符合市场需求才是有效供给。旅游业作为一个国际性产业，其市场需求具有很大的自发性和随意性，其供需主要靠市场调节，是一种市场导向型产业。由于旅游需求富有弹性，因此，诸如生活条件、受教育程度、城市化水平以及国家政策等各种因素的变化都会引起旅游需求的变动，并引导旅游供给的变动方向。旅游需求还具有地域集中性和季节集中性特点。地域集中性主要表现为旅游者偏好多指向环境优美、旅游供给结构完善的风景名胜区。季节集中性则是因旅游者闲暇时间的限制，旅游活动常集中于节假日以及气候条件适宜之时，从而形成旅游淡、平、旺三季。旅游供给结构只有符合旅游需求特点，旅游业才能顺利、健康发展。

（二）价格因素

旅游价格因素的影响主要涉及旅游产品价格和旅游生产要素价格两个方面。一是旅游产品的价格。一般情况下，旅游产品价格提高，旅游经营者在同样的成本下可获得更多的利润，刺激旅游供给量增加；反之则会减少旅游供给量。二是旅游生产要素的价格。旅游产品的生产要素包括食、住、行、游、购、娱多个方面，其中任何一个生产要素的价格变动，都会影响旅游产品的成本，进而导致旅游供给的变动。

（三）经济因素

一个国家或地区能否根据市场需要及时扩大旅游供给规模，经济实力是关键因素。旅游活动的开展离不开食、住、行、游、购、娱等多种要素的供给，而这些要素的供给无一不与一定的经济发展状况和水平相适应。要有效地满足旅游者需求，需要相应的旅游基础设施、旅游接待设施及旅游服务条件做保障，要有大量的资金、技术和人力投入。因此，一个地区的经济发展水平不仅影响着该地区的旅游需求，也影响其旅游供给。

（四）政策因素

国家宏观政策及地方政府对发展旅游业的重视及支持程度也必然影响该地的旅游供给。此外，理念决定行为，政府及相关部门的发展经营理念对一个产业的发展往往起着至关重要的作用。观念的差异，各地资源、经济等客观条件的不同，导致了各地旅游供给在时间分配、空间分布及产品结构上的差异。

（五）环境因素

旅游业发展是以自然、社会环境为重要基础的，旅游消费置身于客观环境之中，必然会与环境发生冲突。旅游活动对环境的消极影响已经引起了广泛重视。过多的旅游者会给旅游目的地的生态环境带来巨大的压力，不文明的旅游行为可能对旅游环境造成难以弥补的损失。在许多旅游景区景点，旅游旺季时人满为患，设施损坏、环境污染、生态退化等现象已不鲜见，所有这些都会影响其旅游供给水平。因此，一个地区的生态环境容量状况决定其旅游供给能力的大小。

（六）科技因素

在旅游业的发展中，科学技术也起着至关重要的作用。一方面，科技的发展刺激了旅游需求的增长，给旅游需求注入了新的特点；另一方面，现代科学技术深刻影响着旅游供给的深度和广度，进而影响着旅游供给结构。这进一步体现在三个方面，具体如下。第一，科技发展可以增加旅游产品的吸引力，使旅游供给由一元变为多元。声学、光学以及计算机技术等现代化技术手段在旅游产品开发和建设中的广泛应用，大大增加了旅游景点的吸引力。第二，科技发展促使旅游供给水平提高，优化旅游供给结构。科技的发展促进了交通、住宿设施的建设，旅行过程变得更为便捷和舒适。信息技术的广泛应用使旅游服务的整体质量得到了明显的改善。所有这些无疑增加了旅游产品的魅力，提高了旅游供给的档次，使旅游供给有能力与旅游者不断提高的旅游需求相适应。第三，科技发展扩大了旅游开发的空间范围，降低了季节因素对旅游供给的影响。借助现代科学技术，旅游开发对象已经可以扩展到许多前人无法涉足之地，旅游资源的外延更为广泛。海底观光、月球之旅、飞行之旅等都已不再仅仅是人类无法实现的梦想，旅游活动的内容更为多样化。

四、旅游供给规律

从上述分析可以看出，旅游供给受多种因素的影响和制约，不同的因素对旅游供给具有不同的影响，并具备一定的规律性。

（一）旅游供给量与旅游产品价格呈同方向变动

在其他条件不变的情况下，某旅游产品的供给量与该旅游产品的价格呈同方向变动。即旅游产品的价格提高，旅游供给量就会增多；旅游产品的价格降低，旅游供给量就会减少。这种关系形成了如图 3-8 所示的旅游供给价格曲线。

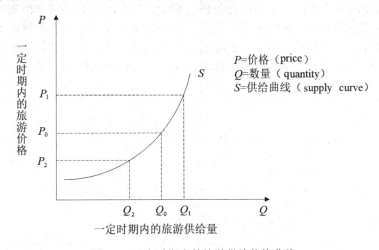

图 3-8　一定时期内的旅游供给价格曲线

在图 3-8 中，曲线 S 是旅游供给价格曲线，P_0、P_1、P_2 代表不同的旅游价格，Q_0、Q_1、Q_2 代表不同的旅游供给量。当旅游产品价格为 P_0 时，旅游供给量为 Q_0；当旅游产品价格上升至 P_1 时，旅游供给量就增加到 Q_1；当旅游产品价格下降至 P_2 时，旅游供给量则相应减少至 Q_2。因此，旅游供给价格曲线是一条自左下向右上倾斜的曲线。在其他因素不变的情况下，旅游产品价格变化将导致旅游供给量沿旅游供给价格曲线上下移动。

值得注意的是，旅游供给能力在一定条件下具有相对稳定性。由于旅游供给能力的限制，旅游供给量并不会因为旅游产品价格的变动而随意调整，也即旅游供给价格曲线并不能随意延伸。当达到旅游供给能力时，即使旅游产品价格再高，旅游供给量也是既定不变的。例如，某一旅游酒店的床位数量是一定的，一旦达到其接待能力的极限，即便酒店房间的价格再高，其供给量也不可能再增加。这种关系如图 3-9 所示。

在图 3-9 中，当旅游供给量小于 Q_1 时，旅游供给量将随旅游产品价格的变化呈同方向变化；当旅游供给量达到 Q_1 以后，受旅游供给能力的制约，即使旅游产品价格从 P_1 上升到 P_3，旅游供给量都不会发生变化，仍然保持在 Q_1 的水平。

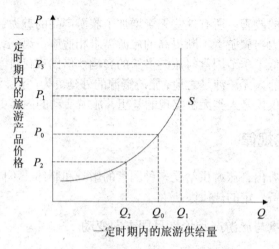

图 3-9　一定时期内限定的旅游供给价格曲线

（二）旅游供给量受其他因素影响发生变动

旅游供给量的变化不仅受旅游产品价格的影响，也受其他各种因素的影响。从上面的分析可知，在其他因素不变的情况下，旅游产品的价格变化将导致旅游供给量沿着旅游供给价格曲线 S 发生上下移动。在旅游产品价格不变的情况下，如果其他因素发生变化，将导致旅游供给曲线向左方或向右方平行移动。这种平行移动如图 3-10 所示。

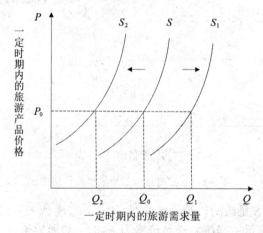

图 3-10　旅游供给变动的其他因素曲线

在图 3-10 中，曲线 S 为原旅游供给价格曲线，价格保持在 P_0 的水平不变。如果生产旅游产品的要素价格下降，必然使旅游产品成本下降，从而引起旅游供给的增加，使旅游供给价格曲线向右移至 S_1，旅游供给量由 Q_0 增加到 Q_1；反之，如果生产要素的价格上升，旅游产品成本上升，引起旅游供给减少，旅游供给价格曲线 S 向左移至 S_2，旅游供给量由 Q_0 下降到 Q_2。

五、旅游供给弹性

旅游供给弹性是指旅游供给针对各种影响因素变化做出的反应。由于旅游供给不仅受旅游产品价格的直接影响，还受生产要素价格、旅游环境容量等因素的影响，因而旅游供给弹性包括旅游供给价格弹性、旅游供给交叉弹性等。

旅游供给量随旅游产品价格变化而变化的关系称为旅游供给价格弹性。旅游供给量随旅游产品价格变化而变化的程度则为旅游供给价格弹性系数。它是旅游供给量变化的百分率与旅游产品价格变化的百分率之比。旅游供给的点弹性和弧弹性公式分别为

$$Esp = \frac{Q_1 - Q_0}{Q_0} \div \frac{P_1 - P_0}{P_0}$$

$$Esp = \frac{Q_1 - Q_0}{(Q_1 + Q_0)/2} \div \frac{P_1 - P_0}{(P_1 + P_0)/2}$$

式中：Esp——旅游供给价格弹性系数；

　　　P_0、P_1——变化前后的旅游产品价格；

　　　Q_0、Q_1——变化前后的旅游供给量。

由于旅游供给量与旅游产品价格是正比关系，旅游供给价格弹性系数始终表现为正数，其数值范围可以从零至无限大。旅游供给价格弹性系数的测算主要有如下四种情况。

（1）$Esp>1$，旅游供给富有弹性。在这种情况下，旅游价格稍有变化，便会引起旅游供给量大幅度的变化。此时，旅游供给曲线斜率小而平缓。

（2）$Esp<1$，旅游供给缺乏弹性。在这种情况下，旅游价格若发生变化，只会引起旅游供给量小幅度的变化。此时，旅游供给曲线斜率大而陡峭。例如，旅游旺季到来之际，酒店的房价会上涨，但由于酒店的客房数是相对固定的，酒店的供给量与淡季相比短期内并不会发生大幅度的增加，仅仅会出现较小幅度的上升。

（3）$Esp=1$，旅游供给具有单位弹性。在这种情况下，旅游价格若发生变化，则会引起旅游供给量相同幅度的变化。此时，旅游供给曲线的斜率适中，表现为一条正双曲线。

（4）$Esp=0$，旅游供给无弹性。在这种情况下，无论旅游价格如何变动，旅游供给量都不发生变化。此时，旅游供给曲线无斜率并与纵轴平行。例如，旅游目的地政府从保护自然生态环境出发，为限制过多游客涌入而提高旅游价格，但旅游供给量没有变化。

需要说明的是，在旅游价格变化的情况下，旅游供给量的增减变化具有一定的滞后性，其原因有三：第一，旅游供给的增加涉及资源开发、设施建设、人员补充等，这些都需要一定的时间，因此不可能迅速对旅游价格的变化做出反应；第二，旅游供给的增加受环境容量和社会合作等多方面因素的制约，不可能由旅游部门单独做出反应；第三，旅游设施的专用性比较强，在旅游价格下降的情况下，旅游供给量也不会立即减少。

也正是因为上述原因，旅游供给弹性通常较小。此外，旅游供给的弹性系数在不同的时间内也表现得大小不一。如果旅游市场上价格的上升只能维持一个较短的时期，那么旅游供给量只能进行内涵式扩大，如通过提高劳动生产率或者改进运作流程等办法扩大接待能力，而不会通过增建旅游设施和相关基础设施的办法，因为这需要较长的时间。这样，旅游价格虽然提高了，但是旅游供给量不可能有大量增加，表现为旅游供给价格弹性小。反之，如果旅游价格会在一个较长时期内持续上升，那么旅游供给量可以进行外延式扩大，如新建旅游服务设施、增加交通运输工具、营造娱乐和体育设施等。在这种情况下，旅游供给价格弹性较大。

第三节　旅游市场供求均衡

一、旅游供求矛盾

旅游需求与旅游供给是旅游经济活动的两个侧面，分别代表着旅游市场上的买方和卖

方，旅游供给与旅游需求既相互依存又相互矛盾。

（一）数量上的矛盾

旅游供求的数量矛盾主要表现在旅游供给或旅游接待能力与旅游者总人次的不相适应上。由于旅游经济在整个社会中的重要作用，世界各国都积极发展旅游业，旅游目的地国家或地区往往根据自身的社会经济条件确定适宜的旅游发展模式，形成本国或本地区的旅游供给能力。因此，在一定时间内，旅游供给能力是既定的，而旅游需求则受人们收入水平、消费方式、闲暇时间、社会环境等诸多因素的影响，具有较大的不确定性和随机性。在旅游市场上，旅游供给的相对稳定性与旅游需求的随机性导致了供求矛盾，出现旅游产品供不应求或供大于求的局面。

（二）时间上的矛盾

旅游供给在一定时间内是一个常量，饭店客房、餐厅座位、景区、游乐场等旅游设施一旦形成，就具有常年性的特点。而旅游需求往往与旅游季节和时间相联系，造成全年旅游需求的不均衡分布。例如，春意盎然或秋高气爽的季节，可能会有大量的游客到风景区游玩和观光；隆冬季节，雪山风光、冰灯冰雕、滑雪冬泳则成为有游客需求的项目；炎热夏天，避暑胜地就可能供不应求。因此，旅游供给的常年性与旅游需求的时间性之间形成了巨大的反差，具体表现为在旅游需求的高峰期或某旅游地的季节吸引力较大时，该地的旅游产品供不应求；在旅游需求的低落期或某旅游地的季节吸引力较小时，该地的旅游产品供大于求。即我们通常所说的旅游旺季、旅游淡季和季节矛盾。

（三）空间上的矛盾

旅游供给与需求在空间方面的冲突表现为旅游产品在地理位置上的固定性和容量有限性与旅游需求变动性的矛盾。即有的旅游地供大于求，游人稀少；有的旅游地供不应求，游人如织，形成旅游的冷点、热点地区。造成该矛盾的原因：一方面，旅游资源在类型、数量和质量等方面的差别决定了不同旅游目的地的旅游供给有先天的差别；另一方面，旅游设施的完善程度不同导致了不同旅游目的地的旅游供给有后天的差别。

（四）结构上的矛盾

旅游供求的结构矛盾是指旅游供求在构成上不相适应，主要表现为：旅游供给类型或项目与旅游需求不相适应；旅游供给档次或等级与旅游需求不相适应；旅游供给方式与旅游需求不相适应；旅游供给质量与旅游需求不相适应。造成旅游供求结构矛盾的原因在于：由于旅游者的组成不同，旅游活动中的兴趣爱好各异，民族习惯、宗教信仰、支付能力、消费水平等方面的千差万别，形成了旅游需求复杂多样、灵活多变的特点。而一个地区甚至一个国家的旅游供给，无论怎样周全地规划和配备，总不可能面面俱到、一应俱全。因此，旅游需求的复杂性、多变性、多样性与旅游供给的稳定性、固定性之间的巨大反差导致了旅游供求在结构上的矛盾。

二、旅游供求均衡

在经济学中，均衡是一个被广泛运用的重要概念。均衡一般指经济事物中有关的变量在一定条件的相互作用下达到的一种相对静止的状态。由于旅游供给和需求具有多方面的矛盾和冲突，因此，要实现旅游供给与需求的均衡，必须综合二者的特点，探讨旅游供求的静态均衡和动态均衡。

（一）旅游供给与需求的静态均衡

在市场经济条件下，旅游产品的均衡价格是指该种商品的市场需求量和市场供给量相等时的价格。从几何意义上讲，旅游产品市场的均衡出现在旅游产品的市场需求曲线与市场供给曲线相交的交点上，该点被称为均衡点。均衡点上的价格和供求量分别被称为均衡价格和均衡数量。市场上需求量和供给量相等的状态也被称为市场出清的状态。

假定以横坐标 Q 表示旅游供求数量，以纵坐标 P 表示旅游价格，把旅游需求曲线 D 和旅游供给曲线 S 在同一坐标图中绘出（见图 3-11）。旅游需求曲线 D 与旅游供给曲线 S 相交于 E_0 点，E_0 为均衡点。在均衡点 E_0，均衡价格为 P_0，均衡数量为 Q_0。显然，在均衡价格 P_0 的水平下，消费者的购买量和生产者的销售量是相等的。反过来，在均衡数量 Q_0 的水平下，消费者愿意支付的价格和生产者愿意接受的价格是相等的。因此，这样的状态便是一种使买卖双方都感到满意并愿意持续下去的均衡状态。

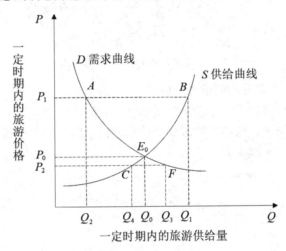

图 3-11　旅游供求平衡价格调节机制曲线

当旅游价格上升为 P_1 时，旅游供给曲线在 B 点，而旅游供给量为 Q_1，旅游需求曲线在 A 点，旅游需求量为 Q_2，市场上出现旅游产品供大于求的情况，导致旅游产品的价格下降至 P_0，旅游供给曲线和旅游需求曲线相交于 E_0 点，旅游供给量减少至 Q_0，旅游需求量增长至 Q_0，旅游产品达到了供求平衡。同理，如果旅游价格下降到 P_2，旅游供给曲线在 C 点，旅游供给量为 Q_4，旅游需求曲线在 F 点，旅游需求量为 Q_3，市场上出现供不应求的情况，导致旅游产品价格上升至 P_0，旅游供给曲线和旅游需求曲线再次相交于 E_0 点，旅游供给量和旅游需求量同为 Q_0，说明旅游产品又达到了供求平衡。

（二）旅游供给与需求的动态均衡

1. 旅游需求发生变动引起的动态均衡

在旅游供给不变的情况下，旅游需求增加会使旅游需求曲线向右平移，从而使得均衡价格和均衡数量都增加；旅游需求减少会使旅游需求曲线向左平移，从而使得均衡价格和均衡数量都减少（见图 3-12）。

在图 3-12 中，既定的旅游供给曲线 S 和最初的旅游需求曲线 D 相交于 E_0 点。在均衡点 E_0，均衡价格为 P_0，均衡数量为 Q_0。随着社会经济发展，由于人们收入水平的增加、闲暇时间的增多，引起旅游需求曲线 D 右移至 D_1 的位置，D_1 曲线与 S 曲线相交于 E_1 点。在均衡点 E_1，均衡价格上升为 P_1，均衡数量增加至 Q_1。相反，旅游需求的下降会使旅游

需求曲线 D 向左平移至 D_2 的位置，D_2 曲线与 S 曲线相交于 E_2 点。在均衡点 E_2，均衡价格下降为 P_2，均衡数量减少为 Q_2。

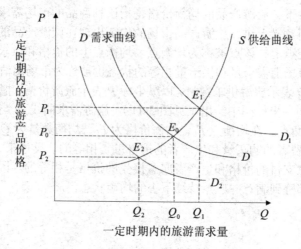

图 3-12　旅游需求变动引起的动态均衡

2. 旅游供给发生变动引起的动态均衡

在旅游需求不变的情况下，旅游供给增加会使旅游供给曲线向右平移，从而使得均衡价格下降、均衡数量增加；旅游供给减少会使旅游供给曲线向左平移，从而使得均衡价格上升、均衡数量减少（见图 3-13）。

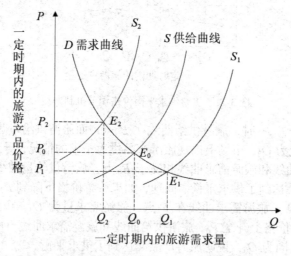

图 3-13　旅游供给变动引起的动态均衡

在图 3-13 中，既定的旅游需求曲线 D 和最初的旅游供给曲线 S 相交于 E_0 点。在均衡点 E_0，均衡价格为 P_0，均衡数量为 Q_0。随着社会生产力水平的提高、旅游业就业人员的增加，引起旅游供给曲线 S 右移至 S_1 的位置，S_1 曲线与 D 曲线相交于 E_1 点。在均衡点 E_1，均衡价格下降为 P_1，均衡数量增加至 Q_1。相反，旅游供给的下降会使旅游供给曲线 S 向左平移至 S_2 的位置，S_2 曲线与 D 曲线相交于 E_2 点。在均衡点 E_2，均衡价格上升为 P_2，均衡数量减少为 Q_2。

3. 旅游供给和需求同时变动引起的动态均衡

当旅游供给和旅游需求同时发生变化时情况就比较复杂，因为它们既可以按不同方向变动，也可以按同方向变动；既可以按不同比例变化，也可以按同比例变化，从而导致旅游产品的均衡价格和均衡数量的变化难以确定（见图 3-14）。

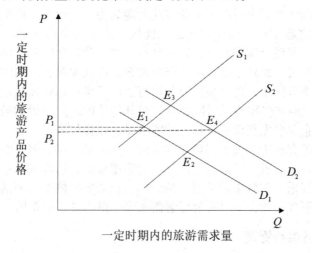

图 3-14 旅游供需同时变动的动态均衡

以图 3-14 为例分析。假定消费者收入水平上升引起旅游需求增加，使得旅游需求曲线 D_1 向右平移至 D_2；同时，员工劳动生产率的提高带来了旅游供给的增加，使得旅游供给曲线由 S_1 右移至 S_2。比较 S_1 曲线分别与 D_1 曲线和 D_2 曲线的交点 E_1 和 E_3 可见，收入水平上升引起的旅游需求增加使得均衡价格上升。再比较 D_1 曲线分别与 S_1 曲线和 S_2 曲线的交点 E_1 和 E_2 可见，劳动生产率提高引起的旅游供给增加又使得均衡价格下降。最后，这两种因素同时作用下的均衡价格将取决于需求和供给各自增长的幅度。由 D_2 曲线和 S_2 曲线的交点 E_4 可知：由于旅游供给的增长幅度大于旅游需求增长的幅度，最终的均衡价格下降了。

三、旅游供求均衡的调控

旅游供给与旅游需求管理的目标就是要尽可能地实现供给与需求的平衡，以使旅游系统的空闲损失、机会损失和顾客损失均降至最小。一般来说，平衡旅游需求与供给矛盾的手段可以从两个相反的方面入手：其一是调节旅游需求以适应现有的旅游供给能力；其二是改变供给能力以适应需求波动或水平，如图 3-15 所示。

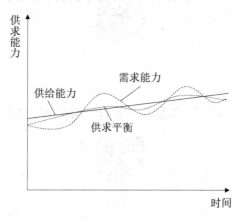

图 3-15 旅游供求关系平衡调节过程

（一）旅游需求管理

旅游需求的波动性并不表明旅游企业对此无能为力。旅游企业可采取积极的应对措施调节服务需求，使之趋于相对的稳定状态，使旅游需求的平均水平接近最佳服务供给能力。比如，进一步完善现行休假制度，建立具有中国文化特色的假日体系，有效促进短途国内游市场的良性发展。此外，进一步加强与游客、潜在旅游者之间的信息沟通，提醒其及时了解旅游需求季节波动，选择最佳时间出行。广泛推行预约或预定服务，预订一方面可以降低顾客不能及时接受服务的风险，并将排队等待的时间减少到最低限度；同时预订系统能使旅游服务企业事先获得相对精准的需求量，以做好服务准备。对于旅游需求方面而言，顾客预约服务有利于本人更好地安排时间，充分做好接受服务的准备，以获取高质量的服务。有效延长旅游服务链条。旅游产业关联度极高，游客旅游不仅是游览观光，更多是在景区逗留、娱乐。在旅游需求过旺的时期，精心安排旅游系列活动，分散游客的集结中心，延长旅游服务链条，能够有效缓解需求大于供给带来的矛盾。

（二）旅游服务供给管理

旅游服务供给管理是指实现服务资源的科学分配和高效运行。一方面，在旅游需求高峰时期，旅游服务企业尽可能扩展服务供给能力；另一方面，在旅游需求低谷时期，合理收缩服务供给能力以规避服务资源无效使用。

旅游服务供给能力决定于服务资源及其运作管理，尤其要注重不断进行服务创新。旅游服务的创新在于如何让游客获得美好的体验——以体验为基础，开发新产品、新活动；强调与消费者的沟通，并触动其内在的情感和情绪，以创造体验吸引消费者，并增加产品的附加价值；以建立品牌、商标、标语及整体意象塑造等方式，取得消费者的认同感。旅游服务创新要做好两点。一是要确定一个鲜明的主题。主题的确定应根植于本地的地脉、史脉与文脉，应根据主导客源市场的需求，凸显个性、特色与新奇，避免与周边邻近地区同类旅游目的地雷同。二是要整合多种感官刺激，调动旅客的参与性。旅游服务创新是增加顾客服务需求的刺激本源，游客在获取不同体验的基础上加大了旅游服务资源的利用率，减少了旅游服务资源的闲置与浪费。

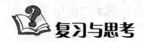

复习与思考

思政案例分析

"资源诅咒"，旅游供给多样性与可持续旅游发展

思政解读 ●

（1）有关可持续发展（sustainable development）的定义有一百多种，但被广泛接受且

影响最大的仍是世界环境与发展委员会在《我们共同的未来》中的定义。在该报告中，可持续发展被定义为"能满足当代人的需要，又不对后代人满足其需要的能力构成危害的发展"。

（2）旅游可持续发展（sustainable development of tourism）是指在不破坏当地自然环境、不损坏现有和潜在的旅游资源、合理利用旅游资源、保护已开发的现有资源的情况下，在环境、社会、经济三效合一的基础上持续发展的旅游经济开发行为。

（3）实现旅游供给的多样性和可持续旅游的前提是保护生态环境。习近平总书记提出的"绿水青山就是金山银山"的发展理念和"绝不能以牺牲生态环境为代价换取经济的一时发展"的重要论断，对于旅游目的地的可持续发展至关重要。

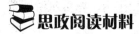

案例分析与讨论 ••

1. 结合上述材料，自行查阅其他材料，谈一谈"资源诅咒"这个概念的提出和在经济领域的一些实际案例，你认为该如何避免呢？

2. 阅读上述材料，以一个具体的案例地，谈一谈如何增加旅游供给的多样性，促进区域旅游可持续发展。

思政阅读材料

完善旅游产品供给体系，丰富优质产品供给

第四章　旅游消费理论

学习导引

旅游消费是人们在旅行游览过程中，通过购买旅游产品满足个人发展和享受需要的行为和活动。它是旅游经济运行的终点和根本目的，是旅游产品实现其价值和使用价值的重要条件。作为一种高层次的消费，旅游消费反映了社会经济的发展和人民生活水平的提高。本章介绍了旅游消费的概念、性质、特点和其在旅游经济运行中的作用，阐述了旅游消费方式和结构的含义、内容、影响因素及其合理化，分析了旅游消费决策行为，探讨了旅游消费效果的含义和评价。

学习目标

知识目标：理解旅游消费的概念，了解旅游消费的性质、特点和作用，思考旅游消费效果的衡量。

能力目标：结合实际，能剖析旅游消费方式、旅游消费结构转型升级的相关现象和趋势，并运用旅游消费决策行为的经济学分析探究旅游消费的效用。

思政目标：增强对近年来我国体旅融合、文旅融合等促进旅游消费的重要意义的理解，加强对经济新发展格局下促进我国旅游消费的思路与方向的认识。

思维导图

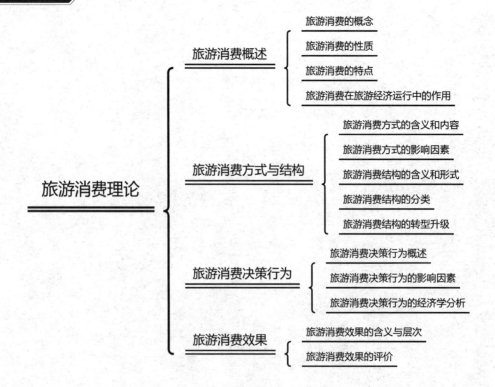

第一节　旅游消费概述

一、旅游消费的概念

（一）消费

社会生产的总过程可以大致分为生产、分配、交换、消费四个环节，它们之间存在着相互联系、相互制约的辩证关系。其中，消费是指利用社会产品满足人们各种需要的过程。它是社会生产四个环节中的最后一环，也是下一次社会生产循环的先导。合理、适度的消费是社会再生产正常进行并实现良性循环的重要条件。一个新消费热点的出现，往往能带动一个产业甚至几个相关产业的良性发展，促进生产和国民经济的更大发展。

消费分为生产消费和个人消费。前者是指物质资料生产过程中的生产资料和活劳动的使用和消耗；后者是指人们把生产出来的物质资料和精神产品用于满足个人生活需要的行为和过程，是生产过程以外执行生活职能、恢复人们劳动力和劳动力再生产必不可少的条件。本节所讨论的消费是指个人消费或生活消费，而非生产消费。

（二）旅游消费

世界旅游组织对旅游消费的定义是"由旅游单位（游客）使用或为他们生产的商品和服务的价值"。一般而言，可以将人们在旅行游览过程中所获得的满足其自身发展和享受的物质产品、精神产品和旅游服务消费的总和看作旅游消费，其中包括了在旅游过程中对食、住、行、游、购、娱六个方面及其他方面的消费。可以看出，旅游消费是为了满足人们精神享乐的一种高层次的消费活动，属于个人消费的范畴。

二、旅游消费的性质

（一）双重性

旅游消费作为消费的一种特殊类型，具有消费的双重属性，即消费的自然过程属性和社会过程属性。

消费的自然过程属性是指商品的使用价值发挥作用的行为和过程中的自然磨损、损耗与消耗。它所满足的是人们的功能性，特别是生存性功能（如衣、食、住、行）的需要，是一种生理学意义上的行为与过程，并且总是在一定的自然条件和自然环境中进行。旅游消费是人们在旅行游览活动中对各种物质、精神和劳务资源的消费。在旅游的过程中，必然伴随着各种资源的磨损和消耗，这些消耗是旅游者获得满足的必要条件，也是旅游产品发挥使用价值的必要条件。例如，旅游者通过消费食物摄取营养，消除饥饿，满足"食"的需求；通过消费水、电和其他住宿设施满足"住"的需求；通过消费交通运输服务减少体力的消耗，满足"行"的需求。诸如此类，旅游消费的方方面面都伴随着各种物质和劳务的消耗，反映了旅游消费和客观世界的消费关系，是一种自然的消耗过程。

消费的社会过程属性是指消费不是孤立的个人行为，而总是在一定生产关系制约下，在人们相互的经济关系中进行的社会行为和过程。旅游消费不可能脱离社会孤立地进行，而总是建立在一定的生产关系基础之上，这不仅表现在旅游消费的主体——旅游者是社会性的，他们的观念和行为都受到他们所具备的社会条件和社会关系的制约；还表现在旅游消费的供给方——旅游企业、景点景区等整个旅游的支持系统都是社会性的，都无一例外地受到所处社会环境的制约。因此，旅游消费反映了不同消费者的价值观和消费观，反映了特定的生产关系和社会条件，具有消费的社会过程属性。

（二）个体性

消费包括生产消费和个人消费。生产消费是生产过程中的消费，而个人消费则是对个人生活需要的满足。旅游消费是旅游者为了满足其自身发展和享受的需要而产生的，是一种个体性的生活消费，其消费主体是旅游者。是否进行旅游消费、消费水平的高低、消费结构如何、消费意识和消费习惯的形成等都是旅游者的个人行为，不带有生产目的。

（三）高层次性

按照马斯洛的需求层次理论，旅游是人们的基本生理需要得到满足之后，为满足更高层次的自我实现和发展享受的需要而产生的。尽管在旅游过程中旅游者也会产生一些基本的需要，如食物、住宿等，但旅游者并不是为了填饱肚子或者有地方住而出游的。即使是为了美食出游，旅游者也是为了追求一种对美食的体验。旅游消费必然伴随着基本消费，但归根结底，旅游消费是为了获得高层次的愉悦和体验，是一种高层次的消费，对核心旅游产品的消费尤其如此。

（四）精神性

旅游消费最主要的内容是对核心旅游产品的消费，是旅游者为了获得愉悦和快感而产生的。尽管旅游消费也满足了旅游者对物质的需要，但从根本上说，它不同于一般的物质消费，旅游者旅游的根本目的是获得精神上的满足，如探亲访友、放松心情、增长见识、开阔视野等。即便是以购物为主要目的的旅游者，其旅游过程也不可避免地会得到物质以外的精神或者劳务体验。旅游消费是一种以物质和劳务消费为依托的精神消费。

三、旅游消费的特点

旅游消费是旅游者在旅行游览过程中产生的消费，是一个连续的过程，贯穿于旅游活动的始终，其特点是由旅游活动和旅游产品的特点共同决定的。

（一）旅游消费是综合消费

旅游是由一系列个人、企业、部门和地区以不同的方式组合在一起，为旅游者提供旅游体验的活动。旅游具有多项性和多面性，它涉及多种生活方式和各类经济活动。

首先，从时间上看，旅游消费包括旅游前消费、旅游中消费和旅游后消费，这是和旅游活动的三个阶段相互对应的。旅游前消费包括旅游者出行之前为了旅游做准备所引起的一切消费，如搜集旅游信息，到达目的地的交通、保险等；旅游中消费是指旅游者在旅游目的地的核心消费，包括景区景点门票、相关食宿和交通等；旅游后消费是指旅游者结束旅游过程之后或者旅游过程后期的旅游消费，如旅行影像制作等。

其次，从单个旅游产品的层次上看，旅游消费包括对核心旅游产品、旅游媒介产品和旅游纪念品等层次的消费；从整体旅游产品的类型上看，旅游消费又包括观光、休闲度假、文化科普、消遣娱乐、宗教朝觐、家庭及个人事务以及公务商务等诸多类型。

再次，旅游消费满足了旅游者的多种不同需求。从根本上说，旅游消费是一种高层次的消费，但旅游过程中旅游者也不可避免地会产生基本生理需求，如对食物、住宿、安全所产生的需求，旅游消费是满足旅游者不同层次需求，将旅游者的基本生理需求和发展享受需求结合起来的有机过程。

最后，从供给上看，旅游消费的产生需要整个旅游系统中众多行业的支持。其中有餐饮业、住宿业、景区景点、交通运输等经济部门，也有政府、教育、公共管理等非经济部门。

（二）旅游消费是以劳务为主的消费

旅游者在旅游活动中为了满足各种各样的需求，不可避免地要消耗物质产品。但从总体上看，大多数物质产品在旅游者不出游的情况下仍然需要消费，并不是旅游消费的独有部分，也不是旅游消费的主体部分。对旅游消费来说，其主要部分是贯穿于旅游活动始终的服务，即劳务产品，如旅游准备阶段的咨询服务，旅游出行阶段的餐饮、住宿、导游、导览、交通和文化娱乐服务等。

（三）旅游消费是异地消费

旅游消费的异地性是由旅游活动的本质所决定的，在旅游消费过程中，游客需要离开常驻地，将自己在目的地之外的经济收入用于在目的地旅游活动过程中的消费。从这个角度来看，旅游消费的异地性会伴随较大的风险，旅游服务商在旅游前后的服务承诺兑现不一致会给旅游消费的维权带来更大的困难，也使得旅游消费必须更加谨慎，也对目的地旅游市场的监管和品质保障体系提出了更高的要求。同时，也正是因为旅游消费的异地性，旅游消费表现为一种流动性消费，这种流动性特征不仅使旅游消费能够拉动多种产业增长，而且能使不同地区经济受益，有利于国民财富在不同区域间的分配。

（四）旅游消费是弹性消费

旅游消费的弹性是旅游消费变化对其他因素变化的反应程度的一种量度，即其他因素变动一个单位时旅游消费的变动大小，它从一定程度上反映了旅游消费的敏感程度。常见的旅游消费弹性有价格弹性、收入弹性和交叉弹性。由于旅游消费是一种高层次的消费，其大小必然受到旅游产品价格和旅游者收入的影响。旅游产品作为人们消遣娱乐的手段，与其他消遣娱乐方式存在一定的替代性，当旅游产品价格发生变动，很可能就伴随着旅游消费的变化。同时，旅游产品作为一种高层次消费品，其消费的前提是旅游者的其他基本生活需求得到满足，如果旅游者收入发生变化，则可用于旅游消费的部分也会相应变化。除此之外，旅游消费还会受到旅游者年龄、性别、职业、兴趣爱好、受教育程度、消费观念以及其他消费品价格等多方面的影响。

四、旅游消费在旅游经济运行中的作用

旅游消费是伴随着旅游活动而发生的，是旅游活动正常进行和旅游经济正常运行的必要条件，它在旅游经济运行中担任着不同的角色，具有重要作用。

（一）旅游消费是旅游经济增长的动力

在社会生产大循环中，消费是终点，也是生产的目的，没有消费，生产就失去了意义。在以服务消费为主体的旅游经济运行中更是如此。旅游消费是旅游经济运行的终点和根本目的。由于旅游经济运行中生产、交换和消费往往同时进行，如果没有旅游消费，也就没有了旅游产品的生产和交换，整个旅游经济循环就会停滞。合理的旅游消费可以促使旅游企业经营者不断改进技术和服务，提升竞争力，增加利润，促进旅游经济的良性运行。相

反，旅游消费不足，旅游经济缺乏动力，旅游产品销售不出去，则会阻碍旅游经济发展，使旅游经济陷入一种不正当竞争的恶性循环。

（二）旅游消费是实现旅游产品价值和使用价值的重要条件

价值是凝结在商品中的无差别的人类劳动，而使用价值则是产品能满足人们某种需要的效用。旅游产品的价值和使用价值，只有通过合理的销售方式，一般来说就是旅游消费，到达消费者（旅游者）的手中并被消费，满足旅游者的休闲、娱乐等各种各样的需求，才能够真正得到实现。如果没有旅游消费，旅游产品的价值和使用价值就难以实现，旅游经济也就难以正常运行。同时，旅游消费还可以对旅游产品的质量和效果进行检验，只有那些质量过硬、能够满足旅游者需求、具有一定的价值和使用价值的旅游产品才能够在旅游市场上继续生存。

（三）旅游消费是提高劳动者能力和素质的重要途径

当今世界的经济全球化、贸易自由化、竞争激烈化、技术专业化等不可阻挡的经济趋势对处于现代社会的企业和劳动者提出了越来越高的要求。社会需要的劳动者不仅要有精湛的专业技术和广博的文化知识，而且需要有与之相适应的综合能力和素质。旅游消费不仅可以增长劳动者的见识，开阔劳动者的眼界，提升劳动者的文化水平，而且是一种修养身心的重要手段。劳动者在旅游过程中身心得到放松，体力和智力得到恢复和发展，并处于一种健康热情的状态。旅游消费提升了劳动者的能力和素质，使之更加适应社会和经济发展的需要，为社会创造更多财富。

（四）旅游消费是人们追求美好幸福生活的重要手段

旅游是人们的基本生活需要得到满足之后，追寻更加美好的生活方式的重要手段。旅游消费是发展性消费，扩大旅游消费不仅具有拉动内需、促进现代服务业发展等经济功能，还具有恢复、发展人的智力、体力，提升人们幸福感的重要功能。高质量的旅游消费不仅能提高消费质量和层次，而且能提升人的综合素质，促进人的全面发展，对构建和谐社会具有重要价值。因此，旅游消费具有其他产业所不可替代的重要社会功能和作用。

（五）旅游消费有助于地区经济平衡协调发展

旅游消费对地区经济的发展具有十分重要的意义。世界上的许多发展中国家，或者是发达国家的非发达地区，由于各种各样的原因，如土地贫瘠、气候恶劣、交通不便、基础设施薄弱等，而缺乏可供选择的经济发展机会。但这些地区也往往拥有秀美的自然风貌、悠久的历史、神秘的民族文化。在这些地区合理、适度地进行旅游开发，发展旅游消费，可以带动当地经济发展，促进当地基础设施的完善和人民生活水平的提高，缩小贫富差距。

旅游素有"民间外交"的称号，旅游消费不仅可以带动地区经济发展，还可以促进不同文化背景的人们相互往来，增进了解，增加文化和政治交流的机会，促进不同文化的相互学习和融合，推动地区间经济、政治和文化协调发展。

第二节　旅游消费方式与结构

旅游消费方式是旅游活动的外在表现形式，是旅游者消费的方式和方法，是旅游消费的重要方面。

一、旅游消费方式的含义和内容

所谓消费方式，是指在一定的生产力发展水平、一定的生产关系条件下，消费者与消费资料相结合的方法、途径和形式。旅游消费方式是指旅游者在旅行游览的过程中，对物质和精神资料、服务等旅游产品进行消费并且从中获得满足的方式和方法，是旅游消费主体和消费客体相结合的方法、途径和形式。从本质上说，旅游消费方式是一种生活方式，它体现了社会生产力的发展和人民生活水平的提高，反映了人们在社会生活中复杂的生产关系，是新消费观的重要体现。

旅游消费方式包括两方面的含义。一方面是旅游消费的自然实现形式，这是和旅游消费的自然过程属性相对应的，是消费主体和消费客体相结合的技术形式，即结合的方法。旅游者选择什么交通方式出行、什么时候出行等都是旅游消费方式的重要方面。另一方面是旅游消费的社会实现形式，即消费主体和消费客体相结合的实现途径和实现范围形式等，它和旅游消费的社会过程属性相对应。例如，旅游消费中的旅游者以个人消费、家庭消费或者单位、团体消费等消费本位和旅游产品相结合。

具体来说，旅游消费方式包括以下几方面的内容。

（一）旅游消费心理

旅游消费心理是影响旅游者旅游消费的心理因素，它是指旅游者从内在旅游需要的产生到理智地思考，再到根据个人偏好选择旅游消费对象和消费方式，直到旅游消费实现后根据自我感受进行反思和评价整个过程中的一系列思维活动的总和。它是一种主观的意识行为，是旅游消费在旅游者大脑中的反映。

旅游消费心理分为浅层次的普通消费心理和深层次的消费观。普通的旅游消费心理来源于旅游者对旅游产品的表层印象，很容易受到客观条件变化的影响，具有不稳定性。旅游消费观是旅游者在自身的人生观、世界观和价值观的基础上对旅游产品产生的深层次印象，带有强烈的倾向性和很大程度上的稳定性，一般不会轻易改变，而且往往会促使旅游者形成一定的消费模式。

旅游消费心理是旅游者消费行为的原动力，它直接触发了旅游者进行旅游消费的动机。

（二）旅游消费习惯

旅游消费习惯是旅游消费心理的行为表现，带有强烈的倾向性，在同一情境下往往重复出现，具有较强的稳定性。典型的如旅游消费中的习惯型购买，旅游者对某些品牌有很强的认同感和依赖性，会导致重复购买行为。旅游消费习惯是旅游活动中的重要现象，在某种程度上也影响了旅游者的消费心理和消费行为。它常常会受到性别、年龄、收入等人口统计因素和地域、民族、宗教等文化因素甚至流行因素的影响，个体之间差异较大。但是，一旦旅游消费习惯形成，其改变需要较长且复杂的过程。

（三）旅游消费能力

旅游消费心理和习惯为旅游消费的产生提供了可能性，会使旅游者产生旅游的意愿和动机。旅游消费能力则为旅游消费提供了现实的可行性，是旅游者满足旅游需求的现实能力，主要衡量指标是旅游者的可自由支配收入。从根本上说，旅游消费能力是由社会生产力的发展水平决定的，并且受旅游消费对象（旅游产品）和旅游消费主体（旅游者）个人因素的影响。社会生产力的发展不仅促进了社会经济的发展和人们物质生活水平的提高，增加了可自由支配收入，同时也使人们有更多的闲暇时间，这些都是提高旅游者消费能力的重要条件。另外，因为旅游消费能力还会受到旅游者个人因素和旅游业发展状况的影响，所以要提高旅游消费水平，还需要完善旅游业结构，促进旅游业良性循环，鼓励人们进行旅游消费，使潜在的旅游消费者转化为现实的旅游消费者。

（四）旅游消费水平

旅游消费水平是指旅游活动中旅游者对物质和精神需求的满足程度，是旅游消费能力的反映，是转化为现实的旅游消费能力，是旅游消费方式的重要组成部分。它既包括旅游者消费的数量，更体现了旅游者物质、精神和劳务消费的质量。

（五）旅游消费结构

旅游消费结构是指旅游者在旅游消费过程中所消费的各种物质和劳务消费资料的数量比例关系和构成状态。它一方面反映了旅游消费方式的基本特征和旅游者群体中的生产力水平，另一方面也反映了旅游系统中所有经济与非经济主体的生产关系。

二、旅游消费方式的影响因素

旅游消费是一种高层次的消费，其消费方式不仅受旅游者自身因素和旅游产品状况的影响，还会受旅游者所处环境的经济、社会、政治等多方面的制约。

（一）旅游者的个人因素

旅游者的个人因素，如年龄、性别、兴趣爱好等，都会影响旅游消费方式。例如，一般来说，年轻的旅游者倾向于娱乐消遣、探险型旅游消费项目，年长的旅游者倾向于观光、康养类的旅游消费项目，受教育程度较高的旅游者往往更倾向于文化底蕴更加深厚的旅游消费活动，如博物馆、艺术馆、非物质文化遗产地的旅游活动。相对而言，旅游者的三观（世界观、人生观、价值观）会在更深的层面上影响其旅游消费方式，而且常常具有较大的稳定性。

（二）旅游产品的状况

旅游产品往往属于一种较高层次的精神文化类消费品，与其他休闲娱乐产品有较大互补性，消费弹性也比较大，旅游产品的质量和价格在很大程度上影响着旅游消费。一旦旅游产品的质量下降或者价格提高，旅游者的需要难以得到满足，或者出现其他更好的替代方式，旅游者很可能就会放弃旅游消费转向其他消费。除此之外，旅游产品的供给结构会直接影响旅游消费中的消费结构。

（三）经济因素

从微观上说，旅游者个人收入，尤其是可自由支配收入的高低在很大程度上决定了旅游消费水平的高低。在其他条件相同的情况下，旅游者的可自由支配收入越高，旅游消费水平就会越高，其消费中用于高层次消费的部分也会越高。

从宏观上说，一方面，宏观经济的良性发展可以为旅游业的发展提供良好的机遇和外部条件，促进旅游供给结构的合理化，维持旅游市场的稳定，使旅游市场能够提供质量优良、价格合理的旅游产品，更好地满足旅游者的消费需求。另一方面，宏观经济的良性发展可以促进生产力和生产效率不断提高，进而提高旅游者的可自由支配收入，间接影响旅游消费方式。

（四）政治和社会因素

旅游业的发展要以政治的稳定为客观前提，这是毋庸置疑的事实。技术进步、经济发展也促进了文化交流和社会变革，现代社会中的技术革命对人们的消费方式、消费观念和生活理念都产生了较大影响。旅游消费方式也不例外地受到生态、技术、政治、经济、社会大环境的影响。

三、旅游消费结构的含义和形式

（一）旅游消费结构的含义

旅游消费结构是指在一定的社会经济条件下，旅游者在旅游消费过程中所消费的各种物质和劳务消费资料的数量比例关系和构成状态。旅游消费结构是旅游消费方式的重要组成部分，反映了一定经济环境条件下的生产力水平和生产关系。

（二）旅游消费结构的形式

和一般消费结构类似，旅游消费结构也可以用价值和实物两种形式表示。

旅游消费结构的实物形式（或实物形式的旅游消费结构）是针对旅游产品而言的，是指旅游者消费了哪些旅游产品及它们各自的数量，是旅游消费结构中最基本和最原始的形式。研究实物形式的旅游消费结构有利于我们制订不同的旅游产品生产计划，为旅游产品的开发、生产和发展提供依据。

旅游消费结构的价值形式则是针对消费品的价值而言的，它是以货币形式表示的旅游者在旅游过程中消费的各种不同类型旅游产品的比例关系构成。研究价值形式的旅游消费结构可以计量不同类型、不同层次的旅游产品在旅游消费中的支出比重，有利于组织旅游产品的生产和市场流通，实现旅游经济中的实物和价值平衡。一般来说，旅游消费结构的实物形式决定了旅游消费结构的价值形式，而旅游消费结构的价值形式又反映了（至少从某种程度上反映了）旅游消费结构的实物形式，二者是相互统一的两个方面。同时，旅游消费结构的价值形式还可以用来衡量实物形式中不可比的部分，其将实物形式转化为同一标准，从而具有可比性。

四、旅游消费结构的分类

旅游消费结构具有多方面的丰富内容，根据不同的标准可以划分为不同的种类。

（一）按旅游消费的主体划分

根据旅游消费主体的大小和旅游者出游方式的不同，可以将旅游消费结构划分为个人旅游者消费、家庭旅游消费、团体旅游消费和社会旅游消费。

个人旅游者消费是指旅游者为了满足其旅游需求，在旅游出行的过程中引发的各种形式的旅游消费。它满足了个人旅游者的基本生存需要、享受的需要和发展的需要，是旅游消费中的基本构成单位，是其他类型旅游消费的重要组成部分。相对其他类型来说，个人旅游者数量最大，覆盖范围也最广。

家庭旅游消费是指为了满足家庭成员的需求，如探亲访友、增进感情、寻根问祖等家庭的特殊需求，以及一般旅游者的需求，以家庭为出游单位，在旅游的过程中产生的各种形式的消费。由于家庭成员往往涵盖不同年龄段、性别、职业和不同文化水平，其消费需求也表现出一定的丰富性和多样性。如何在满足家庭整体出游消费需求的基础上，又尽可能地照顾到家庭中每一位成员的特殊消费需求，对于促进家庭旅游消费非常重要。

团体旅游消费主要是指各类企业和社会集团为了达到其特定目的，如团建、学习、激励奖励、会展会议、商务等，以团队活动的形式旅游出行所引发的各种形式的旅游消费。一般情况下，团队旅游的消费水平往往比较高，其消费常常是某些旅游目的地收入的重要来源，市场潜力较大。

社会旅游消费是从整个社会的角度，如一个国家或者地区，考察旅游消费的结构，其出行的主体往往是由一些政府、旅游组织或者旅游学者人为划分的，而实际中并不存在一个相应的旅游者实体。社会旅游消费的主体是一个抽象的概念，主要是为了满足研究的需要，为政府、旅游组织或者旅游企业分析旅游经济形势、做出相应决策提供参考。

（二）按旅游活动"六要素"划分

按照旅游体验活动过程的环节，一般旅游消费被分解为食、住、行、游、购、娱六个方面。"六要素论"是旅游经济研究中普遍采用的分类方法，也是在通过比较研究方法进行消费结构合理性和高度化判断时的重要标准。游客在其旅游消费过程中，因为个人的旅游目的、兴趣爱好、可自由支配收入、闲暇时间等因素的影响和制约，在旅游消费中表现出不同比例的饮食、住宿、交通、游览、购物、娱乐方面的支出。从六大要素的角度考察游客的消费结构特征，有助于判断旅游地的性质，分析旅游发展所带来的经济效益及其来源构成，从而制定适当的旅游发展政策。

（三）按不同需求层次划分

按照旅游者在旅游消费过程中所满足的不同需求，可以将旅游消费结构划分为生存消费、享受消费和发展消费。

生存消费是指维持旅游者体力、脑力以及创造力所必需的消费，包括旅游过程中的食、住、行等方面的消费。它满足的是旅游者的基本生存需要，因而这部分消费具有一定的稳定性，弹性比较小，基本上属于旅游者必须消费的部分，是旅游消费的初级层次。

享受消费是指满足旅游者在旅游过程中对各种自然景观、文物古迹、民俗文化等景观的观赏和游览，对各种休闲娱乐活动的参与和挑战所带来的精神享受和愉悦感的消费，是旅游消费的较高层次，也是旅游活动的主要内容。

发展消费是指满足旅游者在旅游过程中对求知、科考、学习等有关增长知识和智力发展的消费，是旅游消费的最高层次。它不仅能够满足旅游者的需求，而且有助于旅游者素质和能力的培养和提高。

需要注意的是，在游客实际的消费结构中，这三种类型的消费并不是截然对立和孤立的，在大多数情况下，三者浑然一体，很难严格划分。很多情况下，旅游者既追求享受消费，又看重发展消费。在旅游开发和维护的过程中，应当在满足旅游者生存消费需求的基础上，充分诱发和满足旅游者的享受消费和发展消费需求，使其成为旅游消费的主体部分，将旅游消费结构提升到更高层次。

五、旅游消费结构的转型升级

（一）旅游消费结构转型升级的含义

转型是事物的结构形态、运转模型和人们观念的根本性转变过程，升级是指从较低的级别升到较高级别的过程。简单理解，转型是从一种形态转向另一种形态，升级是从一个低的层次进入高一级的层次，转型升级则是转型和升级同时发生的过程。我国旅游经济运行正在从大众旅游发展的初级阶段向中、高级阶段演化，旅游业的转型升级是多方面、多层次的。从不同的角度分析，旅游业的转型升级表现出不同的特点。旅游业作为综合性产业，产业链条长、产品形态多，对餐饮、住宿、交通、零售、文化等行业的拉动作用大，因此，旅游消费结构的转型升级也是旅游产业及其相关行业转型升级的重要方面。旅游消费结构的转型升级通过消费水平、消费对象、消费方式、消费环境等多个角度表现出来，构成了现阶段旅游消费的重要特征。

（二）旅游消费结构转型升级的内容

第一，旅游消费结构的转型升级应该能够使旅游者在旅游活动中较好地满足多层次需求，最大程度地恢复和发展体力和脑力，促进身心健康，提升人们的幸福感。从需求类别来看，应当能够满足旅游者的生理和心理两方面需求；从需求内容来看，能够满足旅游者食、住、行、游、购、娱等方面的需求；从需求层次来看，能够满足旅游者生存、享受和发展的需求。

第二，旅游消费结构的转型升级应当能够体现和反映整个社会生产力的发展水平，与资源的承载能力、社会的经济承受能力相适应，资源配置达到最优。同时，旅游消费结构转型升级应当能体现良好的消费质量，包括优质的旅游产品和旅游服务、良好的旅游消费环境和消费条件、合理的旅游产品价格，使旅游消费结构与经济、社会和环境协调发展。

第三，旅游消费结构转型升级应当符合社会的期望，体现一定的社会价值，体现文明、健康、科学的生活和消费方式。从微观上说，旅游消费结构应当反映新一代旅游者文明、健康、科学的生活和消费方式。从宏观上说，旅游消费结构应当与社会的期望和价值观相一致，适应现代社会物质文明和精神文明的要求。

（三）旅游消费结构转型升级的重要意义

第一，旅游消费结构的转型升级有利于提高旅游者的消费品质。不合理的消费方式不仅会对环境和资源造成破坏和浪费，而且不能充分满足旅游者的需求。合理、健康的旅游消费方式可以引导旅游者以较低的成本获得较大的满足，提高旅游者的消费水平和消费质量。如今，游客对基础设施、公共服务、生态环境、特色化旅游产品和服务的要求越来越高，旅游需求的品质化趋势日益明显，旅游消费结构的转型升级能够带给游客更大的消费效果和满足感，增强游客的旅游体验，提升旅游品质。

第二，旅游消费结构的转型升级有利于促进旅游产业的转型升级。在市场经济中，消费的转型升级是产业和经济转型升级的重要动力。因此，适应消费者变化、满足消费者需求是各市场经营主体需要主动做的。旅游业也是如此。游客需求的不断变化和个性化，促使旅游企业转变经营理念，充分运用信息技术，整合各类要素，不断更新产品、创新服务，旅游产业内部要素不断融合，与外部产业关联逐步密切，推动旅游产业转型升级，使旅游经济体系走向完善。

第三，旅游消费结构的转型升级有利于可持续发展的实现。随着世界范围内大众旅游时代的到来，游客数量迅猛增加，随之而来造成的一些负面影响也越来越凸显，比如，一些旅游目的地盲目开发、交通拥挤、景区人满为患，进而导致旅游接待设施受到较大程度的破坏、旅游环境污染严重、区域和谐的生态系统被打破，反过来又减弱了区域旅游资源的整体吸引力。因此，不断推进旅游消费结构的转型升级，严格限制不合理的污染，减少低价过量接待游客对环境所造成的不可逆影响，促进旅游目的地环境的恢复和资源的再生，有利于实现长期的可持续发展。

第四，旅游消费结构的转型升级有利于促进旅游目的地经济稳定增长。改变旅游者旧的消费观念和消费方式，鼓励旅游者适时、适当地进行文明、健康、科学的旅游消费，可以激发旅游者的高层次消费需求，减少对资源的破坏和浪费，从而促进旅游目的地资源的再回收利用，降低旅游目的地的经营管理成本，最终促进经济的健康运行和持续稳定增长。

（四）旅游消费结构转型升级的途径

（1）转变落后观念，形成可持续的消费观念，保护旅游消费环境。转变旅游者的落后观念，激发旅游者合理需求，抑制过度和不合理的欲求，促使旅游者形成可持续的消费观，并且形成良好的社会文化环境保护的意识和氛围，全员皆是保护者，才能真正地保护旅游消费的环境，实现旅游的可持续发展。

（2）提高居民收入水平，促进旅游消费结构转型升级。旅游是一种高层次的消费，其产生往往以满足人们其他基本消费需要为前提，即便同样是旅游者，他们的消费结构和消费水平也与自身的收入水平密切相关的。收入水平的提高不仅可以增加旅游消费，而且可以改善旅游消费的结构，提升旅游消费的水平和层次。要想促进旅游消费结构升级，就要调整收入结构，提高人民的收入水平，尤其是提高低收入群体的收入，缩小城乡收入差距和城市内部收入分配的差距，提高整体旅游消费水平，促进旅游消费结构升级。

（3）调整旅游产业结构，改善旅游产品组成，促进旅游消费结构转型升级。旅游产业结构和产品组成是旅游消费结构的直接决定因素。在收入和其他因素不变的情况下，旅游消费结构几乎和产业结构一一对应。因为消费必须以供给为现实基础，产业结构不合理，必然会导致消费结构的扭曲。因此，要想优化旅游产业结构，提升旅游消费的层次，必须合理布局旅游区域结构，完善旅游供给结构和旅游市场结构，增强弹性旅游消费项目的吸引力和体验性。只有这样，才能满足旅游者多变和多层次的消费需求，促进旅游消费结构的不断优化。

（4）制定合理的旅游消费政策，促进旅游消费结构转型升级。旅游消费结构的升级和优化需要政府和相关部门实施相应的政策。合理的旅游消费政策能够激发人们的旅游需求，将潜在旅游者转化为现实旅游者，对旅游消费结构的合理化具有积极的意义。

第三节　旅游消费决策行为

一、旅游消费决策行为概述

（一）旅游消费行为

消费行为是个体、群体和组织为满足其需要而选择、获取、使用、处置产品、服务、体验和想法的各种行动和决策过程。消费者决策源于消费者意识到或者感觉到某个问题的存在和有解决这一问题的机会。因此，旅游消费行为就是指旅游者在消费过程中，为满足自身需要而选择、购买、使用旅游物质产品和劳务的一系列活动的总和。它包括旅游消费者的行为方式、方法、行为过程及其变化。

（二）旅游消费行为的过程

旅游消费行为的一般结构和过程表现：首先，潜在旅游者意识到问题的存在，即旅游需求的确认；其次，由于存在旅游需求，他们会去搜集相关资料，不管是主动还是被动地搜寻，在积累了一定的资料，对旅游产品有一定的了解之后，潜在的旅游者会对各种旅游产品进行评价，进而做出决策，即决定是否购买、购买什么、购买多少、如何购买以及什么时候购买等；再次，旅游者会实施旅游计划，成为现实的旅游者；最后，旅游活动完成后还会有一个购后过程。旅游者的整个购买过程都会受到旅游者自身的自我观念和生活方式的影响，而旅游者的自我观念和生活方式往往又受到多方面因素的影响。

在旅游消费行为的复杂过程中，最重要的就是旅游消费的决策行为，它是旅游者在掌握一定资料和信息的基础上做出的旅游消费决策的过程。由于价值观、消费观等因素的不同，潜在的旅游者在其心目中会形成自己的一套旅游产品的评价标准，这些标准的重要程度会不尽相同；然后他们会罗列出一些可供选择的备选旅游产品和方案，并且基于他们的评价标准对每一备选产品进行评价；最后，他们会确定旅游决策的最终规则并且做出旅游决策。

事实上，不管是旅游消费行为的过程还是旅游消费决策行为的过程，其中每一步的顺序都可能发生变化，可能会同时进行，也可能交叉、颠倒进行，具有一定的灵活性。

二、旅游消费决策行为的影响因素

旅游者在进行决策的过程中会收集大量的信息，并且根据自己的旅游偏好做出选择。在这一过程中，影响旅游决策行为的因素有很多，归纳起来，主要包括以下几方面。

（一）环境感知

旅游者把进行旅游决策时收集到的各种信息摄入脑中，形成对环境的整体印象，这就是感知环境。感知环境是旅游决策行为的直接影响因素。尽管旅游者的旅游动机中包含期望了解与自己居住地有差异地方的环境，即寻求环境差异的因素，但是，环境差异并不能直接影响人们的旅游决策，直接影响旅游决策行为的因素是感知环境的差异。感知环境的影响还表现在居住地与旅游地的距离上。距离可以分为客观距离和感知距离。感知距离以克服客观距离所消耗的时间、资金和精力来衡量，它以客观距离为基础，受交通便利程度的影响。

（二）最大效益原则

旅游者在进行旅游决策时，倾向于追求在资金和闲暇时间限制下的最大旅游效益，这种最大旅游效益表现在两方面。第一，最小的旅游时间比，即当从居住地到旅游地的单程旅行所耗费的时间与在旅游地游玩所耗费时间的比值小于某个临界值时，人们才会做出到该地旅游的决策，这个比值就是旅游时间比。如果旅游地的类型相同，所提供的游玩时间相近，但到旅游客源地的距离不相同时，人们往往会选择比较近的旅游地旅游。第二，旅游效益的最大还表现为最大的信息收集量。旅游常常是由环境的空间差异引起的。旅游者力图获得最大的旅游环境信息量，以便从感知上消除或者减少这种环境差异，对最大信息收集量的追求使旅游者在选择旅游目的地时倾向于选择那些知名度大、自然环境和文化环境与旅游客源地差异较大的旅游目的地。

（三）旅游偏好

虽然旅游者具有一些共同的心理特征和需求，但具体到每个旅游者时又存在差异。旅游者由于兴趣、能力、气质和性格的不同，构成了各自的个性特征，因此在认知活动、情感和意向活动方面都存在差异。这些心理上的差异是个体对客观现实的主观印象，旅游者对旅游地类型的偏好就是通过对客观现实的主观印象表现出来的。

三、旅游消费决策行为的经济学分析

（一）经济学关于旅游消费决策行为的假定

经济学分析过程隐含着一些传统的假定，明确这些假定，才能对旅游消费决策进行更为严谨的分析。

1. 理性经济人假定

理性经济人假定是指旅游者在做出旅游决策的过程中追求自身利益的最大化，即用一定量的货币，争取得到最大的利益或者效用。旅游者总是拥有很敏锐的目光，对一切旅游信息都充分掌握并且深思熟虑。他们明白自己的选择范围和选择标准，并且能够按照自己的标准对旅游信息进行合理的排序，甚至可能预料选择的结果。

2. 旅游需求偏好多样性假定

经济学认为，人的需求偏好是多样的，可以按照一定的标准做细致分类、比较和排列，并且在这些多样性的需求之中存在着某些可循的规律。同时，旅游者偏好具有非饱和性，即旅游者对每一种类旅游产品的选择都没有达到饱和点，或者说，对于任何一种旅游产品，旅游者总是认为多比少好。

（二）旅游者消费的边际效用分析

效用是指满足人欲望的能力，是消费者在消费商品和服务时所感受到的满足程度。旅游消费效用是指旅游者在时间和支出一定的情况下，从旅游产品中得到的需求满足程度，它取决于旅游产品是否能满足旅游者的欲望，是旅游者的心理感受和主观评价。

边际分析是西方经济学中常用的基本分析工具之一。所谓"边际"是指自变量每变动一个单位所引起的因变量的变化量。

$$边际量 = \frac{因变量的变化量}{自变量的变化量} \tag{4.1}$$

效用可以分为总效用（total utility）和边际效用（marginal utility），分别用 TU 和 MU 表示。旅游者的总效用是指旅游者在一定时间内从一定数量旅游产品的消费中所得到的效用量总和。旅游者的边际效用是指旅游者在一定时间内增加一个单位旅游产品的消费所得到的效用量增量。

$$边际效用（MU）= \frac{总效用的变化量（\Delta TU(Q)）}{旅游产品的增加量（\Delta Q）} \times 100\% \tag{4.2}$$

在边际效用分析中，旅游者实现效用最大化的均衡条件如下：如果旅游者的支出水平固定，旅游市场上各类旅游产品价格已知，那么，旅游者应该使自己所购买的旅游产品的边际效用与各类旅游产品的价格之比相等；或者说，旅游者应使自己花费在各类旅游产品购买上的最后一元钱所带来的边际效用相等。用公式表示为

$$P_1 X_1 + P_2 X_2 + \cdots + P_n X_n = M \tag{4.3}$$

$$\frac{MU_1}{P_1} = \frac{MU_2}{P_2} = \cdots = \frac{MU_n}{P_n} = \lambda \tag{4.4}$$

式中，$P_1, P_2, \cdots, P_n$ 分别是 n 种旅游产品的既定价格；λ 为不变的货币边际效用；$X_1, X_2, \cdots, X_n$ 分别表示 n 种旅游产品的数量；$MU_1, MU_2, \cdots, MU_n$ 分别表示 n 种旅游产品最后一个

单位的边际效用；M 为旅游的总支出。其中，式 4.3 是限制条件，式 4.4 是在限制条件下旅游者实现效用最大化的均衡条件。式 4.4 表示旅游者应选择最优化的产品组合，使得自己花费在各种旅游产品上最后一元钱所带来的边际效用相等，并且等于货币的边际效用。

（三）旅游者消费的无差异曲线

无差异曲线是用来表示消费者偏好相同的两种商品的所有组合，它表示能给消费者带来相同的效用水平或满足程度的两种商品的所有组合。在同一条无差异曲线上的每一个点，旅游者都能够获得相同的效用和满足，距离原点越远的无差异曲线上的点，旅游者获得的效用和满足越大；反之则越小。根据经济学效用分析理论，假定旅游者仅消费两种旅游产品 X 和 Y。

如图 4-1 所示，点 A（选择了 Q_{x1} 的旅游产品 X 和 Q_{y1} 的旅游产品 Y）和点 B（选择了 Q_{x2} 的旅游产品 X 和 Q_{y2} 的旅游产品 Y）在同一条无差异曲线 I_1 上，因而旅游者具有相同的效用。而点 C（选择了 Q_{x3} 的旅游产品 X 和 Q_{y3} 的旅游产品 Y）由于在离原点更远的一条无差异曲线 I_2 上，旅游者具有更大的效用。

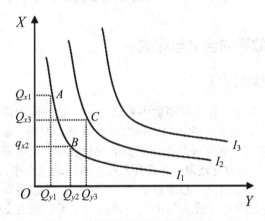

图 4-1　旅游者消费的无差异曲线

（四）旅游消费预算约束下的旅游者最优购买产品组合

旅游者的最优购买行为必须满足两个条件：第一，最优的旅游产品购买组合必须是旅游者最喜欢的旅游产品组合，也就是说，这种组合能够给旅游者带来最大的效用；第二，最优的旅游产品购买组合必须位于给定的预算线上。

假定旅游者的偏好给定，旅游者的预算和两种旅游产品的价格也既定。如图 4-2 所示，旅游者偏好给定意味着旅游者效用的无差异曲线图给定，旅游者预算和两种旅游产品的价格给定则意味着只有唯一的一条预算线 AB，只有预算线 AB 与无差异曲线 I_2 的切点 E 才是旅游者效用最大化的均衡点。原因如下：在预算线 AB 左下方的任意一个点旅游者的预算都没有花完，还可以购买更多的旅游产品，而在预算线 AB 右上方的任意一个点都超出了旅游者的预算，所以均衡点必然位于预算线 AB 上；而预算线 AB 上除点 E 之外的任意一个其他点，如 a 和 b，其无差异曲线都位于无差异曲线 I_2 的左边，也就是说，旅游者效用没有达到最大。因此，在旅游者消费预算约束的条件下，旅游者效用达到最大化的最优购买点即预算线和无差异曲线的切点。

事实上，除了选择不同的旅游产品，无差异曲线分析还可以运用于一般消费者对旅游或者其他休闲产品的选择、不同旅游目的地的选择、旅游方式的选择等方面。

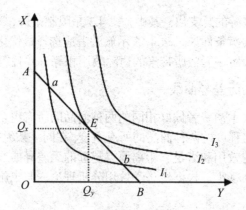

图 4-2　旅游消费预算约束下的旅游者均衡

第四节　旅游消费效果

一、旅游消费效果的含义与层次

(一)旅游消费效果的含义

旅游消费包括两个方面:在旅游消费中要消耗一定量的消费资料与劳务,即旅游消费的"投入";通过旅游消费使人们的体力、智力得到恢复和发展,精神得到满足,即旅游消费的"产出"。因此,旅游消费效果是指在旅游活动过程中,旅游者消费旅游产品而满足需求的程度和水平。它是一种心理现象,是旅游者在旅游活动过程中,通过消耗一定的时间、金钱和体力等所得到的旅游愉悦、心理感受和主观评价,即旅游者的"投入"与"产出"关系。在旅游者的消费过程中,投入与产出、消耗与成果、消费支出与达到消费目的的效果之间的对比关系,就是旅游消费效果。

$$旅游消费效果 = \frac{旅游消费活动的成果}{旅游消费支出} = \frac{旅游消费活动的成果}{劳动消耗(物化劳动+活劳动)} \qquad (4.5)$$

(二)旅游消费效果的层次

根据旅游消费效果主体的层次不同,可以将旅游消费效果分为宏观消费效果和微观消费效果。宏观旅游消费效果是把整个旅游消费者群体作为一个整体,从社会角度研究旅游产品的价值和使用价值,分析旅游消费资料的利用情况、旅游者的满足程度、旅游消费对社会生产力及再生产的积极影响,以及对社会经济发展所起到的促进作用。微观旅游消费效果是从个人的角度来考察,是指旅游者个人通过对旅游产品的消费,在物质上和精神上得到满足的程度和水平,如旅游消费是否达到旅游者的预期目标、旅游者能否获得最大满足等。

从旅游消费的消费投入和所获得的成果之间联系的密切程度,即投入产出关系来看,旅游消费效果可以划分为直接旅游消费效果和间接旅游消费效果。直接旅游消费效果是指旅游者通过一定的旅游投入直接获得的旅游消费产出的效果,如旅游者花钱乘车实现了空间的位移。间接旅游消费效果则是指由旅游消费投入引起的,但又不能直接反映出来的旅游消费的投入产出关系,如旅游消费增长知识、开阔眼界、陶冶情操、提高素质,带动当地经济的发展等。

二、旅游消费效果的评价

在式 4.5 中，分母旅游消费支出，即旅游者的消费投入一般相对比较容易衡量，如旅游者在旅游过程中花了多少钱、占用了多少时间，都可以进行相对精确的计算。而分子旅游消费活动的成果，在很大程度上是一种心理的主观体验，如旅游者究竟得到了多大程度的愉悦、有多大的物质和精神满足，往往难以评价和衡量。因此，在对旅游者消费效果进行评价时不仅同时包含物质和精神两个方面，也要同时包含微观和宏观、经济和社会、短期和长期等各方面。

（一）旅游产品价值和使用价值的一致性

旅游产品作为消费资料进入消费领域，以商品形式满足人们的消费需要，在使用价值上必须使旅游者能够得到物质和精神的双重享受，在价值上要符合社会必要劳动时间的客观要求。对于国际旅游者来说，旅游产品的价值量要以国际社会必要劳动时间来衡量。

（二）微观和宏观旅游消费效果的一致性

由于微观旅游消费效果反映出旅游者个人的主观评价，常常受旅游者个性特征的影响。在考察微观旅游消费效果时，要做好市场调研，分析旅游者的心理倾向和消费行为，有针对性地组合设计旅游产品和项目，实现微观旅游消费效果最大化。在考察宏观旅游消费效果时，应根据国家的旅游发展政策和规划，对旅游者进行引导。宏观旅游消费效果以微观旅游消费效果为基础，微观旅游消费效果以宏观旅游消费效果为依据。在考察时应当注意二者的相互关系，实现微观旅游消费效果和宏观旅游消费效果的统一。

（三）旅游消费效果与经济、社会和环境的一致性

考察旅游者的旅游消费效果必须同时考察旅游目的地的经济、社会和环境效果。因为旅游消费不仅是一种经济行为，还是一种社会行为，会对旅游目的地的环境造成影响。因此，在评价旅游消费效果时还要注意对旅游消费的社会效果和环境效应进行评价。如有的旅游活动，过度追求眼前的旅游消费效果，忽视了对环境的保护，造成环境污染或者生态破坏，从而又影响了旅游消费效果本身，应及时予以纠正。

（四）短期与长期旅游消费效果的一致性

旅游消费效果既包括短期效果，也包括长期效果。在评价旅游消费效果时，必须坚持二者的一致性。要重视短期旅游消费效果，掌握当前旅游者的旅游消费现状、特点和变化趋势，以便旅游经营者采取有效的措施，更好地满足旅游者的消费需求，同时实现旅游经营者的短期经营目标。同时，也要注意长期旅游效果，分析旅游消费是否符合社会发展的趋势和要求、是否有利于旅游者的身心健康、是否有利于旅游目的地旅游业的发展和旅游经营者的长期利益、是否有利于环境的保护和旅游业的持续发展等。

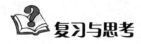 复习与思考

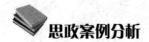

思政案例分析

"体育+旅游"融合发展加速

思政解读

（1）文化、体育等产业与旅游有机交融是产业发展的新趋势、产业演进的新模式、产业升级的新动能。推动文体旅游等产业融合既是贯彻落实新发展理念的必然要求，更是满足新时代人民群众美好生活需要的有效路径。

（2）以构建产业多维网络体系为核心，顺应现代产业跨界融合、协同共生的发展趋势，依托特定的载体空间，将自然景观和人文景观融合，营造文化主题鲜明、旅游要素完善、空间功能复合的产业生态，发挥多重产业带动作用，创造新供给，满足消费升级需求。

案例分析与讨论

1. 结合上述材料，自行选择一个体育旅游做得较好的案例地，并查找资料，分析其近两年旅游消费变化的趋势。

2. 结合上述分析，对身边的大学生群体做一个调查，分析这一群体对于"体育+旅游"的认知与消费经历。

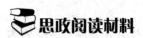

思政阅读材料

经济新发展格局下促进旅游消费的思路与方向

第五章　旅游投资理论

学习导引

　　旅游投资是一个国家或地区旅游经济发展必不可少的前提条件，也是旅游业实现扩大再生产的物质基础。本章主要阐述了旅游投资的概念、类型与特点，旅游融资的途径，旅游投资决策程序与方法等内容，从总体上介绍了旅游投资风险分析方法，旅游投资项目可行性研究内容和旅游投资项目的财务评价体系。

学习目标

　　知识目标：理解旅游投资的概念，了解旅游项目投资建设的阶段和不同的融资途径，思考旅游投资项目的财务评价和宏观评价。

　　能力目标：掌握旅游投资决策分析的程序和风险分析的相关方法，能够结合旅游投资的相关实践项目完成初步的可行性研究分析框架。

　　思政目标：加深对旅游投资对旅游业高质量发展具有重要意义的理解，加强对国内大循环为主体、国内国际双循环相互促进的新发展格局背景下文旅产业特点和投融资新形势的认识。

思维导图

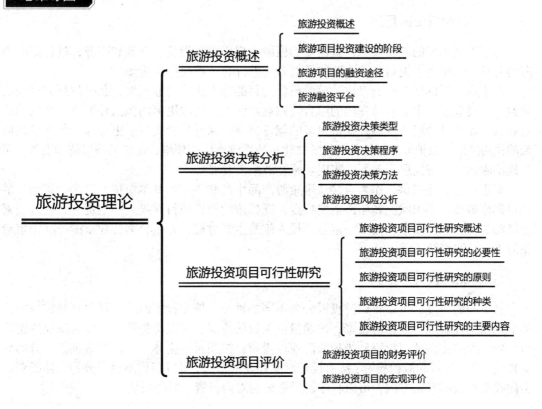

第一节　旅游投资概述

一、旅游投资概况

（一）投资的概念与特点

投资是指特定经济主体为了在未来可预见的时期内获得收益或是资金增值，在一定时期内向一定领域投放足够数额的资金或实物的货币等价物的经济行为。一般可以将投资分为实物投资、资本投资和证券投资。

投资作为一种经济活动，具有以下特点：第一，广泛性，投资是覆盖全社会的一项经济活动，涉及面广、综合性强；第二，周期性，对于一个具体项目而言，投资周期主要由投资决策期、实施期和回收期三个阶段构成；第三，风险性，投资收益具有风险性，因为任何投资都存在失败的可能性，如果投资没有实现预期的收益额，投资者就会少利、无利甚至亏本。

（二）旅游投资的概念

旅游投资是指政府或旅游企业在一定时期，根据旅游市场需求及其发展趋势，为获得收益而将一定数量的资金投入某一旅游项目的开发建设之中的经济活动。经济学家通常把投资、消费、出口看作推动经济增长的"三驾马车"，因此，旅游投资也是促进区域或国家旅游经济发展的重要途径。

（三）旅游投资的目的

为了满足人们的旅游需求，就需要为旅游者提供旅游设备、设施和服务，进行旅游资源的开发，包括为了提高旅游资源的吸引力而进行的一系列建设活动。

对于旅游目的地的政府来讲，旅游投资的目的是促进旅游业发展，获得包括旅游经济效益、社会效益、生态效益在内的综合性效益。例如，获取更多的包括外汇收入在内的旅游收入，促进社会经济发展；提供更多的就业机会，保证社会安定；更好地继承和发扬区域的民俗风情，保护和弘扬优秀的传统文化；持续改善生态环境，促进经济可持续发展；更好地消除地区经济发展的差距，实现区域经济平衡发展。

对于旅游企业来讲，作为直接从事旅游产品生产和供应的基本单位，旅游投资的目的是根据旅游市场供求状况和旅游消费特点，选择旅游投资项目并投入一定资金，通过要素市场购买各种生产要素，按照一定方式投入旅游生产过程，并组合为各种旅游产品销售给旅游者，获取经济效益。

（四）旅游投资的种类

从不同的角度，可以将旅游投资分为不同的种类。按照投资时间，可以将旅游投资分为长期旅游投资和短期旅游投资；按照投资项目的特点，可以将旅游投资分为新建旅游项目投资、改造旅游项目投资和维护旅游项目投资；按照投资主体，可以将旅游投资分为独立投资、合作投资和股份投资；按照投资对象存在的形态，可以将旅游投资分为实体投资、金融投资；按照投资方向，可以将旅游投资分为对内投资、对外投资。

（五）旅游投资的特征

总体来看，旅游投资有以下几个特征。

1. 综合性与联动性

一方面，旅游业是集食、住、行、游、购、娱六大要素于一体的综合性产业，旅游产业的综合性决定了旅游项目投资的复杂性和综合性。当代的旅游项目投资已经脱离单一项目投资的时代，越来越多的投资商着眼于区域整体投资，力求整合旅游产业链和其他相关行业以寻求综合收益的最大化。并且，旅游产业链可以延伸连接，与城市景观、房地产、小城镇、休闲娱乐等深度结合，产生整体、互动的结构，也被称为"泛旅游产业"。可以看出，旅游投资的各领域之间具有很强的相关性，一项投资必然刺激其他相关领域投资需求的上升，也必然受到其他领域投资状况的影响。

另一方面，旅游投资具有明显的联动效应，即在经济方面能促进地方经济和其他产业发展，创造就业机会和增加外汇收入等；在社会方面则能引导城市的文化定位，改变人们的生活方式、价值观念和宗教信仰等；在环境方面对人们的生活环境和自然环境造成影响。总之，一个旅游项目的启动和实施可以给各个方面都带来直接和间接的影响，有些甚至可以引起轰动效应。

2. 连续性和波动性

旅游项目投资实施的连续性与投资经济效益直接相关。社会化大生产客观要求经济活动的高度连续性，投资更应该如此。旅游项目的投资收益还决定于资金的时间价值与风险价值，相对准确地预测现金流与投资额，科学进行投资决策与筹资规划，根据项目进度合理用资以及快速回笼资金，才能有效控制投资的风险，提升投资总体价值。需要注意的是，旅游投资的连续性并不等于均匀性，旅游投资项目的千差万别使得每一个投资项目的投资周期的各阶段特点不同，也必然造成用资量的不同，这种波动起伏不一，会使旅游投资形成平缓、高峰、再平缓的波状曲线。

3. 复杂性与不确定性

一般而言，投资决策是建立在历史数据基础上的，历史数据的保守性和市场预测的局限性不可能全面反映未来时期的变化。因此，投资活动从计划之初便埋下了有复杂性和不确定性因素的隐患。另外，由于旅游是一个持续回报的长效投资产业，常常涉及项目的综合性、复杂性、服务性，再加之旅游产品的创意空间很大，因此许多投资项目的投入额通常较大。规模大往往导致投资回收期长，投资回收期越长，不确定性因素就越多，尤其是其中的不可控因素将极大地影响投资收益，其收益的不确定性越强，投资者所承担的风险就越大。

4. 高脆弱与敏感性

旅游在投资方面的高敏感性是由旅游业的高脆弱性所决定的。在国民经济各部门中，旅游业比其他产业经济部门更为脆弱，旅游产品价值的实现要受多种因素的作用和影响。从旅游业的内部条件来看，它由多部门构成，它们之间存在着一定的比例关系，这一比例关系客观上要求旅游业内部各组成部分之间以及旅游业与其他行业之间都必须协调发展，要求旅游业投资在各构成部分之间有多种分配。若其中某一个部分脱节，就会造成整个旅游供给失调，影响整个旅游业投资经济效益的实现。从影响旅游业的外部条件看，各种自然因素、政治因素、经济因素和社会因素都可能对旅游业产生影响，并直接影响投资者的热情和信心。例如，自然灾害、流行疾病、经济危机、金融危机、政治动乱、恐怖活动、战争等，都会导致旅游活动的停滞，造成旅游投资的中断。

5. 供给的时滞性

旅游项目投资可以产生两大效应：一是需求效应，二是供给效应。旅游需求效应是指与投资活动同期相伴而生的旅游需求活动。例如，一家五星级酒店的投资伴随着近十万种大小不同、种类各异的物资需求上升，从而引起社会相关总需求量的大幅度上升，其中包括物品需求量与就业需求量。供给效应是指因投资而形成新的生产能力，从而引起社会总供应能力的上升。需求效应伴随着投资过程，而供给效应则要等到旅游投资项目固定资产形成之后与流动资金结合方能实现，供给效应总是滞后于需求效应，形成所谓的"供给时滞"。这一"时滞"长短不一，从而形成旅游项目在投资效应上的独有特征。

二、旅游项目投资建设的阶段

（一）旅游项目策划立项阶段

旅游项目策划立项阶段又称为旅游投资的决策阶段，是指根据旅游市场的供求状况和项目建设条件，进行旅游项目开发建设的创意策划或者概念策划，并提出项目建议书的阶段。具体包括旅游项目的策划、旅游项目建议书的编制（即旅游项目投资可行性论证）、旅游项目投资决策和旅游项目立项批复四个步骤。

（二）旅游项目建设准备阶段

旅游项目建设准备阶段是指旅游项目立项之后，为后续的项目工程建设的开工做好各项准备工作的阶段。该阶段主要的工作包括成立旅游项目管理机构、编制项目开发建设的总体规划和控制性详细规划、编制项目开发建设的修建性详规、项目施工管理设计、项目其他开工条件准备（如资金、技术等）。

（三）旅游项目工程建设阶段

旅游项目工程建设阶段是在完成旅游项目建设准备阶段的各项工作后，进入旅游项目开发建设的工程施工阶段。这一阶段主要包括工程施工建设期和项目竣工验收期。

（四）旅游项目建成使用阶段

旅游项目建成使用阶段是指旅游项目建设完工后，进行开业和正式投入经营使用的阶段。其工作主要包括三个阶段：一是开业准备期，主要涉及筹集营运资金、招聘和培训员工、制订营销计划、建立规章制度、建立供货渠道等；二是开业试运营期，需要及时了解消费者的评价和市场的反应，对经营过程中的问题进行及时改进；三是正式运营期，主要工作是不断抓实服务质量管理、品牌建设、市场开拓等。

三、旅游项目的融资途径

从理论上讲，旅游项目的融资途径包括银行信贷融资、私募资本融资、整体项目融资、政策支持性融资、商业信用融资、融资租赁、产权融资、上市融资、海外融资等。

（一）银行信贷融资

银行信贷是开发商主要的融资渠道。对于旅游资源开发，可以采用项目信贷的方式借款。开发企业可对相关资产作抵押或质押，如土地使用权、相关建筑物的所有权、开发经营权、未来门票或其他收费权等。

（二）私募资本融资

开发企业对自身的资本结构进行重组改制，设立股份有限公司。开发企业以股份有限公司的主发起人身份，向社会定向招募投资人入股，共同作为发起人，形成资本融资。开发企业也可以先成立绝对控股的有限责任公司或股份有限公司，再向社会定向募股，以增资扩股的方式引入资本金。

（三）整体项目融资

开发企业在开发中，设立若干个项目，并制作单个项目的商业计划书，按照投资界规范的要求准备招商材料。依据招商材料，开发商可以向境内外的社会资金进行招商，其中可以采用 BOT（build-operate-transfer，建设—经营—转让）等多种模式，也可合作开发、合资开发、转让项目开发经营权等。

（四）政策支持性融资

充分利用国家鼓励政策，进行政策支持性的信贷融资，包括旅游国债项目、扶贫基金支持、生态保护项目、文物保护项目、世界旅游组织规划支持、国家及省市旅游产业结构调整基金、农业项目、水利项目以及文化项目。

（五）商业信用融资

商业信用可以表现在很多方面，若开发能与开放游览同步进行，则可对旅游商品、广告宣传、道路建设、景观建设等多方面进行商业信用融资，如垫资建设、代销商品、门票抵扣、预售预卖、时权融资等。

（六）融资租赁

融资租赁是市场经济发展到一定阶段而产生的一种适应性较强的融资方式，是指出租人根据承租人对租赁物件的特定要求购买租赁物件，并租给承租人使用，承租人分期向出租人支付租金。融资租赁的优势在于集融资与融物、贸易与技术更新于一体，融资与融物相结合。融资租赁具体通过设备租赁、资产租赁、土地租赁、房屋租赁等方式融资。

（七）产权融资

产权融资又称作股权融资，是指企业通过引进新的股东，让新股东、新投资者以持有股份的身份加盟进来，也意味着新股东用资金换取了企业产权，因而被称为产权融资。产权融资的优点在于发行股票融资具有永久性，无须归还，没有固定的股利负担，反映了公司的实力并作为其他融资方式的基础；其缺点在于资金成本较高，分散了公司的控制权。

（八）上市融资

上市融资就是通过上市来融通资金。企业将经营公司的全部资本等额划分，表现为股票形式，经批准后上市流通，公开发行。由投资者直接购买，短时间内可筹集到巨额资金。

（九）海外融资

海外融资方式非常多，包括一般债券、股票、高利风险债券、产业投资基金、信托贷款等。通常需要一家海外投资银行作为承销商，全面进行安排和设计。

总体来说，相对于其他行业，旅游资源开发中的融资运作仍处于初级阶段。如何将旅游资源的价值进行资本化，予以合理的量化评估，从而使资源可以作为资本，发挥其撬动融资的作用是未来应该努力的方向。

四、旅游融资平台

（一）旅游产业基金

旅游产业基金作为产业投资基金的一个重要分支，其投资重点主要定位于旅游业，旨在通过市场化融资平台引导社会资金流向，筹集发展资金，促进旅游基础设施和旅游景区的开发建设、助推旅游产业的结构升级以及挖掘和培育优质旅游上市资源等。

旅游产业基金的组织形式一般有三种，分别是公司型、有限合伙型、信托契约型，大多数以公司型产业基金和契约型产业基金为主，一般投向景区开发、基础设施建设、旅游房地产、酒店业等领域，主要以参股的方式进行投资，被投资企业需要满足特定的条件。旅游产业投资基金的发起人应选择经营股权的各类投资公司，当前主要选择证券公司、国有大型旅游集团参与产业投资基金的发起。

旅游产业投资基金一般可以采用公募或私募的方式。公募受政府主管部门监管，是向非特定投资者公开发行受益凭证的证券投资基金；私募主要是向金融机构，如商业银行、证券公司、保险公司等，政府引导基金以及地方大型旅游企业等特定机构投资者募集资金。

（二）旅游产权交易平台

产权交易是指在市场经济条件下各经济主体之间发生的生产要素以及附着在生产要素上的财产权利的有偿转让行为。产权交易是一定的产权主体对作为商品的产权客体的买卖活动，需要凭借产权交易市场开展。我国旅游业面临重大的发展机遇，巨大的旅游市场将吸引更多的旅游产品和项目投资，需要进入市场寻求资本，形成产业化发展，这样就需要产权交易机构为之提供专业服务。

旅游产权交易平台提供了信息网和交易场所，以企业的股权、物权、债权、知识产权、其他无形资产产权及政府公共旅游资源、特许经营权交易等为交易对象，通过高效的信息发布平台，广泛征集买家和卖家，发挥撮合交易功能，促进产权合理流动。旅游产权交易平台建设为旅游经济的发展提供了强有力的金融支撑，对推动旅游经济发展方式转变具有重要的战略意义。

第二节　旅游投资决策分析

决策是指从多个可达到同一目的并能相互替代的行动方案中选择最优方案的过程。决策贯穿于人类社会经济活动的各方面，旅游业也不例外。没有旅游投资决策，就没有旅游项目的建设和旅游业的可持续发展。因此，现代旅游投资决策是为达到一定旅游投资目标，对有关旅游投资项目在资金投入上的多个方案比较中，选择和确定一个最优方案的过程。

一、旅游投资决策类型

现代旅游投资决策有各种各样的类型，通常可以按投资目的和决策条件进行分类。

（一）按现代旅游投资目的分类

按旅游投资主体和目的分类，一般可将旅游投资决策分为企业性投资决策和政府性投资决策。旅游企业是旅游经济的基本单位，其投资主要是为了获得超过投资成本的利润，并努力使利润最大化。因此,旅游企业的投资决策大多数是为获取经济和财务收益的决策。政府对旅游业进行投资,主要是为了改善旅游环境,促进当地经济效益、社会效益、生态环境效益,为旅游业发展创造良好条件。例如,改善和提高交通运输设施、开设免税商场和旅游购物中心、建设旅游院校或培训设施等。

(二)按现代旅游决策条件分类

按旅游决策条件分类,一般可以将旅游投资决策分为三种类型,即确定型投资决策、风险型投资决策和非确定型投资决策。

确定型投资决策是指旅游投资决策的条件和环境影响因素均处于确定情况下的决策。所谓确定型条件一般包括两个方面:一是未来的旅游投资条件和环境是确定的,可以明确把握其变化的状态和趋势;另一个是提出的可供选择的投资决策方案有若干个,每个方案的预期结果均可明确预见。

非确定型投资决策是指旅游投资决策的条件和环境影响因素处于完全不确定情况下的决策。由于决策条件和环境影响因素既不确定也不能估计,因此只能在投资决策时先做出各种可行性方案,对各种方案按照一定的原则进行比较,再择优进行决策。非确定型投资决策的原则一般有乐观决策原则、悲观决策原则、折中决策准则等。在旅游投资决策中,可根据投资目的和决策条件进行合理选择。

风险型投资决策是指旅游投资决策的条件和环境影响因素不仅不确定,并且决策失误会给企业和投资者带来风险和损失,也被称为统计型决策或随机型决策。决策人员可以对不同方案在不同条件以及影响因素作用下的损益值进行计算,并对各种条件及影响因素作用的概率进行估计,从而为旅游投资决策提供比较和决策的依据。风险型投资决策的关键是计算损益的数值和估计影响因素作用的概率。

二、旅游投资决策程序

科学的决策必须遵循科学的决策程序。根据实践经验的总结,旅游投资决策一般包括以下几个步骤。

(一)确定旅游投资的目标

必须对项目投资条件和环境进行调查和分析,明确拟投资项目的优劣势、发展机遇和现实条件等,对旅游项目进行初步的机会研究,明确旅游投资的预期目标和重点,并制定评价和考核的预期指标体系。

(二)提出旅游投资项目建议书

项目建议书是向旅游目的地政府有关部门进行投资建设立项的重要依据,其内容一般包括项目名称、地点、时间、主要内容、投资主体和资金投入量,以及对拟建项目的必要性和可能性的初步设想,等等。

(三)进行旅游投资项目可行性研究

旅游项目建议书经政府有关部门初步评估并批准后,即可由旅游投资项目建设或主管单位委托具有旅游规划和可行性研究资质的规划和咨询机构,进行项目投资的规划和设计,并在此基础上进行可行性研究,编制研究报告。同时,对设计旅游投资项目的有关政策和规定进行咨询,并获得相应的批准手续。

（四）对旅游投资项目进行评审

由旅游投资项目审批决策部门组织或授权有关机构和专家，对项目主管部门提交的旅游投资项目规划设计和可行性研究进行评估论证和审查，确定项目是否可行，并根据可行性研究提出的多种方案确定最佳的一个，然后提出投资项目的评审意见和建议。

（五）旅游投资项目建设的审批

旅游投资项目审批部门根据评审意见，对投资评估报告及相关的必须要件进行审核，明确投资项目可行且相关要件皆已齐备后，即可批准旅游投资项目进行建设。

三、旅游投资决策方法

一般而言，旅游投资决策方法有以下三类。

（一）确定型投资决策

由于在确定型投资中未来的旅游投资条件和环境是确定的，并且每个方案的预期结果也是明确预见的，因此，在满足以上两个基本条件的基础上，可以对多方案进行比较，以选择最佳的旅游投资决策方案。

例如，某酒店新近准备投资一个酒店项目，经过详细的市场调查和需求分析预测，初步提出了三个备选方案。随着市场需求量大小的变化，其收益也随之发生变化。表 5-1 显示了各方案的预测情况。

表 5-1　旅游投资决策收益表

单位：万元

需求量情况	方案 A	方案 B	方案 C
需求量较大	5900	5000	4200
需求量较小	3100	3300	3800

按照表 5-1 中各方案获利的水平，当市场需求量已知为较大时，决策者应该选择方案 A；当市场需求量已知为较小时，决策者应该选择方案 C。可见，在市场需求量已经确定的条件下，可以比较容易地选择出最优方案。

（二）非确定型投资决策

非确定型旅游投资中，虽然不同方案的收益值在不同的自然状态下可以计算出来，但对各方案自然状态及其可能出现的概率难以估计。通常使用以下三种准则。

1. 乐观决策准则

乐观决策准则也称为大中取大决策准则，即指决策者在进行旅游投资决策时，尽管面对不确定的决策条件和环境，仍然不放弃任何一个可能获取最大收益的机会，通过比较选择最大收益的旅游投资决策方案。

具体程序是首先计算各个旅游投资方案在自然状态下的最大收益值，再比较所有收益值最大的方案，从中选择收益最大的方案作为最佳旅游投资方案。此法以决策者充满乐观冒险精神为前提，采用这种准则的决策者对客观情况抱有乐观态度，希望采用的方案总能取得最好的结果，但往往成功的希望甚少。这种决策把结果建立在一厢情愿的乐观基础上，实际上隐含着最理想状态发生的概率为 1。当客观情况确实很乐观时，才能采用这一决策，否则就会导致利益大大受损。由此可见，采用此准则将会冒很大风险，因此，通常在无损失或损失不大的情况下选用。

2. 悲观决策准则

悲观决策准则也称为小中取大决策准则，指决策者在进行旅游投资决策时，面对不确定的决策条件和环境十分谨慎小心，宁愿选择比较稳妥的旅游投资方案，从而在最低投资收益比较中选择最好的投资收益的旅游投资决策方案。

具体程序是首先选择各个旅游投资方案在自然状态下的最小收益值，再比较所有收益值最小的方案，并从中选择收益值最大的方案作为最佳旅游投资方案。由于是在最小收益值中比较选择收益值最大的方案，因此又称为小中取大决策准则。

3. 折中决策准则

折中决策准则也称为后悔值决策准则或者大中取小决策准则，指决策者在进行旅游投资决策时，鉴于难以掌握不确定的决策条件和环境，在各自然状态下各方案的最大损益后悔值中选择最小的方案为旅游投资决策方案。

具体程序是首先计算各旅游投资方案的损益后悔值，即用各方案的最大损益值减去其他方案的损益值，得到各方案的后悔值，即选错方案而少获得收益或多蒙受损失的数值，然后对各方案的最大损益后悔值进行比较，选择其中后悔值最小的方案为最佳旅游投资决策方案。由于是在各方案的最大损益后悔值中比较选择最小损益后悔值，因此又可称为大中取小准则。

采用悲观决策准则与后悔值决策准则的决策者对客观状态总是抱有悲观态度，把结果建立在消极、不理想的基础上，从最坏处考虑，在最坏情况中选择一个相对好的，其决策结果必然选取较为保守、稳妥的策略。

（三）风险型投资决策

风险型旅游投资决策是指旅游投资决策的条件和环境影响不仅不确定，如果决策不当会给旅游投资者带来一定的风险和损失的决策，也可以称为统计型决策或者概率型决策。

为了进一步说明上面三种决策方法，现举例如下。

某开发商拟投资建设某旅游项目，以增加某种新旅游产品的生产能力。该工程投产后产品的需求量预测可能出现较大、一般和较少三种情况。由于缺乏详细准确的资料，对各种状况出现的概率无法估计。在投资前对拟建旅游项目进行可行性研究，提出三种可供选择的方案，各个方案在不同需求量状况下的产品损益值（亏损用负数表示）如表 5-2 所示。现分别按乐观决策准则、悲观决策准则和后悔值决策准则进行旅游投资决策。

表 5-2　旅游投资决策收益表

单位：万元

收 益 值		方案 A	方案 B	方案 C
需求量	较大	5500	4500	6500
	一般	4000	3000	4500
	较小	−500	2500	−2000
各方案最大收益		5500	4500	6500
各方案最小收益		−500	2500	−2000

如果按照乐观决策准则，表 5-2 中三个方案内各自的最大收益均为需求量较大的情况下的损益值，方案 A、方案 B、方案 C 分别获利 5500 万元、4500 万元和 6500 万元。其中，方案 C 的 6500 万元最大，所以方案 C 被视为最优方案而被选用。

如果按照悲观决策准则，表 5-2 中三个方案内各自的最少收益均为需求量较小的情况下的损益值，方案 A、方案 C 分别亏损 500 万元和 2000 万元，而方案 B 仍获利 2500 万元。

显然，方案 B 被视为最优方案而被选用。

如果按照后悔值决策原则，首先按表 5-2 中提供的数据计算在需求量变化时各个方案的后悔值。

当需求量较大时，各方案的后悔值为：

方案 A：6500-5500=1000（万元）

方案 B：6500-4500=2000（万元）

方案 C：6500-6500=0（万元）

当需求量一般时，各方案的后悔值为：

方案 A：4500-4000=500（万元）

方案 B：4500-3000=1500（万元）

方案 C：4500-4500=0（万元）

当需求量较小时，各方案的后悔值为：

方案 A：2500-(-500)=3000（万元）

方案 B：2500-2500=0（万元）

方案 C：2500-(-2000)=4500（万元）

然后将上述结果列于表 5-3 中。

表 5-3　旅游投资决策方案的后悔值表

单位：万元

后　悔　值		方案 A	方案 B	方案 C
需求量	较大	1000	2000	0
	一般	500	1500	0
	较小	3000	0	4500
各方案最大后悔值		3000	2000	4500

表 5-3 所示的各方案最大后悔值中，方案 A 为 3000 万元，方案 B 为 2000 万元，方案 C 为 4500 万元。将各方案后悔值相比，以方案 B 的 2000 万元为最小，故选择方案 B 为最优方案。

四、旅游投资风险分析

（一）旅游项目投资风险分析概述

任何投资项目都有明确的目标，但也有其限定条件和约束性，不仅包括人、财、物等要素的约束，也包括技术、时间、质量、外部条件、政策法规、机制、环境保护等方面的约束。内外因素的影响使得投资项目都存在不同程度的风险。对企业而言，若要尽可能规避风险，获取收益，除了进行项目可行性论证，还需要进行项目投资风险分析。

对于旅游投资项目而言，往往投资风险更大，主要有以下几方面原因：第一，旅游市场需求的日益多变和市场竞争的日趋激烈；第二，旅游活动存在距离阻抗、重复消费相对较低的特点；第三，旅游业本身具有很强的依赖性、关联性、敏感性和脆弱性，这些都使得旅游项目投资的风险性较大。

为了减少旅游投资的风险性，一方面，要加强旅游投资的可行性研究，进行细致的投资预测分析，尤其是对投资的前景预测和环境变化分析，尽可能减少旅游投资未来收益的不确定性，提高预测的准确性和决策的科学性；另一方面，要加强旅游投资的科学管理，建立健全投资责任制和管理运行机制，减少和避免旅游投资的失误，降低旅游投资的风险性，提高旅游投资的经济效果和综合效益。

一般情况下，旅游投资风险有系统风险和非系统风险两种。系统风险又称为市场风险，是旅游投资无法避免的风险，也是所有旅游投资项目都共同面临的风险，如物价上涨、经济不景气、高利率和自然灾害等。非系统风险又称为企业风险，是指由企业对旅游投资项目经营不善或者管理不当等因素引起的风险。对于这类风险，可以通过改善经营和加强管理等方式规避，如采取投资多样化就是分散和减少这类风险的最佳途径之一。

（二）旅游项目投资风险分析评价

1. 概率分析

由于现代旅游投资具有一定的风险性，因此必须对旅游投资项目进行投资风险评价。可以用投资风险率指标评价旅游投资风险的大小。所谓投资风险率，指标准离差率与风险价值系数的乘积。标准离差率是标准离差与期望利润之间的比率，而风险价值系数一般由投资者主观决定。当投资风险率计算出来后，就与银行贷款利率相加，所得之和如果小于投资利润率，那么方案是可行的，否则是不可行的。

（1）期望利润的计算。期望利润是指旅游投资方案最可能实现的利润值。它是各个随机变量以其各自的概率进行加权平均后得到的平均数。

设：E_f表示期望利润；X_i表示第 i 种结果的利润；P_i表示第 i 种结果发生的概率。则有期望利润的计算公式

$$E_f = \sum_{i=1}^{n} X_i P_i$$

例如，某酒店对中餐厅进行改造，现有两个投资方案可供选择，两个方案的投资都是1500万元，预测年利润额及可能实现的概率情况如表 5-4 所示，试对两个方案进行投资风险评价。

表 5-4　旅游投资方案比较表

可能的结果	甲　方　案		乙　方　案	
	利润/万元	概　率	利润/万元	概　率
较好	45	0.3	50	0.3
一般	35	0.5	35	0.5
较差	25	0.2	0	0.2

解：根据公式和表 5-4 中的数据，可计算出甲、乙两个旅游投资项目方案的期望利润分别为 36 万元和 32.5 万元。如果只单纯地看旅游投资项目方案的期望利润，则甲方案优于乙方案。

$E_甲$=45×0.3+35×0.5+25×0.2=36（万元）

$E_乙$=50×0.3+35×0.5+0×0.2=32.5（万元）

但是，在决策时还需通过标准离差、标准离差率以及投资风险的估算，才能最后决策。

（2）标准离差与标准离差率的计算。标准离差是各种可能实现的利润与期望利润之间离差的平方根；标准离差率则是标准离差与期望利润之间的比率。以下为标准离差和标准离差率计算公式。

设：σ 为标准离差；σ' 为标准离差率，则有标准离差计算公式

$$\sigma = \sqrt{\sum_{i=1}^{n} (X_i - E)^2 \times P_i}$$

标准离差率计算公式为

$$\sigma' = \sigma \div E \times 100\%$$

根据公式和前面的计算结果，可以计算标准离差和标准离差率，为

$$\sigma_{甲} = \sqrt{(45-36)^2 \times 0.3 + (35-36)^2 \times 0.5 + (25-36)^2 \times 0.2} = 7$$

$$\sigma_{乙} = \sqrt{(50-32.5)^2 \times 0.3 + (35-32.5)^2 \times 0.5 + (0-32.5)^2 \times 0.2} = 17.50$$

$$\sigma'_{甲} = 7/36 \times 100\% = 19.44\%$$

$$\sigma'_{乙} = 17.50/32.5 \times 100\% = 53.85\%$$

通过以上计算可以看出，由于甲方案的标准离差（7万元）小于乙方案的标准离差（17.50万元），说明甲方案的风险小于乙方案；同时，甲方案的标准离差率（19.44%）也小于乙方案的标准离差率（53.85%），说明甲方案的风险比乙方案的风险小。

（3）风险价值的计算与衡量。标准离差率计算出来后，就可以计算投资风险率了。所谓投资风险率，是指标准离差率与风险价值系数的乘积。

设：δ 表示风险率；F 表示风险价值系数，则有风险率计算公式

$$\delta = \sigma' F \times 100\%$$

假设投资者确定该旅游投资项目的风险价值系数为 10%，则两个投资方案的风险率分别为

$$\delta_{甲} = 19.44\% \times 10\% \times 100\% = 1.94\%$$

$$\delta_{乙} = 53.85\% \times 10\% \times 100\% = 5.38\%$$

再假设银行现行贷款利率为 17%，那么，只要投资利润率超过贷款利率与风险率之和，就认为此方案是可行的，否则就会由于风险过大而被否决。

根据计算，甲方案的投资利润率为 24%（36/150×100%），大于贷款利率加风险率 18.94%（17%+1.94%），说明甲方案的投资风险小，因此可采用甲方案进行投资；乙方案的投资利润为 21.66%（32.5/150×100%），小于贷款利率加风险率 22.38%（17%+5.38%），说明乙方案的投资风险大，因此必须放弃。

2. 敏感性分析

敏感性分析是旅游投资项目评价与分析中的一种常用的方法。该法是通过对项目建成后在未来经营中设想各种因素的变动，分析其对未来收入产生的影响，进而分析投资方案将会面临风险的应变能力。在风险分析中，发生变动的因素一般分为两类：一类是企业方面的各种基本因素；另一类是自然状态的概率变化的因素。以下我们通过例题主要探讨旅游企业方面各种因素影响的敏感性分析。

旅游企业方面对投资方案收益产生影响的因素主要有旅游价格的变动、旅游设施利用率的变动、成本的变动和借入资金所占比重的变动等。在这些因素变动的一定范围内，通过风险性分析计算各种投资方案未来收益的变化，以检验方案的抗风险性。

例如，某旅游企业集团计划在西部某地区投资 8000 万元建设一座酒店。设计客房 400 间，年均客房出租率为 50%，每间客房平均售价为 300 元，全年营业总成本 1200 万元。在不考虑酒店其他营业项目收益和支出的情况下，当客房平均售价发生变动时，该投资方案的风险性如何？

以下为具体解决方法。

（1）计算在客房平均售价不变的情况下，该投资方案的年利润和年投资收益率。

年营业收入总额=客房总数×365 天×客房出租率×客房单位售价

$$=400 \times 365 \times 50\% \times 300 = 2190（万元）$$

年利润=年净收入-年总成本=2190-1200=990（万元）

年投资收益率=年利润÷总投资=990÷8000=12.4%

（2）计算客房平均售价变动对年利润和年投资收益率的影响。

假定客房平均售价提高10%，或者降低10%与20%，计算年利润和年投资收益率。

① 客房平均售价提高10%时，则

年营业收入总额=400×365×50%×300×（1+10%）=2409（万元）

年利润=2409-1200=1209（万元）

年投资收益率=1209÷8000=15.1%

② 客房平均售价降低10%时，则

年营业收入总额=400×365×50%×300×（1-10%）=1971（万元）

年利润=1971-1200=771（万元）

年投资收益率=771÷8000=9.6%

③ 客房平均售价降低20%时，则

年营业收入总额=400×365×50%×300×（1-20%）=1752（万元）

年利润=1752-1200=552（万元）

年投资收益率=552÷8000=6.9%

从以上分析可以看出，当客房平均售价发生变动时，旅游企业的利润和投资收益率也会随之发生变动，而且变动的幅度不尽相同。同理，还可以计算出客房出租率、借贷资金利率的变化对利润和投资收益率的影响。

通过逐个计算和分析各种不确定因素对主要评价指标的影响程度，找出各种影响因素之间的相互关系和对应关系，并确定各影响因素的敏感性强度，为控制或减少投资项目的风险性提供依据。

3. 盈亏平衡分析

盈亏平衡分析是进行旅游投资项目分析和评估时常用的定量分析方法。盈亏平衡分析就是研究如何确定盈亏临界点及有关因素变动对盈亏临界点的影响，为旅游投资的正确决策提供科学依据。

（1）盈亏平衡分析的基本模型。盈亏平衡分析是按照成本特性，把成本、产量和销售收入结合起来建立模型，分析和评价旅游投资项目对市场和经营环境变化的适应能力。基本模型为

$$Rp=S-TC=Q×P-Q×Cv-TF$$

式中：Rp——总利润；

S——销售总收入；

TC——总成本；

Q——旅游产品产量；

P——旅游产品单价；

Cv——单位变动成本；

TF——总固定成本。

（2）盈亏临界点分析。盈亏临界点指销售总收入和总成本相等、利润为零时的经营状况。通常把处于盈亏临界点时的旅游产品产量称为盈亏平衡点产量或者保本点产量，把处于盈亏平衡临界点时的销售收入称为盈亏平衡点销售收入或保本点销售收入。

计算公式为

$$Q_0 = TF/(P-Cv)$$
$$S_0 = PQ_0$$

式中：Q_0——盈亏平衡点产量；

S_0——盈亏平衡点销售收入。

第三节 旅游投资项目可行性研究

一、旅游投资项目可行性研究概述

可行性研究是对拟建项目进行技术评估和经济论证的一种科学方法，是建设项目前期工作的主要内容，也是基本建设工程的组成部分之一。一般来说，任何工程项目都包括三个阶段，即投资前阶段、投资阶段和生产经营阶段，每个阶段又分为若干步骤。可行性研究属于投资前阶段的一项重要工作，是投资项目决策程序中的核心步骤和关键环节，也是上级主管部门对拟建项目进行评估和审查的依据、银行审核和借贷的依据，以及进行工程设计、签订合同或协议的依据。

在正式提出拟建项目之前，各级主管部门应委托有关单位，首先对拟建项目进行详细、全面的调查和测算，提出若干个方案集中进行论证，然后提出最佳方案并写成文字报告，即可行性研究报告，可行性研究报告完成后，须按规定程序报主管部门批准。

二、旅游投资项目可行性研究的必要性

旅游投资项目的可行性研究是旅游投资项目决策的重要依据，其必要性体现在以下三个方面。

（一）是旅游投资成功必不可少的程序

投资应当以经济效益为第一原则。而旅游投资是一项风险很大的投资活动，其复杂性和不确定性往往使投资的实际效果与投资的预期大相径庭。有些投资者对旅游投资抱有一种不切实际的想法，认为旅游投资是一项投资少、周期短、污染少、回报高的投资项目，而存在着盲目投资的现象，结果造成千百万元甚至上亿元的资金血本无归。因此，在旅游投资之前进行严谨、科学的可行性研究是必不可少的程序。

（二）为政府职能部门批准提供主要依据

旅游投资的可行性研究是投资项目获得政府职能部门批准的主要依据。只有通过科学严谨的投资可行性研究以后，才能在此基础上编制客观、完整的可行性研究报告，这份报告是政府职能部门据以对投资项目进行审查、评估和批准的主要依据。

（三）为旅游项目筹措资金提供重要依据

可行性研究为投资项目筹措资金提供重要的依据。旅游投资因为其连续性和综合性，往往投资金额巨大。所需的这些资金除少数部分由自筹或者国家预算内拨款之外，大部分都需要向市场融资，包括向银行借款，或者吸引其他投资方共同投资。银行为了减少风险，确保贷款资金能按期收回，需要对投资项目的可行性进行审查；其他投资者为了保证投入

的本金能够收回，并获得足够的预期收益，也需要对投资项目的可行性进行审查。可行性研究报告为贷款方和其他投资方做出是否提供资金的决策提供了有力的依据。

三、旅游投资项目可行性研究的原则

旅游投资可行性研究作为对拟建的旅游投资项目提出建议，并论证其技术、开发、建设和经济等方面是否可行的重要基础工作，在进行可行性分析论证时，必须坚持以下基本原则。

（一）目的性原则

旅游投资项目不同于其他投资项目，因为各个旅游投资项目的背景千差万别，所以可行性研究并没有统一的模式，而必须根据旅游投资项目的目的和具体要求进行研究。这就要求在可行性研究中，研究人员应根据旅游市场需求和旅游项目投资者的具体要求，科学地进行项目开发设计，合理地确定旅游投资规模和编制相应的财务计划，等等。

（二）客观性原则

旅游投资可行性研究是旅游投资者、开发商、经营者和有关部门决策的重要参考依据，因而，可行性研究报告中的依据必须充分，论证过程必须全面，并明确提出可行性研究的结论和建议，才能为旅游投资的决策者提供充分依据，以便投资决策者进行正确合理的投资方案选择，不断提高旅游投资项目决策的水平。

（三）科学性原则

在旅游投资可行性研究中，为了保证可行性研究的科学、可靠，应该把定量研究方法和定性分析方法相互结合，通过科学的方法和精确可靠的定量计算，使所得数据和结果能够有力地支持定性分析的结论，从而使旅游投资可行性研究更具科学性、准确性和可操作性。

（四）公正性原则

旅游投资可行性研究是一项重要的工作，因而必须坚持实事求是和公正性原则。如果研究人员经过研究认为某一旅游投资项目无法取得预期的效益和目标，就应该本着实事求是的态度，毫不迟疑地向投资者报告，而不应该牵强附会地做出一个并不可行的可行性报告，从而导致旅游投资项目实施后产生巨大的损失。如果认为项目经过重新设计或调整后还可以建设，也需要提出修改的建议和方案，并进行再次评价。

四、旅游投资项目可行性研究的种类

按照阶段划分，可行性研究一般分为投资机会研究、初步可行性研究和最终可行性研究三个阶段。

（一）投资机会研究

投资机会研究又被称为初步机会研究，是指对拟建项目提出投资建议，以寻求最佳投资效果的研究。投资机会研究分为一般机会研究与具体机会研究。一般机会研究是指有关部门或地区在利用现有资源的基础上进行的关于投资项目与投资方向的研究。具体机会研究是指将项目设想变为投资建议的研究。投资机会研究是可行性研究的第一阶段，此阶段的研究比较粗略，只是对工程项目的可行性进行概括估量，以便确定有无进一步研究的必要。一般来说，投资机会研究对投资估算的精确度在±30%之间，所需时间为 1～2 个月，研究费用占总投资的 0.2%～1.0%。

（二）初步可行性研究

初步可行性研究又被称为预可行性研究，是在投资机会研究的基础上，针对拟建项目开展的较为深入的研究。它主要是针对那些比较复杂的旅游投资项目进行的分析。初步可行性研究主要解决以下问题：进一步论证投资机会与投资风险，深入研究拟建项目的某些关键性问题，详细分析拟建项目的必要性和发展前景，进而确定是否开展最终可行性研究。在初步可行性研究阶段，可以广泛进行各种方案的进一步分析比较，从中排除不利方案，为最终可行性研究缩小范围。因此，一般来说，初步可行性研究对投资估算的精确度在±20%之间，所需时间为 3～4 个月，研究费用占总投资的 0.25%～1.25%。

（三）最终可行性研究

最终可行性研究是在上级主管部门批准旅游投资项目立项后，对旅游投资项目所进行的全面的技术经济论证，它需要进行多种投资方案的比较。投资项目越大，其研究内容就越复杂。最终可行性研究是确定旅游投资项目是否可行的最终依据，也是接受有关部门审查、向有关方面融资的依据。因此，一般要求最终可行性研究对投资估算的精确程度在±10%之间，所需时间根据项目的大小及复杂程度有所不同，一般为 8～12 个月，研究经费占项目总投资的 0.3%～3%。

综上所述，旅游投资项目可行性研究是一个循序渐进、由浅入深的过程。由于当前市场环境变数加快、不确定性不断增强，因此，对于可行性研究应该持客观的态度，要随时根据投资环境的变化和客观状况做出检查和修正，必要时甚至放弃已经做出的投资决策。

五、旅游投资项目可行性研究的主要内容

为了保证旅游投资可行性研究的全面性、准确性和可操作性，无论哪种可行性研究，都必须对旅游投资进行系统的分析和研究。通常，旅游投资可行性研究的规范性内容主要包括以下方面。

（一）旅游市场需求调查和预测

旅游市场需求是旅游经济活动的基础和前提。因此，需要调查旅游者可能的规模和消费特点，预测旅游市场的需求变化和趋势，分析未来经营过程中目标市场的情况，从而确定旅游投资项目的建设规模、建设质量、建设规格及相应的服务方式和服务水平等。

（二）旅游投资项目的选址方案

对于旅游投资项目的选址，必须对项目所在地区及周边地区的旅游市场特点和经济状况进行分析，对项目所在地的区位和交通进行分析，对项目所在地的地址和地貌进行分析，对项目所在地的基础设施条件进行分析，以确保旅游投资项目的可行性。

（三）旅游投资项目工程方案

旅游投资项目工程方案主要研究项目建设过程中，旅游投资项目的建设目标、建设内容、建设标准和要求、设施设备的型号与布局、工期进度安排等，并确定旅游投资项目所提供的旅游产品或服务的规格和要求等。

（四）劳动力的需求和供应

劳动力的需求和供应主要研究旅游投资项目建成以后，有关劳动力的来源、使用、培训、补充以及人员组织结构等方案，包括管理人员和服务人员的结构与数量等，以确保旅游投资项目建成后人力资源得到充分利用和正常补充。

（五）投资额与资金筹措

投资额与资金筹措主要研究为保证旅游投资项目顺利完成所必需的投资总额、投资结构，以及资金来源结构、资金筹措方式及资金成本等，以便从资金上保证旅游投资项目建设的顺利进行。

（六）综合效益分析和评价

综合效益分析和评价主要从经济效益、社会效益和环境效益三个方面研究旅游投资项目建成后的经济回报，以及对周围环境和社区所产生的影响和作用等，对可能产生的不良影响要做出预测性分析，并提出相应的对策，尽量减少和避免其不利影响，确保旅游投资项目在获得较佳经济效益的同时，也能带来较好的社会效益和环境效益。

第四节 旅游投资项目评价

一般情况下，旅游投资项目评价主要包括财务评价、技术评价、国民经济评价、社会评价和综合评价（也称宏观评价）等方面，这里仅对旅游投资项目的财务评价和宏观评价进行简单介绍。

一、旅游投资项目的财务评价

旅游投资项目的财务评价是依据国家现行财税制度、现行价格和有关法规，鉴定、分析旅游投资项目可行性研究报告提出的投资、成本、收入、税金和利润等，从旅游投资项目（旅游企业）角度，考察旅游投资项目建成投产后的盈利能力、清偿能力和外汇平衡能力等财务状况，据此评价和判断旅游投资项目财务可行性的一种经济评价方法，也是旅游投资项目可行性研究以及项目经济评价的核心内容，其评价结论是旅游项目投资决策的重要依据之一。

（一）旅游投资项目财务评价的理论依据

1. 资金时间价值

资金时间价值是指源于时间差的等量资金的现在价值与未来价值的差额。这种差额可以被看作放弃现在使用货币的机会，而在未来可能得到的报酬的价值。

资金时间价值可以表现为绝对值，也可以表现为相对值。绝对值是指资金在未来时间内的增值额，或者说是等量资金的价值随着时间的推移而降低的价值额；相对值则是指资金时间价值的增值额与原价值的比率。

一般来说，资金时间价值的决定因素主要包括资金的使用时间、投入资金的数量、资金投入和回收的特点以及资金的周转速度等。资金时间价值在投资项目决策中，特别是在旅游景区投资项目财务评价中具有特别重要的意义。任何一种资金的运动，都表现为一个与时间有关的现金流量序列，它既表现为以各种形式构成的资金流出，也表现为资金的流入。对于投资者而言，在不同时间付出或所获得的同样数量的资金在价值上是不相等的，资金的价值决定于现金流量的时间序列，是现金流入和流出所发生时间的函数。只有对每个投资项目在其过程中形成的现金流量进行科学预测，掌握每个项目现金流出和流入的时间和数量以及它们在时间和数量上的差别，然后按复利法统一换算成同一时点的数值——现值、终值或年金，才能使有关项目投资经济效益的分析、评价建立在全面、客观、可比的基础上。

在进行项目财务评价时，使用最多的分析方法是贴现法，如净现值法、内部收益率法等，而这些方法就是建立在资金时间价值基础之上的。

2. 投资风险价值理论

投资总是存在一定程度的风险，投资风险价值是指投资者进行投资时所冒风险的一种补偿值，这种补偿值在量上表现为超过资金时间价值的额外收益，或风险收益、风险报酬，也就是说，资金对外投资时，除了要求得到没有风险和没有通货膨胀条件下的社会平均资金利润率或利率的报酬，还要求风险补偿。

在投资风险价值理论中，影响最为广泛的就是资本资产定价模型（CAPM）。现代金融经济中的一个重要问题就是风险与期望收益之间权衡的定量化问题，直到资本资产定价模型的创立，经济学家们才能够将风险和承担风险所带来的回报进行定量化分析。CAPM 认为，一项资产的期望收益率，与该项资产收益率同市场投资组合收益率之间变化的协方差线性相关。

（二）基本旅游投资项目财务评价指标介绍

为了更好地进行项目财务评价，首先就要搜集很多基础数据和资料，如产品销售收入、生产规模、投资使用计划、职工人数及工资、贷款条件、税金、实施进度等。然后根据这些资料编制一套项目财务分析表。最后再根据这些分析表计算出财务内部收益率、财务净现值、财务净现值率、投资回收期和借款偿还期等评价指标，以便进行比较与选择。

评价投资项目的财务指标有很多，比较常用的包括以下指标。

1. 财务内部收益率（FIRR）

财务内部收益率是指在项目计算期内各年财务净现金流量累计净现值为零时的折现率，它是反映项目盈利能力的一个动态指标，也反映了拟建项目的实际投资收益水平。通过下列公式即可求出 FIRR

$$\sum_{t=1}^{n}(CI-CO)(1+FIRR)^{-t}=0$$

式中：FIRR——财务内部收益率；

　　　CI——现金流入量；

　　　CO——现金流出量；

　　　n——计算期。

财务内部收益率的经济含义：如果项目全部是以财务内部收益率为利率的借款，则项目在整个计算期内的净收益刚好能够抵付投资借款利息，或者说，财务内部收益率是项目所能承受的最高筹资成本。如果财务内部收益率比项目筹资成本高出很多，项目的盈利能力就较强。因此，如果求出的 FIRR 大于或等于行业基准收益率，那么认为该项目在财务上是可行的。

2. 财务净现值（FNPV）

财务净现值是指在项目计算期内，按行业基准收益率或设定的折现率将计算期内各年的净现金流量折现到基准年的现值之和，是分析项目盈利能力的重要动态指标。FNPV 可表示为

$$FNPV= \sum_{t=1}^{n}(CI-CO)(1+ic)^{-t}$$

式中：ic——基准收益率或设定的折现率；

CI——现金流入量；

CO——现金流出量；

n——计算期；

FNPV——财务净现值。

设定的折现率又称为基准收益率，表示项目投资应获得的最低财务盈利水平，是衡量投资方案是否可行的标准。在国外，一般用资本市场上的长期贷款利息率代替折现率。在我国，国家计委以行业的平均投资收益率为基础，综合产业政策、资源状况、技术进步、价格和资金成本、投资风险、通货膨胀及资金限制等影响因素，分行业颁布基准收益率。国家项目可使用国家发布的行业基准收益率，非国家项目可参照行业基准收益率自行确定。

财务净现值是反映项目盈利能力的一个绝对指标。当财务净现值大于或等于零时，项目是可以接受的，财务净现值越大，投资项目的效益就越好。

3. 财务净现值率（FNPVR）

财务净现值率是指财务净现值与全部投资现值之比，是反映项目效果的相对指标，主要用于投资额不同的项目方案的比较、选择，可以作为财务净现值的补充，用来说明单位投资所获得的超额净收益。

$$FNPVR= FNPV \div IP$$

式中：IP——投资现值。

用净现值率进行方案比较时，以净现值率较大的方案为优。净现值和净现值率均考虑了货币的时间价值，可以说明投资方案高于或低于某一特定的投资收益率，但没有表明方案本身可以达到的收益率。

4. 静态投资回收期（Pt）

静态投资回收期是项目的净收益抵偿全部投资所需要的年限，它反映了项目投资回收速度的快慢，可表示为

Pt=项目投资总额÷(正常年度利润总额+年折旧额+流动资金利息)

计算出的投资回收期要与行业规定的标准投资回收期或行业平均投资回收期进行比较，如果所求出的项目投资回收期小于或者等于行业基准回收期，那么，该项目在财务上就是可行的。

静态投资回收期虽然可以简洁而直观地表明投资回收年限，便于为投资者提供风险预测，但由于其无法反映投资回收期以后项目的经济效益，因此投资回收期的计算不能全面反映项目在整个寿命期的真实情况，一般可以用于粗略的评价，或与其他指标结合起来使用。

5. 投资利润率

投资利润率是指项目使用期内年平均利润与总投资的比率，是考察项目单位投资盈利能力的静态指标。

投资利润率=年平均利润总额÷总投资额×100%

在财务评价中,将投资利润率同标准投资利润率或行业平均投资利润率进行比较,如果投资利润率大于标准投资利润率或行业平均投资利润率,则认为项目单位投资盈利能力达到或超过了本行业的平均水平,该项目在财务上是可行的,否则是不可行的。

6. 投资利税率

投资利税率是指项目在使用期间年平均利税总额与总投资的比率,反映了项目单位投资盈利能力和对财政的贡献程度,其公式为

$$投资利税率=年平均利税总额÷总投资额×100\%$$

投资利润率和投资利税率都是反映投资项目获利能力的静态相对指标。在财务评价中,将投资利税率同标准投资利税率或行业平均投资利税率进行比较,如果投资利税率大于标准投资利税率或行业平均投资利税率,则认为项目对国家积累的贡献水平达到或超过了本行业的平均水平,该项目在财务上是可行的,否则是不可行的。

7. 动态投资回收期(Pt')

如果要考虑现金收支的时间因素,真正反映资金的回收时间,那么就需要使用动态投资回收期这个财务评价指标,用公式表示为

$$\sum_{t=1}^{Pt'} (CI - CO)(1 + ic)^{-t} = 0$$

计算出的动态投资回收期要与行业规定的标准投资回收期或行业平均投资回收期进行比较,如果所求出的项目动态投资回收期小于或者等于行业基准回收期,那么该项目在财务上就是可行的。

8. 贷款偿还期(Pd)

贷款偿还期是指项目投资后可以用作还款的利润、折旧及其他收益偿还固定资产投资贷款本金和利息所需要的时间,可表示为

$$Id = \sum_{t=1}^{Pd} (Rt + D' + Ro + Rr)$$

式中:Id——固定资产投资贷款本金与利息的总和;

Pd——从建设开始年或投产年算起时的贷款偿还期;

Rt——年利润总额;

D'——每年可用作偿还贷款的折旧;

Ro——每年可用作偿还贷款的其他收益;

Rr——还款期间的年企业留利。

计算出贷款偿还期以后,要与贷款机构的要求期限进行对比,如果贷款偿还期小于贷款机构的要求期限,则认为项目是有清偿能力的,否则是不可行的。

以上对评价旅游投资项目的主要财务指标做了具体说明,它们将在详细可行性研究中为旅游投资项目提供科学的决策依据。

二、旅游投资项目的宏观评价

现代旅游投资除进行可行性研究之外,还必须从宏观角度进行评价,即按照资源合理配置的原则,从国民经济宏观角度,分析旅游投资项目是否符合国家或地方政府的旅游政策及发展目标、是否属于政府重点发展的项目、是否符合整个社会经济发展的要求。通常,对现代旅游投资项目进行宏观评价时,主要使用一些代表性的数量指标来反映投资项目实现某一特定目标的程度,常用的数量指标包括以下几种。

（一）投资效果系数

投资是促进经济增长的重要因素，投资效果是投资成果与投资额的对比结果。投资成果既可以用生产能力等使用价值指标表示，也可以用国民收入等价值指标表示，从宏观角度考察，一般都使用价值指标，对投资额与投资所得到的国民收入进行比较，以得到相应的投资效果指标。同理，对旅游投资进行宏观评价，首先就必须分析旅游投资的经济效果。通常，评价旅游投资经济效果的主要指标之一是投资效果系数。

投资效果系数是指单位旅游投资所产生的国民收入或国内生产总值（gross domestic product，GDP）的增量，其反映了百元旅游投资所产生的国民经济增量。通常，投资效果系数越大，则说明旅游投资的经济效果越好；反之，投资效果系数越小，则说明旅游投资的经济效果越差。

投资效果系数计算公式为

$$EIT=\Delta GDP \div IT \times 100\%$$

式中：EIT——投资效果系数；

IT——旅游投资额。

（二）外汇收入指标

旅游业是一项重要的创汇产业，因而旅游投资项目的创汇能力是宏观评价的重要指标之一。通常，某项旅游投资项目建成后的外汇收入能力反映了一定时期内所赚取的外汇净额与同期产生这一净额所需国内资金之间的比率关系。一般情况下，一定时期是指该项目投资建设期加上建成后 5 年的时间，而并非可行性研究要求的 20 年。

设：ATF 为旅游投资项目外汇收入能力；FR 为旅游投资项目在一定时期内的旅游外汇收入；FC 为旅游投资项目在一定时期内的旅游外汇支出；MC 为旅游投资项目在一定时期内的本国货币支出，则外汇收入能力可表示为

$$ATF=(FR-FC) \div MC$$

在上式中，数值仅是一种估计，是根据一定时期内旅游投资项目所接待的旅游者人次、旅游者平均停留时间和人均旅游消费数预测的结果。在实际分析中，FR、FC 和 MC 三个数值必须用贴现率折算成现值后进行计算。

（三）提供就业指标

旅游业不仅是一个创汇产业，也是一个吸收社会劳动力就业较大的产业。某一旅游投资项目提供直接就业的能力，可以根据该项目直接招用的员工人数，或者以该项目向职工所付工资总额占总成本的比例进行测算。

设：ET 为旅游投资项目的直接就业率；WT 为旅游投资项目预计年工资总额；TC 为旅游投资项目预计年总成本，则直接就业率可表示为

$$ET = WT \div TC \times 100\%$$

根据直接就业率和旅游投资项目每年的实际总成本，就可以计算出每年实际应支付的工资总额，然后与人均工资相除，即可计算出每年实际提供的直接就业岗位数。

（四）社会文化影响

旅游投资项目对社会文化的作用通常难以用数量表示，只能依靠主观判断。为了最大限度地减少主观判断的偏差，可组织有关专家对旅游投资项目可能给社会文化带来的影响进行各个方面的综合评价，并对起积极作用的方面用正数表示，起消极作用的方面用负数表示，最后通过计算加权平均数判断和评价旅游投资项目的社会文化影响。

由于旅游投资项目对社会文化影响的方面很多，主要有对恢复、保护和合理利用名胜古迹的影响；对传统艺术和文化遗产的作用；对人们思想与职业道德的影响；对当地居民消费方式的影响；对传统社会结构与家庭的影响；对国内旅游业的促进作用；等等。因此，社会文化影响指标可能是正数，也可能是负数。如果社会文化影响指标是正数，则表明旅游投资项目对社会文化有积极作用；反之，若社会文化影响指标是负数，则表明旅游投资项目对社会文化产生消极作用，应尽量减少或避免。

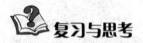

2021 年中国在线旅游行业交易及融资初探

思政解读

（1）资本投入是旅游产业发展、创新和升级的内在动力。旅游投资增长质量对旅游业高速发展和产业转型升级至关重要。高质量文旅市场的消费与投资既是人民追求幸福生活的现实需要，也是社会经济发展的必然结果。

（2）旅游投资作为旅游业十分重要的生产要素，其增长质量的内涵最终会体现在产业发展质量上。而产业发展质量是指投入产出率的增长，以及增长过程中的稳定性与协调性。

案例分析与讨论

1. 结合上述材料，自行选择一家在线旅游企业，查找资料，分析其近三年业务和投资变化的趋势。

2. 结合上述分析，以小组为单位自行查找其他材料，完成一份不少于 3000 字的《近五年我国旅游在线企业及其投资情况调研报告》，与同学们分享。

"链式招商"开启文旅产业招商新路径

第六章 旅游产业与组织理论

学习导引

产业经济分析是介于微观经济分析和宏观经济分析之间的以企业集合为核心的经济分析知识体系。旅游产业概念的提出是旅游经济发展到一定程度的产物。本章主要阐述了旅游产业的概念、构成与特征，介绍了旅游产业组织理论、旅游产业组织的集聚、旅游产业市场秩序与监管以及旅游产业结构优化方面的理论与方法。

学习目标

知识目标：理解旅游产业的概念，了解旅游产业的构成与特征，掌握旅游产业结构优化的相关内容与方法。

能力目标：能运用产业组织理论进行相关行业的 SCP 范式分析，结合产业发展实践对旅游产业组织的集聚、产业秩序与监管等方面进行初步分析。

思政目标：理解双碳目标下旅游业高质量发展价值重塑的重要性，加强对科技创新推动现代旅游业高质量发展的重要作用的认识。

思维导图

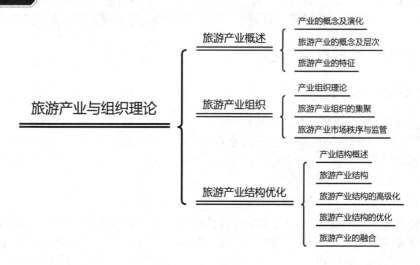

第一节 旅游产业概述

一、产业的概念及演化

（一）产业的形成与演化

从人类历史发展过程来看，产业是社会分工与生产力不断发展的产物。产业由简单到复杂，从落后到先进，由传统产业到现代产业，大致经历了两个不同阶段，即从产业革命开始的工业化阶段和产业的现代化阶段。

18世纪下半叶的工业革命使工业走到了历史发展的舞台，农业的主导地位开始动摇，机器大工业逐渐形成了社会发展的主导力量。伴随着工业和手工业的分离、工业内部特殊分工的形成，产业部门迅速发展起来。在重农学派流行时期，产业主要是指农业。在资本主义工业产生以后，产业曾被用来专指工业。近代以后，随着社会生产力的更快发展和社会分工不断细化，服务部门迅猛发展，出现了"经济服务化"的现象，导致以经济为中心的全社会各种物质生产活动和非物质生产活动日益紧密地结合起来。作为经济研究对象的产业，其范畴外延不断扩展，凡是有投入产出活动的行为和事业都可以列入产业活动。

（二）产业的概念及层次

在社会生产力发展的不同阶段，由于社会分工的主导形式转换和不断向深层发展，形成了具有多层次的产业范畴。正因为如此，目前学术界对产业这一范畴的界定主要包括如下方面。第一，产业是有投入和产出效益的活动单位。第二，产业是处于宏观经济与微观经济之间，从事同类物质生产或相同服务的经济群体。"同类"和"相同"的含义如下：在需求方面是指具有密切竞争关系的商品或服务；在供给方面是指生产技术、工艺相近的物质生产和经济性质相同的服务业。第三，产业是与社会生产力发展水平相适应的社会分工形成的表现，是一个多层的经济系统，如部门、行业。第四，产业与产业之间存在着直接或间接的经济联系。第五，在实际分析产业问题时，以一般分工和特殊分工形式所形成的多层产业活动为范围，根据不同的分析目的，对产业进行相应的组合和分类。

因此，总结来看，产业是社会分工的产物，是社会生产力不断发展的必然结果，是具有某种同类属性的企业经济活动的集合，也是介于宏观经济与微观经济之间的中观经济。产业的含义具有多层性，其内涵随着社会生产力的不断提高而不断充实，外延也在不断扩展。

二、旅游产业的概念与层次

（一）旅游产业的争议

旅游产业真是产业吗？学术界在这一问题上存在着分歧和争论。在权威的《国际标准产业分类》（ISIC）和各国的国民经济行业分类中，很难找到"旅游业"或"旅游产业"这样特定表述的条款，然而，"旅游业"或"旅游产业"却又频繁地出现于政府的政策性和统计性文献中，在民间的使用更为广泛。

1. 旅游不是一个独立的产业

持这种观点的主要代表人物是美国学者托马斯·李·戴维森（Thomas Lea Davidson）。他在《何谓旅游：它真的是产业吗？》一文中指出，作为"产业"必须具备三个条件：第一，产业应该由单个的经营企业组合在一起；第二，产业的收入来自这些经济单元；第三，这些经济单位生产并销售同类产品，即不同厂商的产品可以用需求交叉弹性来确定它们的相同性质。托马斯认为，旅行和旅游是为了经营、娱乐或者私事而外出的人的活动，不是传统意义上的产业。作为一种力量，它是游客或旅游者支出产生的一种效应。旅游实际上是"支出推动"的经济现象，而并非"收入推动"的经济现象。因此，把旅游定义为产业是不正确的，而且这一定义有损旅游的真实状况。旅游是一种社会现象，它既是推动经济进步的推动力，同时又是一种社会力量，旅游更像一个影响许多产业的部门。

持这种观点的学者们还提出，旅游是一种相差悬殊的经历或过程，不是一种产品，旅游活动也不构成一种生产活动。旅游者在旅游过程中的任何花费总和，并不与某些选定相似企业群的收入对称，也即没有一个产业收入完全来源于旅游者的支出。同时，从一个旅游接待地来看，也没有一个产业的收入与旅游者无关。

可以看出，旅游业不像农业或工业那样界限分明，能够构成专门独立的经济产业。旅游业是由许多独立的部门组成的，其中很多部门又不是非常依赖于旅游者或旅游者的活动生存的。旅游产品是由住宿业（旅馆业）、旅行业、饮食业、旅游景区（点）、交通运输业、旅行用品业以及土特产业等多项产业共同提供的，几乎旅游目的地的所有产业都和旅游业有关。这样，在测定和计算旅游业的产出时，人们也只能通过对交通运输业、住宿业、饮食业等相关产业的产出情况进行调查分析和综合，才能初步确定旅游业的产出，不可能严格地从质量上和数量上把"旅游经济"作为一个独立的整体加以规定。所以，从理论意义上来说，旅游业不是一项标准的产业。

2. 旅游业是独立的产业

持这种观点的学者指出，在旅游活动中，吸引游客的旅游景区行业、向游客提供运输服务的交通行业、为游客提供住宿条件的酒店接待行业都属于旅游业的范畴。尽管这些产业或行业的主要业务或产品有所不同，但在涉及旅游的各个方面，它们存在着共同之处，即通过提供各自的产品和服务满足同一旅游者的需要。于是，这些不同的产品也在整体旅游产品的前提下整合与统一起来了，因此，旅游产品实际上是一种综合性产品，"旅游业"已经作为一个产业而客观存在。尽管旅游业还不像其他产业那样界限分明，但这也正体现了旅游业的一个特点，即旅游业的产品或产出的构成涉及多种成分的组成。

因此，"旅游产业"显然不是按照"同类企业的集合"来定义的，而是基于消费者，也即旅游者的需求共性"人为"细分出的国民经济部门。现实中的确存在旅游经济体，但这个经济体本身是分散的，通过旅游者这条"丝线"才被连接起来。可以说，旅游需求形态决定旅游产业形态。旅游需求总体上属于精神需求，它一方面同社会进步相伴生，另一方面又决定了旅游业的社会生产特性。而且，虽然各国在各自的产业划分标准中未将"旅游业"作为一项产业单独考虑，但在本国经济发展规划中都将"旅游业"设定为其中一项重要的内容。特别是在某些国家，如西班牙、希腊、意大利、印度尼西亚等，旅游业实际上已成为国民经济中举足轻重的支柱力量。

（二）旅游产业的概念

尽管对旅游是否构成真正意义上的产业还存有争议，但是，从旅游业自身的发展历史和趋势来看，它的确有自己独特的发展规律。在现实社会中，的确存在着一个为旅游者服务的经济系统，这个系统是凭借旅游资源和设施，为人们的移动消费提供行、住、食、游、购、娱等服务的综合体系。由于存在旅游需求和旅游供给，也就存在企业的活动，同时也存在相关企业通过旅游供给满足旅游者消费需求的经济活动。而且，不同的企业向某一特定市场提供相似的产品或服务，各个企业在经营过程中存在竞争与合作关系。随着旅游业在国民经济中的地位和作用日益突显，旅游业是一个客观存在的产业已成为一个不争的事实。

同时，旅游产业的消费趋向性性质也说明了旅游产业的外延比一般产业宽泛很多，更像一组产业群。因此，可以将旅游产业定义为：以旅游者为服务对象，以旅游市场为联系纽带，将相关行业和企业集合起来，为旅游活动创造便利条件和提供产品的综合性产业。

世界旅游组织为旅游产业下的定义：为旅游者提供食、住、行、游、购、娱的产品和服务的综合性部门。根据《国际产业划分标准》，旅游业包括 7 个部分 35 项，涉及住宿、餐饮等多个核心部门。根据中国国家统计局指定的统计标准，旅游及相关产业统计共 9 个大类、27 个中类和 65 个小类。按照为旅游者提供服务或产品这一标准来看，旅游产业既包括住宿和餐饮业（属 H 门类 61 和 62 大类①）、旅行社及相关效劳（属 L 门类 72 大类中的 727）、公园和游览景区管理（属 L 门类 78 大类中的 785）等，也包括旅客交通运输企业（属 G 门类）、文化体育和娱乐业（属 R 门类 87 和 89 大类）等部分为旅游者提供产品或服务的企业。可见，旅游产业的确像多种产业的联合体，表现出较大的复杂性、伸缩性和系统性。

（三）旅游产业的层次

结合世界旅游组织、世界旅游理事会等部门的相关研究，可以把旅游产业范围划分为旅游核心部门、旅游依托部门和旅游相关部门三个层次。

旅游核心部门是指完全向旅游者提供旅游产品和服务的行业和部门，即旅游产业的第一层次或基本层次，主要包括旅游住宿业、旅游景观业、旅游运输业、旅行社业和旅游服务机构五个部分。由于旅游核心部门的收入绝大多数来自旅游者的消费支出，旅游服务机构也主要围绕旅游者而服务，因此，这些组织离开了旅游者的消费就不能存在和发展，同时它们所服务的对象也几乎全是国际或国内旅游者，因而构成了旅游产业的主体部分。

旅游依托部门是指向旅游者提供部分产品和服务的行业和部门，是旅游产业的第二层次，主要有餐饮服务业、文化娱乐业、康乐业、零售业和公共交通运输业等。旅游依托行业和部门不仅向旅游者提供各种产品和服务，同时也为当地居民和其他消费者提供各种产品和服务，因而它们只能部分地从旅游者方面获得收入，离开了旅游者的消费它们仍然能够生存和发展。因此，它们只是旅游产业的依托行业或部门，在将它们纳入旅游产业收入范围时，必须采用一定的科学计算方法，科学地分离和计算出属于旅游产业的收入。

旅游相关部门是指为旅游产业发展提供支持和旅游带动的行业和部门，属于旅游产业的第三层次。旅游相关部门虽然不一定依赖旅游产业而发展，但其发展的规模和水平对旅游产业的持续健康发展也具有重要的意义和作用，因此，从"大旅游"发展的角度分析，旅游产业仍然离不开这些行业和部门的发展，并且在计算旅游产业收入时，也有必要剥离出直接和间接为旅游产业提供支持和服务的收入。

一般来说，旅游业主要由第一层次，也即核心部门构成，但包括核心、依托和相关部门等三个层次在内的广义旅游产业才能全面反映旅游产业的本质和范围，对研究旅游经济活动的关联性、带动性和深层社会经济贡献具有十分重要的意义。

三、旅游产业的特征

（一）跨地区与跨行业

从旅游产业的范围来看，它是一个跨地区、跨行业的产业。其地区范围包括旅游客源地和旅游目的地，两地的结合组成了旅游产业的空间体系。如果一个旅游产业空间体系中只有客源地或目的地，这样的旅游产业就是不完整的。两地的经济运动中存在的旅游通道称为旅游连接体。因此，旅游产业内部构造在地域空间上是一个"哑铃经济"模型，表现为旅游客源地和旅游目的地的众多经济现象，以及客源地和目的地经济联系体之间的总体矛盾运动。而旅游通道作用的充分发挥，除连接旅游需求和旅游供给以实现"碰面"之外，也对政府和政府主导下的旅游规制起着重大的作用，这表明了旅游产业具有宽泛的地区跨越性。

同时，旅游产业的行业范围又是和旅游活动的形式相联系的。旅游产业要满足旅游者从居住地到旅游目的地的全部消费需要，涉及食、住、行、游、购、娱等多种需要，提供

---

① 参考我国现行的《国民经济行业分类》（GB/T 4754—2021）。

这些服务的社会各个行业，如酒店业、景区业、交通运输业、商业、饮食业、娱乐业、旅行社业等，就构成了旅游产业的重要组成部分。

（二）动态性

由于旅游者在不同时期所进行的旅游活动在需求上是有差异的，其选择的服务性企业也会发生相应的变化，换言之，组成旅游产业的相关企业是动态变化的，旅游产业是一个随着旅游者需求变化而不断更新的产业，是一个典型的与时俱进的产业。

从产业发展的时空维度看，旅游需求的动态性和旅游供给的区域特色导致旅游产业边界的不确定性。旅游产业是一个时空性强的产业，在不同的经济发展时期，游客的需求不同，从过去单一的"游山玩水""放松身心"到现在"陶冶情操、增加阅历、寻求梦想、体验生活"的复合需求，旅游产业发展的内涵更多。

因此，旅游产业的边界在不同的发展阶段是有差异和变化的，是动态的。同样，不同的地区，由于旅游供给的区域特色不同，其产业范畴也呈现空间上的差异，如马尔代夫的旅游产业是以海滨度假为主，而纽约、巴黎、伦敦是以国际大都市为主要吸引物，两者是不同类型的旅游产业组合，旅游产业的边界在不同的区域也有所不同。从抽象意义上看，旅游产业的边界是不确定的和动态的。

（三）脆弱性

相对于一般物质部门的生产，旅游产品生产具有较强的脆弱性。各种自然、政治、社会和经济因素都可能对旅游产生重要影响。虽然这些因素也会对这一物质生产部门的生产产生影响，但其影响的规模、程度和时间都远不及对旅游生产的影响。

从时间的长短看，这一脆弱性主要表现在两方面：第一，从长期来看，旅游生产具有周期性，这一周期性和传统的物质生产相比较，表现为周期波动的最高值和最低值差距较大，并且受偶然性的制约；第二，从短期来看，即使在较为平缓的时间段内，全年的各月份、各月份的不同周、甚至每一周的每一天都会有较大的波动。这一长期和短期的波动既是旅游生产脆弱性的表现，也是旅游生产向常规生产转变的客观障碍。更重要的是，从根本上来说，在影响旅游生产长期和短期经济波动的诸多因素中，很多因素都属于不可控的因素。

从地域范围上看，旅游生产具有分配极不均衡的特点。一般情况下，一个国家或地区或城市的旅游生产往往集中在某些特定的地域范围，在这一范围的生产能力在这一旅游目的地中占据了主导地位。同时，旅游时间分布的不均衡也会导致旅游生产能力的过度使用和过度闲置，从而加重了旅游生产的脆弱性。

（四）非物质化

在旅游生产体系中虽然存在着物质化的生产现象，如酒店的餐饮生产、旅游纪念品的生产等，但就总体来看，旅游生产是借助和利用物质生产所创造的物品提供非物质旅游劳务的有目的的活动。这一特性决定了旅游消费者在决定购买旅游产品之前很难对其进行检查和客观评价，同时也决定了旅游生产中只能借助印刷品、录像影音等手段进行旅游促销和宣传。

对于旅游消费者来说，旅游生产中提供的服务主要有两种不同的类型：一种是经验品，另一种是搜寻品。前者是指只有在旅游者购买了旅游服务，参加了旅游活动之后才能识别其质量和效用的产品；后者是指旅游消费者在购买之前就能够了解和识别其质量和效用的产品。除非旅游者经常消费某种旅游服务，大多数旅游服务都属于经验品，从这个意义上说，旅游生产具有非物质化的特性。这种特性首先表现为生产的结果不是物质化的产品，而是非物质化的劳务；其次表现在生产和消费的同一性上，旅游劳务的生产过程也就是旅游劳务的消费过程；再次表现为旅游劳务的产品无库存性，其劳务产品价值的实现与劳务生产和消费同时完成；最后表现为旅游生产结果的无转移性和后效性。旅游产品无须经过运输等中间环节即能现场消费，其产品的质量和效用只有在消费过程结束后才能体现出来，这是旅游生产非物质化的具体表现。

（五）现代性

旅游产业具有天然的现代性，主要表现在以下几个方面。

（1）旅游产业是现代服务业的重要组成部分，旅游产业的综合贡献值高和旅游就业贡献度高，将对现代产业体系的形成产生重要助力。

（2）旅游产业具有现代互联网经济特征，旅游和互联网产业一样依赖流量生存，发展旅游产业能够促进生产要素流动，提高区域经济活力。

（3）旅游产业也是一个平台产业，旅游产业与其他产业关联度高，很多传统产业通过旅游业可以获得更高的附加值和新的发展空间，是区域经济现代化转型升级的重要推力。

（4）旅游产业往往是最早尝试和应用现代科技的领域，很多科技的孵化、应用与推广来源于旅游产业，尤其是旅游在一定程度上引领了生活科技的潮流。比如，智能家居最早应用于酒店，城市观光电梯来源于景区观光电梯，等等。

（六）泛产业性

旅游产业有着比传统产业范畴更丰富的内涵和广泛的外延，只要是为旅游者外出活动提供服务的行业均可归于旅游产业，即旅游产业是一个区别于传统产业的"泛产业"。从产业资源的供给看，旅游产业的边界可以无限延伸。当旅游活动从传统观光向休闲度假和体验旅游发展时，旅游资源已经不局限于名山大川等自然资源，也跳出了古迹、寺庙、遗址等传统人文旅游资源的范畴，一些社会资源、经济成就、产业活动、民情民风等均可以转化为旅游资源，成为吸引游客的旅游产品，如乡村旅游、工业旅游、科技旅游、节庆旅游、红色旅游、会展旅游、太空旅游等新型旅游产品的涌现。从广义来看，旅游资源供给具有无限性，旅游产业的边界可以无限延伸，具有广泛的外延。

第二节　旅游产业组织

一、产业组织概述

（一）产业组织理论

一般地，产业组织理论主要侧重于从供给角度分析单个产业内部的市场结构、企业行为和经济绩效，也即 SCP 范式，全称为市场结构（market structure）、市场行为（market conduct）和市场绩效（market performance）理论范式。在这个范式中，产业组织是指产业内不同企业之间的各种类型的市场关系，即它们的交易关系、资源占有关系、利益关系以及行为关系等。一般来说，市场结构会影响甚至决定企业的市场行为，而市场行为会进一步影响甚至决定市场资源配置的绩效。因此，为了获得良好的市场绩效，就必须采取积极的相关措施来改善市场结构，进而规范企业市场行为，不断提升市场绩效。

（二）旅游市场结构

市场结构指的是某一市场中各种要素之间的内在联系及其特征，包括市场供给者之间，需求者之间，供给和需求者之间以及市场上现有的供给者、需求者与正在进入该市场的供给者、需求者之间的关系。

从根本上说，市场结构是反映产业组织竞争和垄断程度的一个核心概念。经济学中把市场结构分为四种类型：完全竞争型（perfect competition）、完全垄断型（perfect monopoly）、垄断竞争型（monopoly competition）、寡头垄断型（oligopoly）。其中，传统的微观经济学所涉及的理论模型主要包括完全竞争型和完全垄断型，而在现实生活中更为普遍的市场结构类型则是垄断竞争型和寡头垄断型。

旅游市场结构具体是指涉及旅游参与主体之间关系的特征，通常从旅游市场的进入和退出壁垒、旅游市场的集中度情况以及旅游产品差异化等方面研究细分行业的市场结构。

（三）旅游市场行为

从一般意义上来说，旅游市场行为是指企业为实现自己的经营目标而在内部与外部因素的影响下，对现实做出的反应。其中的外部因素（也就是市场环境）主要是指企业所在产业的市场结构，市场结构是企业市场行为的主要制约因素，但同时企业市场行为又会反作用于市场结构。旅游产业内企业的市场行为主要表现为价格行为、广告行为、一体化经营等。

1. 价格行为

以我国住宿业为例，旅游住宿行业的市场行为是旅游住宿相关经营主体在市场结构的约束下，为了获得更好的市场绩效，如利润、市场占有份额，而采取的一系列行为措施。目前，我国住宿业的市场行为较多表现在价格行为方面，普遍存在着过度竞争的情况。由于当前很多区域住宿行业的产品差异化小，住宿行业进入壁垒较低、退出壁垒较高，使得价格行为成为主要的竞争手段，从而容易引发价格战。一些住宿企业为了追求利润最大化目标，采取一些不合理的定价行为。

在非价格行为方面，非价格竞争又存在不足。首先，旅游住宿产品开发缺少创新，使得产品差异化竞争较弱。其次，大多数住宿企业受自身和客观因素约束，没能真正意义上对品牌竞争进行规划及实施，使得品牌竞争也不明显。最后，为了获得规模经济效益，许多住宿企业希望通过并购重组达成目标，但由于各种环境条件所产生的不利因素，结果往往适得其反。

2. 广告行为

在旅游产业市场竞争日趋激烈的今天，广告已经成为旅游企业市场促销的主要手段。广告的基本类型有两种，即信息型广告和劝导型广告。

信息型广告主要向旅游市场传递旅游企业本身以及旅游产品的基本信息，如企业名称、旅游产品名称、种类、价格、旅游路线等；劝导型广告主要用来劝导旅游者购买本企业的旅游产品，一般重点介绍旅游产品的与众不同，促进旅游者或潜在旅游者对之形成某种偏好和忠诚。从广告效果来看，通过信息型广告等可以提高旅游企业尤其是产品品牌的知名度和美誉度，有利于市场竞争力的增强和市场份额的扩充，从而导致旅游产业或某个行业的产品差别化程度、进入壁垒和市场集中度的提高。

3. 一体化经营

在企业一体化经营方面，集团化是非常重要的一种方式。20世纪末，我国旅游企业集团开始快速发展，国旅、中旅、中青旅、首旅、上海锦江、华侨城等大型旅游企业集团相继成立。虽然这些旅游企业集团大多是通过国有资产行政调拨和国有资产委托经营方式组建而成，但通过重组具有核心"旗舰"特征的控股股份有限公司，发行股票进行融资，并通过收购、兼并迅速发展，进而拉动整个旅游产业的生产规模和盈利能力上了一个台阶。

在旅游企业的联合行为中，特许经营、管理合同、战略联盟等方式也都比较常见，但与并购相比，联合一般不改变企业之间的产权关系。比如，在特许经营中，具有优势的特许方将自己所拥有的具有知识产权性质的旅游产品、品牌、商标、专有技术、全球预定网络与营销系统、经营模式与服务标准等以特许经营合同的形式授予被特许方使用，而被特许方按照特许经营合同的规定从事经营管理活动，并向特许方支付相应费用。在国际住宿业中，特许经营形式非常普遍，占据重要位置，可以说，世界上大多数著名的酒店集团都是主要依靠特许经营模式组建并运营成功的。

（四）旅游市场绩效

市场绩效是指在一定的市场结构下，通过一定的企业市场行为所形成的营业收入、营业成本与营业费用、利润、产品或服务质量、配置效率、品种、技术进步等方面的最终经济成果。市场绩效受市场结构和市场行为的共同制约，是市场关系或资源配置是否合理的最终成果标志，反映市场运行的效率。

我国在旅游市场绩效方面受多种因素的影响，经过改革开放四十多年来的快速发展，酒店、旅行社、旅游景区等传统部门的旅游企业竞争日渐白热化，行业比较劳动生产率一直处于相对低位，导致"宏观喜、微观忧"的局面未能得到扭转。当前，我国旅游业仍然是集中度较低的产业，且资源依赖性和资本专用性程度高，存在"退出障碍"，因而易发生过度竞争现象。虽然充分竞争是旅游业提质增效的不二法宝，但如果出现过度竞争则会适得其反。产业经济学认为，凡是由竞争所导致的国民经济损失大于由竞争所获得的国民经济利益的竞争形态，都可以称为过度竞争。此时，要素报酬长期处于正常水平之下且难以转移，并对经济周期反应迟钝。

受全球经济下行的影响，在未来一段时期内，旅游消费增长的下行趋势风险仍然较大。但是，新技术、新业态与新模式将进一步赋能我国未来旅游生产率的提升。新一轮全球科技革命与产业革命颠覆了传统的旅游领域，重构了旅游产业发展格局。信息网络技术、移动通信技术、大数据、云计算、可穿戴智能产品等为旅游产业发展提供了新动力。因此，有效提升市场绩效、延展产业链条、优化产业结构，旅游企业组织和产业组织创新势在必行。新技术、新业态与新模式的开发与应用要以真正满足游客需求为导向，全方位提升旅游生产率。

二、旅游产业组织的集聚

（一）旅游产业集聚的概念

产业集聚是新空间经济学区位理论的研究重点，是指生产同类产品的若干企业以及为这些企业配套的上下游企业和相关服务业，或彼此具有共性和互补性的不同类型产业，在某个特定地理区域内高度集中的现象。

企业作为产业集聚主体，价值链作为企业间聚集的动力，可以看出，产业集聚是基于产业链及相关支撑产业的跨业态的产业集聚，产业集聚内部企业不仅表现为要素共享的共生性，还表现为合理分工的协作互补性。

相对而言，旅游产业集聚目前尚未形成一个标准化、能够被普遍接受的定义。旅游业作为服务业的固有特性使得旅游产业集聚过程与一般的制造业集聚存在明显差别。首先，旅游产业集聚必须存在，作为核心和基础的知名度较高的旅游资源或产品，将一定行政区域范围内不可移动的旅游产品串联在一起，通过对旅游产业要素的完善和公共服务设施的供给，形成完整的旅游目的地体系。或者围绕这些"产业核心"，以市场需求为基础，不断延伸产业链条，形成区域经济以旅游业为核心，并向相关产业不断延伸的产业体系。

综上所述，可以将旅游产业集聚理解为以旅游价值链为纽带，围绕旅游核心吸引物，在旅游产业要素不断完善的基础上，以旅游产业的市场平台为载体，其他可共享旅游消费市场的产业不断围绕旅游产业发展壮大，并在地理空间上不断集中的过程。

（二）旅游产业集聚的发展动力

一般来说，制造业集聚的动力主要来源于规模经济、外部经济、分工互补、降低交易费用、知识共享、网络创新等方面。相对而言，旅游产业集聚的动力有所不同，它主要包括旅游消费与供给的时空同一性、区域旅游品牌驱动、互联网技术和相关产业政策推动等。

尤其是区域旅游品牌的驱动，旅游产业集聚区内的相关企业可以通过不断提升旅游服务水平和旅游知名度的方式，提升区域旅游的品牌价值，并通过品牌溢价的方式提高集聚区内各种产品的价格，进而获得更高的利润水平，参与市场竞争。

区别于制造业基于降低生产成本而实现利润增加的集聚动力，旅游产业集聚往往是在共享市场基础上通过品牌溢价增加产品附加值来实现利润水平的提高。而且，信息技术在实现旅游产业融合过程中也可以起到非常重要的助推作用。例如，携程等企业通过产品和资源的平台化运作，满足旅游者的个性化需求，依靠强大的网络预订渠道和信息影响力，共同分享日益扩大的客源市场，这不仅可以优化资源配置，延长产业链，还可以增加自身的附加值，创造新的旅游服务价值。

三、旅游产业市场秩序与监管

（一）旅游市场秩序形成的基础

制度环境是旅游市场秩序形成的基础，由正式制度、非正式制度和制度实施机制共同构成。旅游市场中的制度包括法律（广义的法律包括法律、法规、规章、司法解释）等正式制度和价值观念、意识形态等非正式制度。其中，法律、法规是建立市场秩序的根本，旅游业的综合性特点决定规范旅游市场秩序的法律不仅包括一般交易规则的民法和商法，更直接依据《中华人民共和国旅游法》、司法解释、国务院法规（如《旅行社条例》）、部门规章（如《旅游投诉处理办法》）、地方法规（如《××省旅游管理条例》）、标准体系（如《旅行社服务通则》）等。

旅游市场秩序因旅游的服务性特征更需要非正式制度的约束，非正式制度以道德观念和信念规范旅游市场秩序，制度实施机制是有效制度安排的保障。若想有效规范旅游市场秩序，首先需要合理的制度安排和规则设计，其次是健全实施机制。

（二）旅游市场交易秩序

"交易"活动是人与人之间的活动，人与人之间的交易关系是一种契约关系。旅游市场交易秩序是旅游经营主体和旅游者之间、旅游经营主体之间围绕旅游活动形成的旅游产品买卖的交易关系状态，包括旅游信息合规、旅游合同合规、旅游合同履行以及旅游市场管理主体对交易关系的规范。

旅游市场交易秩序是旅游市场秩序的核心。旅游产品的市场交易过程不仅包括旅游产品的选择、购买和签约过程，还包括旅游者的消费，也即旅游产品的生产和履约过程，履约结束才是交易的结束。首先，旅游信息是游客旅游选择进而产生交易的第一环，由于旅游者旅游前无法判断信息的真实情况，所以有赖于旅游目的地或旅游企业提供真实合规的旅游信息。其次，旅游经营主体与旅游者之间、旅游经营主体之间形成法律合同关系即为交易关系的形成，旅游合同合规状况是衡量旅游市场秩序的重要因素，特别是游客经由旅行社参加旅游活动时，签订的旅游合同中需明确说明组团社、地接社等基本信息，明确所含旅游项目、自费项目、旅游食宿的行程标准等信息。再次，由于旅游活动的空间移动性特征，相比于一般实物商品交付和履约的同时进行，旅游产品的交易时间更长，加上旅游产品的无形性和综合性，更需要旅游市场交易双方按照合规的合同履约。最后，政府等行政管理部门、行业组织等旅游市场管理主体则依法对旅游市场交易秩序实施监督管理。

（三）旅游市场交易的价格管控

改革开放之前我国实行计划经济体制，因此，在改革开放初期入境旅游快速发展的阶段，较多旅游企业不知如何正确设定旅游产品价格，政府便为市场定价提供指导。1992年，我国市场经济改革方向正式确立，旅游价格也随之放开，在旅游产品基本实现市场定价后，政府对旅游市场的价格监管主要集中于检查旅游产品和服务是否明码标价以及打击价格欺诈等违法行为。

目前，政府对旅游价格的管理实现了从早期统一规定向调节市场价格转变，其政策关注点也从规定整个旅游领域的市场定价聚焦到了景区门票价格，要求利用公共资源建设的景区门票实行政府定价或政府指导价，体现公益性，严格控制价格上涨。

总体来看，旅行社、旅游饭店、商业性景区、旅游商品等领域均已实现市场定价，价格的市场信号作用不断释放。

（四）旅游市场监管政策

良好的市场秩序是旅游业健康运行的重要保障，市场监管政策主要在于整治旅游市场秩序，并根据出现的问题出台有针对性的措施，为整个行业健康发展营造良好的市场环境。这也体现了政府与市场的协同关系，政府根据市场环境变化更多地承担着宏观调控、市场监管、公共服务、规范治理的职能。从改革开放初期对饭店行业的收费监管到近十年来联合公安、工商等市场管理部门开展各种形式的旅游市场整顿行动，并推动形成旅游市场综合执法机制。总体而言，经过数十年的持续治理，我国旅游市场环境日益好转，监管政策也在根据市场环境的变化做相应的调整，并持续发挥作用。

第三节　旅游产业结构优化

一、产业结构概述

（一）产业结构的含义

"结构"一词是指某个系统或事物的各个组成部分的搭配或排列状态。在经济领域，产业结构指产业间的技术经济联系与联系方式。这种联系与联系方式可以从两个方面考察。

（1）从"质"的角度动态地揭示产业间技术经济联系及其不断发展变化的趋势，揭示经济发展过程中国民经济各产业部门中起主导或支柱地位的产业部门不断替代的规律及其相应的"结构"效益。

（2）从"量"的角度静态地研究和分析一定时期内产业间"投入"与"产出"的量的比例关系。

产业结构理论的基本体系由产业结构形成、主导产业选择、产业结构演变、产业结构影响因素、产业结构效应、产业结构优化、产业结构政策等部分组成。

（二）产业结构的优化

产业结构优化是指推动产业结构合理化和高级化发展的过程。

产业结构合理化主要依据产业关联技术经济的客观比例关系调整不协调的产业结构，促进国民经济各产业间的协调发展。产业结构是否合理的关键在于产业之间内在的相互作用产生的一种不同于各产业能力之和的整体能力。产业之间的相互作用关系（即结构关系）越协调，结构的整体能力越强，产业结构越合理。反之，结构关系不协调，结构的整体能力不足，产业结构就是不合理的。

产业结构高级化主要遵循产业结构演化规律，通过创新，加深产业结构高度化演进。它要求产业资源利用水平随着经济技术的进步不断突破原有界限，从而不断推进产业结构中新兴产业的成长。其标志是代表产业技术水平的高效率产业部门比重不断增长，经济系统内部显示出巨大的持续创新能力。

产业结构优化过程就是通过政府的有关产业政策调整，影响产业结构变化的供给结构和需求结构，实现资源优化配置与再配置，进而推进产业结构的合理化和高级化发展。合理化和高级化两者之间有着密切的联系。产业结构的合理化为产业结构的高级化提供了基础，而高级化则推动产业结构在高层次上实现合理化。因此，在产业结构优化的全过程中，应把合理化与高级化问题有机结合起来，以合理化促进高级化，以高级化带动合理化。

二、旅游产业结构

（一）旅游产业结构的概念

旅游产业结构是指旅游经济各部门、各地区、各种经济成分及经济活动各个环节的构成与相互联系、相互制约的关系。旅游产业高级化是指旅游产业由低层次向高层次转换的过程，包含着内部结构的合理化、发展速度的适宜化和产业效益的综合化三方面的含义。

（二）旅游产业结构的分类

旅游产业的多层次性和多样性使得旅游产业结构呈现多样化的特点。旅游产业结构主要有旅游行业结构、地域结构、组织结构、产品结构等，各结构纵横交错、前后延伸，构成了旅游产业结构网络体系。同时，旅游产业结构又是一个动态的概念，即旅游业快速增长的时候，要求旅游产业结构及时调整和优化，以适应旅游业发展的需要；而旅游产业结构的调整和优化又为旅游业的进一步快速发展创造了条件。

1. 行业结构

旅游产业的行业结构是指在旅游产业内部所形成的各行业之间的比例关系及其相互作用关系，是旅游产业结构中最基本的结构。旅游产业的核心内部行业一般包括旅行社、旅游住宿业、旅游交通、旅游景区、旅游娱乐和旅游商品六大行业，这些行业所提供的服务形成旅游产品的整体内容，满足旅游者在旅游活动中食、住、行、游、购、娱等各种旅游需求。同时，通过旅游产业内部各行业所属旅游企业的集合状况和结构分析，可以掌握旅游产业结构中的行业结构状况和特点。此外，从大旅游、大产业的角度看，旅游产业结构还包括旅游教育和培训、旅游规划与设计、旅游研究与咨询及旅游行政管理等部门。

2. 地域结构

旅游产业的地域结构是指各地区的旅游产业在当地经济和全国旅游产业中的地位，以及它们之间的相互关系。它从空间形式上反映旅游产业结构的布局情况。合理的地域结构是旅游产业结构的重要内容，它反映了旅游规划区域内旅游资源的合理配置与协调。在我国旅游发展全过程中，各地旅游产业发展的不平衡既是客观的，又制约了旅游产业的整体发展水平。因此，要充分发挥各地区旅游资源的优势，通过各地旅游资源优势的互补，实施合理的旅游产业发展战略，促进旅游产业地域结构的合理化。

3. 组织结构

旅游产业的组织结构是指构成旅游产业结构的各行业机构和旅游企业的设置，以及旅游企业的经营规模等。旅游各行业机构的组织结构是指不同行业的旅游企业之间的结合方式和组织状况，是以旅游企业为单位的旅游产业组织的网络化形态。旅游企业规模结构是指同类旅游企业的大、中、小型企业构成的数量比例以及它们之间的联系。旅游企业规模是指旅游企业生产或经营的规模，是旅游企业劳动力、固定资本集中程度的综合反映。加快旅游产业组织结构的调整和优化是旅游产业结构调整的重要内容。

4. 产品结构

旅游产业的产品结构是指旅游经济运行过程中，满足游客需求的各种旅游产品的构成及各种旅游产品之间的相互关系。它包括旅游产品要素结构、旅游产品类型结构和旅游产品档次结构等。旅游产品要素结构是指旅游经营者在旅游活动中所提供的食、住、行、游、购、娱等各种要素的比例关系；旅游产品类型结构是指根据旅游者需求提供的不同品种的旅游产品；旅游产品档次结构则是指为满足不同消费水平而提供的不同档次的同类旅游产品的结构比例关系。

（三）旅游产业结构变动的影响因素

引起旅游产业结构变动的原因既有外部因素，又有内部因素；既有需求因素，又有供给因素；既有经济因素，又有非经济因素。

1. 旅游需求的拉动

旅游业作为一个国际性、外向性经济产业，其市场需求具有很大的变动性，其供求主要依靠市场调节，是一种天然的市场导向型产业。同时，由于旅游需求收入弹性较大，凡是影响经济增长和收入增长的各种因素，都会影响旅游需求的变动，旅游需求的变动会进一步影响旅游产业结构的变化及方向。

2. 要素供给的推动

要素的投入包括劳动力、资金、技术及自然资源等。任何一个产业的发展都离不开各种生产要素的投入，旅游业也不例外。按照市场经济规律，各种生产要素的投入总是向收益率高的行业流动。由于旅游产业由一系列的相关行业群构成，各行业的投资报酬率也存在较大的差异，要素供给必然在总量和结构上有所不同，从而推动旅游产业结构的不断变动，并随着不同旅游行业的运行效率而不断改变其内部的构成比例。

3. 环境变化的促动

旅游业作为一个敏感性较强的产业，经济发展变化、政治形势动荡、各种自然灾害、突发事件、疾病等都会对旅游产业造成较大的影响，并且必然会进一步影响产业的内部结构，促使其内部构成和各部分的运行效率发生变化。因此，合理的经济政策、稳定的政治形势、良好的经济环境都将促进旅游产业结构的协调发展；反之，则可能引起产业结构的失衡。

4. 创新导入的带动

按照经济学的观点，创新就是导入一种新的生产函数，从而大大提高生产率水平，增加潜在产出能力。创新的本质就是推动技术进步，技术进步必然引起产业结构的变化，从而促进旅游产业结构的合理化和高度化发展。同时，创新还可以不断提高生产率，促使社会财富增加，创造新的旅游需求，拉动旅游产业结构的变动。因此，在创新推动下，伴随着旅游业技术的进步，旅游产业结构效能和效益也必将逐步提高。

三、旅游产业结构的高级化

在旅游经济发展过程中，旅游产业的高级化和旅游经济发展密切相关，多要素交互作用共同推动旅游产业发展和高级化程度的不断提高。一方面，旅游产业结构高级化要适应国内旅游产业快速发展的需要；另一方面，要识别代表未来的旅游发展方向和旅游产业高级化的转换路径，进一步提高旅游业综合效益和实现旅游产业的可持续发展。

（一）旅游产业结构高级化的发展阶段

从我国旅游业发展的实践来看，旅游产业的高级化经历了不同的阶段，各阶段动力源差异显著。

在改革开放之初，我国处于旅游产业发展的初级阶段，旅游发展的主要驱动力来自政府推动和海外市场等外生变量，旅游产品单一，旅游产业链还没有真正形成。旅游产业高级化变动趋势与基础层次产业，如住宿业、交通运输业等增长较快具有密切关系。

进入20世纪90年代后，国内旅游开始迅速发展，但消费层次普遍较低，国民经济中第二、第三产业迅速发展，为旅游产业高级化发展提供了有力支撑。在该阶段，旅游发展的核心已经转化为满足不断变化的消费者需求，旅游生产者与旅游消费者构成的二元动力机制驱动着旅游产业结构高级化水平的缓慢提升。

进入21世纪，旅游产业高级化提升速度加快，旅游产业素质提升明显。在该阶段，旅游产业升级动力主要来自需求拉动。旅游需求结构随着收入水平的提高而升级，拉动旅游产业结构的调整和升级。旅游消费需求对旅游产业结构的演进起着导向作用，进而拉动旅游产业结构各要素的自适应调整，推动旅游产业的高级化发展。

2008年金融危机以后，旅游产业升级难度开始加大。该阶段旅游发展的驱动力主要来自投资和消费，一方面，旅游投资结构在投资流向、投资规模、投资布局等方面的不合理现象突出；另一方面，城镇居民由观光游向休闲度假游逐渐转变，出境旅游发展迅猛，旅游服务贸易逆差迅速扩大，出境旅游消费透支和转移了部分国内旅游消费潜力。多重因素叠加，致使该阶段旅游产业升级难度开始加大。

（二）旅游产业结构高度化的动力来源

当前及未来相当长的一定阶段，推动旅游产业高级化的动力主要来自技术进步和创新等多元混合要素。技术进步是带动旅游产业高度化的物质基础，一方面，科技进步通过刺激消费需求结构变化，带动旅游产业结构的变化；另一方面，融入科技创新成果有助于激活旅游资源存量，开发旅游资源增量，串联旅游吸引要素，完善旅游管理系统。在创新驱动发展战略背景下，科技创新能够持续增强高层次旅游产品供给能力，如依托云计算、大数据、人工智能等高新技术，整合资源信息，满足住宿新需求，提高出行便利，增强游客体验等，实现旅游智能化、高端化发展，为旅游经济增长发挥持续引擎作用。

四、旅游产业结构的优化

旅游产业结构优化即通过各生产要素优化组合实现旅游产业结构的合理化和高度化。其基本目标如下：使旅游资源得到更为理想的开发和利用，旅游供给体系不断完善，形成产业结构新格局，使旅游产业外部和内部各种重要的比例关系不断趋于协调，并向效率化、高级化方向发展。

（一）旅游产业结构优化的标志

优化旅游产业的结构是旅游产业运行追求的主要目标，同时也是旅游产业经济运行的内在要求。一般来讲，旅游产业结构的优化指通过一定的产业政策对旅游产业进行适度调整，使各个产业结构要素实现协调发展，并满足社会不断增长和旅游者日趋多元化的旅游需求。建立合理的旅游产业结构，就要在旅游产业内各产业之间及各个产业内部不同层次之间建立合适的比例关系。

旅游产业结构的优化主要表现在三个方面。一是合理化，要求在旅游经济发展的特定阶段里，根据旅游市场需求变化和资源条件，对旅游产业初始发展阶段所形成的不合理的产业结构进行量与质的适度调整，使各种经济资源在旅游产业之间合理配置并有效利用。二是高级化，其实质是产业结构的集约化、产业服务深入化和产业高附加值化。三是均衡化，一方面，旅游产业内部的各个经济要素在其发展速度和发展进程上保持相对平衡的比例关系；另一方面，旅游产业各个经济要素的发展相互协调。

（二）旅游产业结构优化的策略

旅游产业是综合性的经济产业，旅游产业的部门结构优化就是要实现旅游产业与其相关产业协调发展、实现旅游产业内部各要素的合理配置与协调发展。不断创新是旅游产业演进的重要动力。作为一个必须以不断创新来满足旅游者需求持续变化的产业，以技术创新和业态创新为基础的自主创新影响着旅游产业的演进方向，旅游产业结构的演进也会反过来影响旅游产业的自主创新活动以及创新路径的选择。旅游产业的每一次创新都是对原有旅游供给和旅游需求平衡的打破，促使旅游产业生产效率的上升和新型业态的出现，这也是旅游产业结构演化的显著标志和基本特征。

因此，旅游产业需要进行自我创新升级，寻找新的发展模式。互联网+、VR等高科技与旅游业的结合能够将更多的文化、科技因素融入旅游产业。通过这些模式的创新，推动区域旅游产业的综合性发展，促进旅游产业全要素生产率的不断提升。

五、旅游产业的融合

（一）旅游产业融合的概念

旅游产业融合是指旅游业与其他产业之间，或者旅游产业内的不同行业之间相互渗透、相互交叉，最终融为一体，逐步形成新产业的动态发展过程。从产业之间关联带动角度来看，伴随着文化、演艺、体育、农业、工业等多种产业带来的产业融合，一方面体现为其他行业对游客服务的提供，另一方面体现为流动的人群消费对其他商业企业的联动。例如，旅游业与农业之间的发展就存在着天然协同互惠的关系，农业场所与旅游空间、农业资源与旅游要素、农业人员与旅游从业人员之间均存在着较强的融合关系。在工业旅游方面，工业与旅游业在外生性动力和内生性动力共同作用下形成了一种新的业态，即工业旅游，也体现了工业与旅游业在市场、资源、技术、产品等环节存在不同程度的融合。

（二）旅游产业融合的阶段

从旅游业与其他行业之间相互渗透、相互融合的过程来看，将经历技术融合、产品融合、业务融合和产业市场融合四个阶段。

技术融合是指不同产业之间有着相类似的生产技术，或不同产业之间分享共同的知识与技术的过程。比如，农村地方特色旅游产品借助互联网通信技术实现迅速传播，尤其是对于当下的年轻人，旅游商家利用互联网通过微博、论坛、社交软件等多种形式植入旅游广告和吸引游客前来消费。

产品融合是产业融合开始的一个重要标志，在产品融合不断发展的前提下，可以说，旅游产业融合发展是未来行业发展趋势。例如，非遗体验的民宿产品，这些融合型产品进入旅游市场，填补了大量游客的个性化和多元化需求，提升了游客满意度。

业务融合是在技术融合、产品融合的基础上形成的融合阶段，因为技术的融合、产品的融合而进入新的业务领域，形成业务融合，如旅游业相关业务与动漫产业的融合。而旅游业与其他行业之间的相互投资程度可以很好地反映业务之间的融合度。

旅游业与其他具有交叉关系的行业之间的产品需求产生重复叠加，有着共同的消费对象，即产业市场融合。产业市场融合在扩大旅游产业规模的同时提升了旅游业发展的质量和速度，并随之衍生了一系列新型市场，推动着旅游产业内部各行业间的比例关系动态变化。

因此，一方面，应当加快旅游产业融合创新的步伐，充分利用产业融合发展的良机，降低产业间壁垒，加强产业间的交叉渗透和内部融合；另一方面，密切关注市场需求，加快旅游产业不断进行技术创新的步伐，进而催生具有竞争力的融合产品或新型业态。

（三）旅游产业融合的价值

首先，在旅游产业融合过程中，产业边界不断突破和延展，新业态不断出现，为旅游者提供了种类更为丰富和体验质量更高的旅游产品。其次，旅游产业融合引致旅游新需求的产生，随着旅游市场规模的扩大，往往围绕旅游新业态或旅游新产品形成新的旅游部门产业。再次，旅游产业和关联产业为了在激烈的市场竞争中取胜，就会促使资源设施、劳动力和资本等生产要素向生产率更高的部门产业转移，从而引起就业结构和资本结构的调整。最后，旅游融合创新成果主要集中在知识、资本、技术密集的旅游项目上，然后通过资本扩散、技术扩散、知识扩散以及产业间的技术关联和市场关联提高产业水平，从而导致旅游产业结构的调整。

因此，融合创新是旅游产业结构演化的重要动力，创新在整个旅游产业及关联产业中扩散，加上创新旅游产品的市场扩散和政府制度政策的指导，在整个产业中形成了共同的市场基础和技术基础，从而促使旅游产业结构调整和升级。

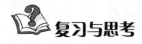 复习与思考

 **思政案例分析**

"双碳"目标下的旅游业高质量发展

思政解读 ●─────────────────────────────●

（1）2020年9月，习近平总书记在第75届联合国大会一般性辩论上提出提高中国自主贡献力度的"3060"目标和愿景，即力争于2030年前实现碳达峰，努力争取于2060年前实现碳中和。碳达峰、碳中和是党中央经过深思熟虑做出的重大决策，事关中华民族永续发展和构建人类命运共同体，具有重大的意义和深远的影响，需要全国统筹、各方努力、久久为功。

（2）习近平总书记在中国共产党第二十次全国代表大会上的报告中明确指出："积极稳妥推进碳达峰碳中和""立足我国能源资源禀赋，坚持先立后破，有计划分步骤实施碳达峰行动。"

（3）2021年11月，在《联合国气候变化框架公约》第26次缔约方大会上，世界旅游组织发布了《格拉斯哥宣言：旅游业十年气候行动承诺》，提出了全球旅游业二氧化碳排放量2030年减半、2050年中和的承诺。

（4）在双碳目标和愿景的引导和约束下，中国旅游业需要更加积极主动地转变发展方式，以低碳旅游为模式，以旅游强国为目标，全面贯彻新发展理念，推动高质量发展。

案例分析与讨论 ●─────────────────────────────●

1. 结合上述材料，并查找相关资料，以一家具体的旅游企业为例，分析在双碳目标下相关经营的变化和采取的措施。

2. 查找双碳战略的相关资料，以自己的家乡为例，策划一个生态旅游项目或产品，并向大家简要介绍。

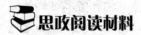 **思政阅读材料**

没有面向市场的科技创新，就没有现代旅游业

第七章　旅游政府经济理论

学习导引

外部性是经济学中的一个重要概念，减少旅游发展中的外部性，离不开政府的有效干预与科学合理的规制。本章介绍了旅游市场失灵及其产生原因和具体表现形式，阐述了政府干预与旅游经济中的政府规制相关内容，分析了政府规制下的旅游产业政策与行业管理等相关内容。

学习目标

知识目标：理解外部性的概念，了解旅游市场的外部性、公共性失灵及其产生的原因，理解政府干预的理论基础以及旅游规制及其意义。

能力目标：结合我国旅游产业的不同发展阶段，理解政府与市场所发挥的作用，了解我国旅游产业政策的内容体系和演进。

思政目标：加强对全域旅游的理解，深化对产业融合下全域旅游发展和全域文化在旅游产业发展模式中发挥的重要作用的认识。

思维导图

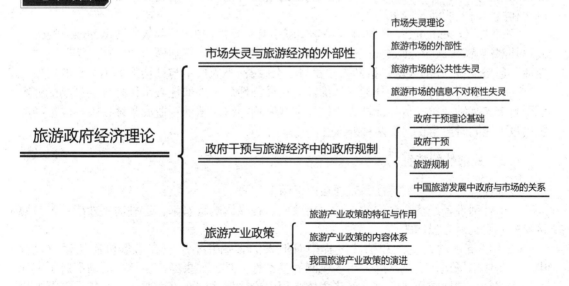

第一节　市场失灵与旅游经济的外部性

一、市场失灵理论

一直以来，政府与市场的关系在经济学领域都是重要的研究内容之一，围绕此问题形成了不同的理论学派，在这两者关系谱系的两端就是"自由放任"与"政府统制"。

以亚当·斯密为代表的古典经济学派认为，政府在经济活动中只需要扮演好"守夜人"的角色，不应该过多地干预市场经济活动，政府需要做的就是提供优质、宽松的市场经营环境，保障市场的自由竞争和信息完整，为市场经济有序运行提供保障。作为"看不见的手"的市场就是最有效率的资源配置手段，可以自发调节市场经济活动。

后来的新古典主义经济学延续了这一理论观点，为自由放任的经济政策奠定了基础，形成了"小政府、大市场"或"弱政府、强市场"的治理模式。所谓的"小政府"，就是倡导政府应缩小管辖的空间范围，其活动内容只是提供市场无法做到也做不好的服务，即提供具有非排他性的公共产品和服务，其余的交给市场。

但随着20世纪30年代资本主义经济大危机的爆发，人们逐渐认识到市场制度的缺陷，市场并非万能的，市场的外部性、不完全竞争、盲目性、滞后性和信息不对称等导致了资源配置效率无法达到最佳状态，被西方学者称为"市场失灵"（market failure）。在这种背景下，政府在市场经济运行中的调节作用又开始被提及，国家干预或政府介入成为应对"市场失灵"的有效手段。

二、旅游市场的外部性

（一）外部性的概念

外部性问题从19世纪末、20世纪初开始进入经济学研究视野，源于人们对自由市场经济的运行机制及其缺陷的认识。对外部性的争论始终是与经济福利、市场失灵、政府规制等重大议题密切相关的，外部性理论及其政策的演进是整个20世纪经济思想发展的重要线索之一。如今，外部性理论不仅是经济学的重要研究内容，也成为政治学、社会学、人口学和法学研究所涉及的重要领域。

"外部性"（externalities）一词在经济学文献中有时又被称为"外部效应"（external effects）或"外部经济"（external economies），也有部分国内学者将其翻译为"外在经济"或"外在性"。通俗地说，外部性就是指私人收益与社会收益、私人成本与社会成本不一致的现象。

一般地，可以将外部性分为正外部性与负外部性。正外部性表示该外部性影响能够给承受者带来某种利益，负外部性表明该外部性影响能够对承受者造成某种损害。一个经济主体也可能同时产生正、负两种外部性。

（二）外部性的特征

外部性具有一些典型特征，表现在以下两个方面。

（1）外部性是经济活动中的一种溢出效应，在受影响者看来，这种溢出效应不是自愿接受的，而是对方强加的。

（2）经济活动在生产和消费过程中对他人的影响并不反映在市场机制的运行过程中，而是在市场运行机制之外。市场机制的基本特征是，如果经济主体的活动引起了其他经济主体收益的增减变化，这一经济主体必须以价格形式向对方索要或支付货币。但如果发生了外部性，那么就不会表现为价格形式的货币支付。

（三）旅游经济中的正外部性

旅游经济中的正外部性一般指旅游开发经营管理者在开发经营旅游产品过程中给旅游目的地的经济、社会、环境等方面带来的有利影响。比如，旅游开发与经营促进本地经济发展，为当地居民提供更多的就业机会，扩大当地土特产品的销售，增加居民经济收入，等等。除此之外，旅游发展改善当地基础设施建设、交通出行条件，促进文化交流，提升本地社会知名度等作用都属于旅游经济中的正外部效应。

（四）旅游经济中的负外部性

旅游经济中的负外部性一般指旅游开发经营过程中给社会和旅游目的地带来的不利影响，主要表现在以下几个方面。

（1）部分旅游企业在开发经营过程中对旅游目的地环境造成的破坏，损害了旅游目的地的整体形象和旅游价值。比如，旅游开发经营与消费产生的污水、垃圾等废弃物如未经无害化处理而直接排放将会造成严重的外部不经济性。再比如，部分企业在开发过程中在旅游景区大兴土木、开山伐树，建设人造景观，修建索道、商店、宾馆、游乐场地等，使景区出现人工化、商业化、城镇化的趋势，这些错位与超载性的旅游开发不仅致使旅游目的地与旅游景区自然度、美感度严重下降，而且破坏了景区风光的真实性、原生性、完整性，严重破坏与污染了景区内的生态环境。

（2）旅游产品在开发过程中存在着对目的地文化生态环境的破坏。对于一些具有独特民族文化的旅游目的地，存在旅游企业建筑或设施的选址、风格、体量等因缺乏科学设计而破坏旅游地的独特地方风情和旅游意境的现象，不仅破坏了民族文化赖以生存、发展的文化生态环境，也严重影响了目的地旅游的可持续发展。在经济利益驱动下，旅游开发者及表演者在提供民俗旅游产品的过程中也存在着歪曲原生文化的现象，导致民族文化、手工艺的商业化，造成民俗旅游产品的真实性大打折扣，旅游者的民俗体验失真。随之而来的便是该旅游地的形象在旅游者心目中大打折扣，旅游吸引力下降，旅游市场逐渐萎缩。

（3）旅游消费中也存在外部不经济性。游客在目的地进行旅游活动时也会产生对他人的不利影响，这种不利影响取决于进入旅游目的地的游客数量及游客自身素质。比如超容量游客导致的外部不经济性。当旅游目的地超容量接待游客，即游客量大大超出目的地的承载能力时，不但会对旅游氛围形成巨大冲击，降低游客的游览质量，而且会造成对遗产地旅游资源的过度利用，严重破坏旅游景观与景区环境质量，导致景区的环境污染，加速了旅游资源的破坏，甚至损伤土壤、植物，造成生态系统失调。同时，在旅游消费中还广泛存在着游客人为的环境破坏导致的外部不经济性。

（4）旅游经济中的负外部性还包括对当地居民的负效应。旅游者的大量涌入较易导致旅游区居民生活和工作环境遭受严重破坏。随着旅游者的涌入，旅游区的车辆、商贩等随之增多，废气、垃圾、噪声也随之增多，造成了景区的空气污染、视觉污染和听觉污染等。这些不仅恶化了景区的旅游环境，而且极大地破坏了景区周边的自然环境和社会环境，给旅游地居民的出行、休闲等日常生活带来诸多不便。

三、旅游市场的公共性失灵

（一）公共物品的概念

"公共物品"（public goods）是指每个人消费这样的产品或劳务并不减少其他人同样消费或享受利益。当前，经济学家普遍将是否具有排他性（excludability）和竞争性（rivalness）作为区分私人物品与公共物品的基本标准。如果某种物品在消费中具有非排他性和非竞争性，那么该物品就是公共物品；如果其消费具有排他性和竞争性，则是私人物品。

所谓排他性，是指这个物品一旦被 A 消费，那么从技术和物理上 A 就很容易排除 B 对它的使用。而非排他性则指当 A 消费某一物品时，很难从技术和物理上排除 B 对它的消费。例如，A 几乎不可能在自己呼吸洁净空气时排除 B 对它的呼吸。

竞争性是指消费者的增加会引起生产成本的增加，而非竞争性则是指消费者的消费并不会引起生产成本的增加。例如，一个国家的国防开支并不会因为某个人的出生而增加。换句话说，非竞争性物品的消费具有边际成本为零的性质。

根据排他性和竞争性这两个基本标准，可以将物品分为纯公共产品、准公共产品和私人产品三类。对于纯公共产品，人们在消费时不能分割，在购买时也不能独享，购买的方式主要通过税收途径间接支付，分配原则主要依靠公共选择，如投票。对于私人产品，人们在消费时可以分割，购买时可以独享，主要采用货币直接支付方式购买，分配原则主要依靠市场价格。由于准公共产品介于纯公共产品和私人产品之间，因此，在消费时部分可以分割，购买时基本不可以独享，购买方式表现为部分间接、部分直接，分配原则表现为公共选择和市场购买两者都存在。

（二）旅游市场的公共性失灵

在旅游业中，大多数旅游资源或产品都具有"公共产品"的属性，主要体现在以下方面。

（1）很多旅游资源都具有公共属性。无论是自然旅游资源，还是人文旅游资源，都具有非竞争性、非排他性和外部性，属于"公共产品"的范畴。而非竞争性和非排他性无法阻止"免费搭车者"，外部性的存在导致旅游市场机制失灵。

（2）旅游目的地环境和品牌均具有较强的公共属性。自然和人文旅游环境都是旅游目的地竞争力的重要构成要素，公共属性十分明显。旅游地品牌也具有公共属性。旅游地品牌是相对一个旅游区域而言的，不是被某一个特定的企业所独占，而是该地区所有旅游企业共享市场机会和利益的品牌。理性的单个旅游企业总希望"搭便车"以享受品牌收益，往往导致旅游地品牌塑造与推广的"公地悲剧"。

（3）旅游基础设施具有公共属性。旅游业对基础设施依赖性强，交通、水电、通信等基础设施本身就属于公共产品的范畴。这些基础设施不仅可以满足旅游业发展的需要，也为旅游地的其他领域所利用。

（4）旅游发展利益具有公共属性。旅游业发展的受益主体不仅仅是旅游开发商，还有旅游地社区居民和地方政府；不仅满足了旅游者的体验消费需要，还满足了社区居民对社会经济发展的需要；不仅获得了旅游经济效益，还产生了良好的社会和生态效益。

可以看出，旅游业具有较强的社会公共属性。旅游的本质是促进人的身心健康和自我和谐，是人民共享社会发展成果的有效方式。正是由于旅游市场公共性的广泛存在，仅仅依靠市场机制对旅游产品进行资源配置时往往会出现机制失灵，也就说明了完全按市场机制的方式配置所有旅游产品是不合理的，政府的有效干预和规制是必要的。

四、旅游市场的信息不对称性失灵

（一）信息不对称概述

除不完全竞争、外部效应、公共物品以外，信息不对称也是市场失灵的一个重要原因。不对称信息是指市场上买方与卖方所掌握的信息不对称，一方掌握得多，另一方掌握得少。比如，表现在物品和生产要素的市场上，往往卖方掌握的信息比买方多，通俗地讲，就是"买的不如卖的精"。信息不对称是经济生活中的一种普遍现象，它导致的直接后果是"逆向选择"和"劣胜优汰"问题的出现。

（二）如何规避旅游市场中的信息不对称性失灵

旅游市场信息不对称是指旅游市场交易过程中交易双方所拥有的信息数量不相等。通常旅游供给方和旅游者之间在供给和消费频次、专业知识、地域、组织力量、旅游产品特性等诸多方面都普遍存在信息的差异。旅游市场两大主体的信息不对称现象使得在旅游市场上旅游供给方往往会利用信息优势，通过劝诱、虚假宣传、不实标识等方式谋取不正当的利益，使旅游者的权益受到严重侵害，进而使旅游市场无法实现资源的优化配置，导致旅游市场失灵。

现在信息技术的飞速发展使得旅游者获取相关信息的便捷性大大增加，但是，由于搜寻旅游信息要花费成本，包括精力、时间和金钱等，因此大多数的旅游者仍会倾向于选择对旅游信息保持一定限度的无知，这也是造成旅游市场中信息不对称现象普遍存在的一个重要原因。另一方面，由于旅游生产与旅游消费具有同步性，旅游供给方通常处于信息优势，因此质量差的供给方易于做出过多的承诺，更热衷于低价竞争以扰乱市场秩序。同理，"道德风险"类的信息不对称同样不能由信号传递彻底根除。为克服由此产生的种种不良后果，有必要采取有效措施对旅游市场信息不对称现象予以纠正。

第二节　政府干预与旅游经济中的政府规制

一、政府干预理论基础

（一）政府干预与政府失灵理论

"市场失灵"引出了政府干预经济，由政府取代市场机制配置资源，以保障公平公正。与主张自由放任的古典经济学和新古典经济学不同，20 世纪 30 年代，凯恩斯提出应当充分发挥政府作用，倡导政府对经济运行进行调节，从而规避市场的缺陷。凯恩斯主义通过加强宏观调控，统筹资源配置，对战后资本主义经济的繁荣发挥了一定的作用。

但 20 世纪 70 年代出现的资本主义"滞胀"危机又促使人们重新思考政府与市场在经济运行中的关系。基于此背景，公共选择学派迅速发展，他们提出政府并不是万能的，并不一定能弥补市场缺陷，也会发生公共政策失误、公共产品供给低效与浪费、政府机构低效率、寻租与腐败等"政府失灵"问题。"政府失灵"使得政府与市场之间的博弈寻求新的均衡，主张市场自由竞争的观念重新得以确立，政府干预经济的制度也因此受到限制。公共选择理论学派便提倡约束政府"看得见的手"，为市场的自由竞争机制提供保障。

（二）政府与市场合作协同理论

除了"自由放任"与"政府统制"两种比较极端的理论，还有其他三类观点。第一类观点是不赞同"小政府"就是好政府，但赞同市场主导机制，政府扮演了市场竞争规则制定与维护的角色。第二类观点更为强调政府的干预与作为，以应对市场失灵问题，政府必须在社会经济发展中发挥宏观经济管理的作用。第三类观点认为，政府除了能够弥补市场失灵，还具有增进、强化市场的功能。

从经济学理论发展逻辑可以看出，如何认识与处理政府与市场之间的关系，促进市场经济运行，是经济体制建构的核心问题。政府与市场的边界并不是一成不变的，政府与市场也不是相互替代的，两者的变动过程是各自按照市场经济内在要求不断重构、不断寻求平衡的过程。政府和市场可以是合作伙伴、共生互融的关系，可形成有机统一、相互补充、相互协调、相互促进的格局。比如，从信息经济学的角度，以不完全信息与不完备市场为分析前提，近年来一些经济学家提出政府与市场之间应建构一种新型伙伴关系的模式。

总结来说，"市场失灵"是政府干预的逻辑起点，"政府失灵"是市场扩展的理论依据。而人们在社会经济的实践发展中也认识到，政府和市场并不是相互对立、相互替代的，而是相辅相成、缺一不可的，既需要发挥市场在资源配置中的优先地位和基础性作用，也需要政府在充分尊重市场规律的基础上进行干预，从而形成"有效市场"和"有为政府"共同发挥作用的格局。

上述这些政府与市场关系的经典观点为研究综合性、关联性、公共性强的旅游产业发展奠定了基础。

（三）旅游经济运行中的市场与政府

旅游经济运行过程中，同样存在着政府行为和市场行为，因此，也必然形成市场与政府关系的讨论。

一方面，赞成市场主导而不需要政府对旅游经济活动施加任何干预的观点认为，既然在市场经济条件下，旅游经济运行所需要的资源可以通过市场交易行为实现，并且通过市场配置实现资源的最有效利用，那么，政府可以不对旅游经济活动进行干预，而完全通过市场机制的作用实现资源的有效配置。

另一方面，赞成政府应该对旅游经济活动进行有效干预的观点认为，通过市场进行资源配置并不具有完全效率性，因为在竞争不充分或者市场不完全的旅游经济活动中，市场会出现失灵的现象，这时，仅仅通过市场很难实现资源的有效配置，只有通过政府对旅游经济活动施加某种程度的干预，才能使旅游经济活动更有效率。

作为国民经济的有机组成部分，旅游业不必要也不可能形成单独的、封闭的市场化资源配置机制。因此，政府在推动旅游市场发育和增长的过程中虽然涉及不少市场机制的内容，但也并非完全意义上的市场化。对于旅游发展中市场与政府的关系，不同国家不同地区存在政治经济体制的差异性，也存在旅游发展阶段和模式的差异性，这些差异必然导致市场与政府存在不同的关系模式。

二、政府干预

政府干预指政府通过各种法律、法规、标准以及经济手段对产生外部不经济性的行为进行干预，使得相关企业经营管理者及消费者承担相应的社会成本，从而解决市场在旅游资源有效配置方面的失灵问题。

政府对经济干预一般包括宏观调控和微观规制两个方面。宏观调控即指政府在充分发挥市场配置资源基础性作用的同时，运用经济手段、法律手段，辅以行政手段干预和调节宏观经济运行。微观规制指政府直接对微观主体的经济活动做出限制性的规定。

虽然宏观调控和微观规制的目的均是纠正市场失灵，都是政府经济职能的内在组成部分，但是它们两者在调节目标、调节对象和视角、实现途径、调节经济手段以及调节经济特征等方面都存在明显的差异。其中，在实现途径上，宏观调控是间接的，它借助财政、货币等政策工具作用于市场，通过市场参数的改变，间接影响企业行为。微观规制是直接的，它借助有关法律和规章直接作用于企业，规范、约束和限制企业行为。在调节经济的特征上，宏观调控政策有易变性、相机决策性，微观规制政策有相对稳定性、规制性和强制性。

由于微观规制在纠正市场失灵方面具有直接性、稳定性的特征，因此，当前从政府微观规制的角度讨论旅游市场失灵的政府干预行为更具有现实意义。

三、旅游规制

政府规制指政府规制机构依据一定的政策、法规及规则，对构成特定经济行为的经济主体活动进行规范和制约的行为。在现代经济学中，其基本含义是为了克服市场失灵带来的社会和经济弊端，政府运用法律法规对经济主体的活动和行为进行规制以实现帕累托改进而做出的一种制度安排。政府规制的主体是广义上的政府，规制的对象是经济主体的经济行为，规制的依据主要是政策法规。

旅游规制则是指政府从维护旅游者的公共利益和国家整体利益出发，利用行政性资源和行政手段，纠正或缓解旅游市场失灵与市场缺陷带来的不经济和不公正，从而维护旅游经济和旅游市场秩序的稳定。

（一）从经济角度看旅游规制的必要性

目前，从经济性上说，旅游产业领域的诸多方面都仍具有较强的公共物品属性和外部性，比如，旅游地的形象建设、旅游产品相关链接领域的文化塑造、产品创新、市场开发培育和市场秩序维护、环境保护，以及一些公用、基础设施的建设。

在旅游经济运行中，完全依靠旅游市场机制无法解决旅游公共产品的供给和避免外部不经济现象的发生，这就需要充分发挥政府的作用，采取有效的规制政策解决由于旅游资源的公共物品属性和旅游产品的准公共性特征而产生的外部不经济现象，以保证旅游经济的健康运行与发展。

在此背景下，政府转变职能，以更好地适应市场经济的发展就成为大势所趋。就旅游业而言，政府对旅游经济的规制也需要调整，由以政府主导、市场基础为特征向以放松管制、加强宏观调控为特征转变，从而为旅游业的健康发展创造一个良好的外部环境。

（二）从非经济角度看旅游规制的必要性

旅游活动和其他一切经济活动一样，体现了一定的民族性，包含国家利益，同时还是一种彰显民族文化和社会价值观念的活动。旅游业的发展既要在宏观上承担宣传与维护国家形象，传达国家和民族的经济、社会价值信息，沟通国际文化、政治、经济交往的责任，还要在微观上兼顾民风民情、社会治安、市容市貌和人文环境的要求。这些都超越了旅游经济的市场主体自发运作的范围，须经政府的规制来协调与规范。当然，政府对旅游产业的规制不是单方面表现在对市场的规制，还表现在对政府自身行为的规制上，其目的决不是限制市场机制的运行，而是为了使市场机制能更有效地运行。

（三）旅游规制的基本宗旨与原则

正如政府行为有其失灵之处和运作成本一样，旅游规制在代替或弥补市场行为时也会有缺陷或失灵，为了避免或缓解这些不足，在制定和实施旅游规制时必须掌握一些基本的宗旨和原则。

1. 旅游规制边界清晰

旅游规制的边界就是规制政策所能触及并产生作用的领域界限，如果旅游规制的边界模糊，就会动摇规制的实施，同时加大规制中不必要的"人治"成分，也容易使规制在执行过程中浪费巨大，导致效果大打折扣甚至产生很大的负效果。

2. 旅游规制公正透明

旅游规制是政府规制的一种，政府规制政策的形成是一个交易的过程。政府规制的需求方（如消费者）与被规制方（如旅游产品和服务的供应商）在政府作为规制的供给方的参与下，经过讨价还价达成了协议。然而，产品和服务的供应商由于具有更大的经济动力和经济势力，可能会比一般的消费者更多地影响到规制决策的选择。这就要求旅游行政管理部门在进行规制决策时要更多地引入民间的意愿，包括引入听证制度、引入消费者代表的参政制度，建立将年检等规制措施的结果与效果进行公示的制度，科学具体地建立一套反映旅游者对企业与市场满意度指标的系统，建立各旅游地公正的行政裁决机构，通过制度建立旅游企业的信用登记及控制体系。这样，真正反映旅游者利益的法规就能维护市场的未来需求，反映受规制旅游企业利益的法规则能促进企业的发展，减少法规执行等规制成本。

3. 旅游规制不能脱离民族性和国家性

旅游规制是为了弥补旅游市场自身运作的缺陷和失灵，是对旅游经济的一种调控，是一种经济行为，而作为一国经济行为之一的旅游规制的利益性、指向性就在于它具有民族性和国家性，即旅游规制从整体上和实质上不但要体现旅游者和旅游企业的利益，还要体现国家和民族的利益，要从提高全行业乃至整个国民经济的高度谋划和实施旅游规制政策。

四、中国旅游发展中政府与市场的关系

改革开放四十多年来，中国经济大体经历了计划经济、有计划商品经济和市场经济三个阶段，而每个阶段改革的主旋律均是优化政府和市场的关系。从中国经济发展的实践来看，政府在推动经济增长中发挥的作用已远超市场经济发达的国家政府。处理好政府和市场的关系，使市场在资源配置中起决定性作用和更好发挥政府作用是我国经济长期、快速、稳定发展的重要经验，旅游业的发展也同样如此。

改革开放四十多年来，中国旅游业在中央政府的领导和国家旅游行政部门的直接推动以及相关部门配合参与下，通过地方各级政府的直接实施，走出了一条在政府推动下以市场为导向的独特道路。在特定的发展阶段，适应特定的国情，总体上较好地处理了政府和市场之间的关系。

（一）旅游业发展中政府的主导和推动

我国旅游业的快速发展离不开政府的积极主导和大力推动。

（1）旅游资源的公共属性。在我的政治体制下，大多数独特的、稀缺的旅游资源具有公共物品属性，需要政府主导提供旅游基础设施。公共物品外部性的存在导致了旅游市场机制的失灵，这就需要政府发挥有形之手的作用。同时，旅游资源具有跨地域性，也需要政府加强协调。

（2）旅游业的跨地域经营包含着开放性、外向性和全面的竞争性。各国的旅游竞争已经成为以企业竞争为基础，以联合竞争为主体，以国家直接参与和组织竞争为龙头的举国竞争体制。国内旅游竞争要实现有序化和完善化，政府管理要素在其中的作用越来越大。

（3）根据我国旅游发展的实践经验来看，政府凭借其崇高的社会威望、强大的管辖能力与雄厚的财政实力，能在旅游业的发展上发挥至关重要的主导作用，中国旅游业处于发展中阶段，基础设施有待完善，需要政府主导。政府可以通过制订和实施扩张性资本发展计划，建立和扶持国有旅游企业，实施财政政策等促进旅游发展。

（二）旅游业发展中政府的作用发挥

当前，在旅游业继续向高质量发展转型的过程中，政府要着重在下列各方面发挥更加

积极的作用。

（1）做好战略层面的指挥者。依据旅游业发展的实际情况，整合政府行政权力，转变旅游行政职能，制定和实施有利于旅游业发展的产业政策和配套政策。

（2）做好操作层面的协调者，建立完善的旅游协调体系和有效的激励约束机制，为企业竞争提供公平、自由的市场环境。

（3）加强基础设施建设，为旅游业提供强有力的支撑，实现信息、技术、资本、人力的无障碍融通。

（4）做好保障层面的规范者，加强旅游经济领域的相关立法，加大执法力度，强化对旅游市场秩序的动态监督和管理，维持旅游企业竞争的公平性，保护旅游者合法权益。

（5）保护生态环境，强化可持续发展意识，坚持开发旅游资源与环境保护同向同行，把旅游活动控制在资源环境的承载能力范围内，力求实现资源环境贡献与消耗的最优化。

总体上，我国旅游业走了一条在以市场为基础配置资源的前提下，实行政府主导、推动的发展模式，使旅游业为国民经济增长做出了重要的贡献的道路。一方面，政府顺应旅游市场增长的大趋势，积极调动各种资源和力量以有效满足相应的市场需求；另一方面，政府预见旅游需求增长的必然趋势，主动布局以激活潜在的旅游市场。可以看出，我国旅游业发展过程中，政府与市场之间更多存在的是一种协同关系，表现如下：在市场基础薄弱的情况下，政府因势利导推出政策，有利于增强市场发育能力，在市场有效发育之后，政府又更多地在扮演监督、调控、规范、引导、助推的角色。这种关系突破了主流新古典经济学所说的对立互斥关系，二者的作用是互补的，并且这种互补形式会在经济发展的不同阶段有所不同，呈现动态演进、顺势而动的特点。

因此，中国旅游业的独特发展道路是平衡"有效市场"与"有为政府"的重要探索，同时与西方经济学中占据主流地位的自由放任主义传统存在巨大差异，也并非"小政府理论"所倡导的政府越小越好。该道路对于丰富经济学中政府与市场关系的研究提供了具有中国特色的理论视角，有利于指导旅游业市场发展。

第三节　旅游产业政策

一、旅游产业政策的特征与作用

（一）旅游产业政策的含义

产业政策是政府为改变产业间资源分配和企业的某些经营活动而采取的政策。旅游产业政策是政府为了实现一定时期内特定经济和社会目标而制定的针对旅游产业各种政策的总和。不同的历史时期，政府对旅游产业的经济发展目标不同，决定了旅游产业政策有所不同。

（二）旅游产业政策的特征

旅游产业政策的形成与旅游产业经济的发展程度有着紧密的关系，旅游产业经济的发展程度影响旅游产业政策的具体内容构成和作用途径。了解旅游产业政策的基本特征有助于更好地制定和调整产业转型时期的旅游产业政策。

1. 间接性

旅游产业政策制定的逻辑基准是促进社会生产力的提高，旅游产业政策主要是针对旅游产业的综合性和关联度高等特性出台的,是直接为旅游产业的发展服务的,即为其提供必要的宏观指导和多层次的环境支持。同时,旅游产业政策与其他产业政策一样,是一种规范性的政策,具有引导经济结构,包括旅游产业中的行业结构、地区结构、产品结构、组织结构和所有制结构,并促使企业行为趋于合理化的作用。旅游产业政策与市场机制作用的方式不同,具有很强的间接性,即一般不具有指令性,不是通过直接干涉企业的经营活动来贯彻国家的意图,而是借助产业政策对企业活力的激发间接实现国家的既定旅游产业发展目标。

2. 系统性

旅游产业政策的设计与实践涉及许多相关领域或群体。这是由旅游产业的关联性特征引起的。不可避免地,旅游产业政策必须与其他产业政策相融合、相协调,必须正确处理产业之间的各种投入产出联系。同时,旅游产业政策也有若干项子政策,即产业内各行业部门的特定政策。这就产生了子政策之间的协调问题以及子政策和各产业政策之间的配合问题,使它们形成一个运作高效的系统。

3. 动态性

产业政策要确定一国的生产要素和资源在各产业之间的分配,不同的分配是由各产业在该国经济发展中不同的地位决定的。同样,不同的产业在同一时期的发展速度是不同的。这两者决定了各产业在同一时期的发展中呈现序列性。一方面,旅游产业在不同国家经济体系中所处的地位和所起的作用不尽相同,因此旅游产业政策在不同国家经济政策体系中的构成也不一样,有轻重缓急之差别。另一方面,不同的发展阶段,由于收入水平随着经济增长呈现出从低到高的变化,需求结构、生产结构和就业结构也都有相应的变化。从旅游产业政策自身来说,其具体内容和形式都会随着收入水平的提高和经济环境的变化而变化。例如,由于我国地域辽阔,旅游资源的地区分布很不均衡,导致各地区旅游业起步和发展的程度不一,相对应的政策体系就会呈现出动态性。

4. 连续性

旅游产业政策具有极强的针对性,它的制定需要经过科学预测与决策。为克服政策的时滞性,保持政策的预见性显得十分重要。旅游产业政策一般会影响经济运行的短期平衡,甚至会对短期收益构成较大的损害,但政策旨在中长期内促进旅游产业的健康运行,因而必须具有较长期的稳定性和连续性。旅游产业政策的影响和作用主要表现为影响经济的中长期发展,只要中长期的收益大于政策引致的短期损失,这种产业政策就是符合社会经济原理的,应着力贯彻落实。

5. 国际性

旅游产业的发展不可避免地要参与国际交流和合作,而且各国的常规或非常规旅游经济发展模式均涉及入境旅游。世界范围新技术的发展动向、国际分工与合作的新格局和新趋势,都要求各国旅游产业政策的研究和制定要充分考虑国际产业结构的演进动向,努力寻求和确立旅游产业应有的地位及与其他产业的关系。

6. 针对性

与其他经济政策一样,旅游产业政策在旅游产业发展的不同阶段会体现出不同的侧重性。政策推行的主要目的在于克服旅游产业自身特有的弱势,通过必要的宏观指导与制度支持来提升产业素质,增强旅游产业的国际竞争力,适时地改变旅游经济增长方式。例如,在旅游产业起步阶段,政策的导向主要集中于鼓励与支持各方参与旅游基础设施的建设。在旅游产业转型进入持续快速发展阶段,如何规范旅游行业部门的运作,采取切实可行的措施提升国际竞争力、促进旅游产业持续健康发展等是产业政策的重要内容。

（三）旅游产业政策的作用

科学合理的旅游产业政策对于旅游经济的健康发展具有十分重要的作用。

首先，旅游产业政策能够规划旅游产业的发展，规范旅游企业的生产经营活动，使国家乃至地区的旅游业发展具有明确的整体方向性。旅游产业政策还能为旅游企业平等竞争、优胜劣汰、技术进步、增进效益提供重要的外部条件。

其次，旅游产业政策能够有效推动旅游资源的优化配置，有利于旅游经济整体效益的提高和旅游市场供求的基本平衡。

最后，旅游产业政策是一种新型的、有前途的旅游经济管理形式。它既能实现国家对旅游经济的宏观管理要求，又能使旅游企业充分发挥主观能动性。

二、旅游产业政策的内容体系

（一）旅游产业结构政策

由于旅游产业的综合性，旅游产业结构问题基本包括三个层次。

（1）产业定位。产业定位表明了旅游产业在国民经济产业体系中的位置。改革开放四十多年来，中国旅游业不仅实现了从外事接待向独立发展的经济产业转变，中国也因此成长为世界重要的旅游目的地和客源国。在这期间，中国旅游业经历了从初期以入境旅游为主要经济导向的创汇产业，到中期与国内旅游紧密联系的国家经济增长点，再到后期与国民经济整体发展密切关联的战略性支柱产业的地位改变。

（2）产业宏观协调。目前，我国旅游产业早已不是改革开放初期国际入境旅游"一枝独秀"的局面，经过若干年的快速发展，我国旅游产业实施"大力发展入境旅游、积极发展国内旅游、适度发展出境旅游"的市场战略，目前已经形成入境旅游、国内旅游、出境旅游三大市场并驾齐驱、齐头并进的发展格局。

（3）产业配套。由于旅游产业是包含着行、游、住、食、购、娱六大要素在内的综合性产业，其持续、健康、快速发展离不开各环节的配套，离不开各部门的配合与支持，因此需要制定相关政策，防止各要素之间结构错位、重复建设。

以上三个层次之间又存在各种纵向的相互关系，从而形成一个较为完整、复杂的旅游产业结构。三个层次之间政策的综合同时形成一个完整的旅游产业结构政策体系。

（二）旅游产业布局政策

旅游产业由于受资源分布、区位、交通条件、旅游行程等因素的影响，表现在旅游产业的布局上就与农业、工业等其他产业有所区别，既有产业分布的区域性问题，也有产业分布的点线结合、点面结合的问题。由于我国旅游发展道路和发展战略的特殊性，客观上形成了旅游地区格局的"重东部，轻西部"的局面。这固然有旅游市场距离、旅游者圈层辐射性扩散等正常因素的影响和作用，但是各地区要随着形势发展而变化，这就要求在新的形势面前做出相应的调整。就大范围的调整而言，在承认旅游产业发展的地区性差异的前提下，为了配合国家开发西部战略的实施，保证我国旅游产业的持续发展有新的增长点，在继续发展好东部沿海地区旅游业的同时，应该加强中西部地区旅游业的发展，并在政策上给予适当的倾斜。

（三）旅游产业组织政策

旅游产业组织政策的出发点在于通过协调竞争与规模经济的关系，达到既能缓解垄断对市场经济运行造成的弊病，又能维护一定的规模经济水平的目的。政策涉及旅游企业的市场进入、经济规模等一系列问题，包括旅游市场结构控制政策、旅游市场行为调整政策和一些直接改善旅游产业内不合理的资源配置政策。

国家应鼓励大中型旅游企业建立现代企业制度，小型旅游企业实行适应市场经济需要的灵活体制；应鼓励发展跨地区、跨行业、跨所有制的旅游企业集团，打破地区封锁和行业垄断，形成由大型企业主导和规范的市场格局；鼓励企业通过合并、兼并、相互持股等方式，进行自主联合改组和资产运营；鼓励旅游企业的网络化发展，推动建立区域性、全国性甚至国际性的营销网络。

（四）旅游产业市场政策

明确和强调市场导向的观念是市场经济对产业政策的基本要求之一。因此，旅游产业市场政策应该明确体现出，在现实的状况下，应该支持哪些方面，又应该限制哪些方面。比如，对旅游景点、景区的开发，要考虑客源市场近距离的雷同和重复建设，尤其是在全国出现人造景观热、旅游支柱产业热时，要有相应的政策措施加以引导、规范和限制。在旅游接待设施建设方面，要考虑市场饱和度、区域分布、档次高低。在旅游产品开发方面，要以市场需求为导向，开发有市场前景、生命力持久和竞争力强的产品。

（五）旅游产业技术政策

技术进步在现代经济的发展中地位越来越重要。因此，在旅游产业中，电脑预订、电子信函、卫星通信、先进交通工具、新型建材等的运用就成了提高产业素质的重要条件。政府应该制定相应的用以引导和干预旅游产业技术进步的政策，包括旅游产业技术进步的指导性政策、旅游产业技术进步的组织政策、旅游产业技术进步的激励性政策等。为了尽快增加旅游产业发展中的科学技术含量，适应经济和社会发展的大趋势，促使旅游产业更快地发展，在制定旅游产业技术政策时应考虑：加快推进标准化工作进程，提倡采用国际标准和国外先进标准；支持引进和消化国内外的先进技术，提高我国旅游设施的技术性能，提高产业技术水平；鼓励产、学、研的结合，鼓励和支持对引进先进技术的消化吸收和创新，促进应用技术的开发，加速科技成果的推广；以法规的形式定期公布淘汰落后的运载设备和科技含量低的人造景点。

（六）旅游产业保障政策

旅游产业政策的实施必须有一套手段和政策相配套的体系。旅游产业政策制定的是针对性的政策，旅游产业政策的实施就必然要有相应的政策和手段来保障，这些保障政策是综合性的、成体系的。这要求相关职能部门把旅游产业政策作为今后旅游产业发展的纲领性文件，作为今后部署、检查、评比旅游工作的重要标准，以督促旅游主管部门对产业政策的落实；要求旅游产业的相关部门发挥各自的职责，支持旅游部门贯彻实施好旅游产业政策；要求以法律、法规等形式保证旅游产业政策的实施。

三、我国旅游产业政策的演进

现代经济是依赖于各类预见性的规则和秩序支撑的复杂演化系统，政策制度作为一种生产性资产和社会资本，是调动经济要素和释放市场活力的关键因素。旅游产业综合性强，涉及的产业要素更多，对政府宏观协调依赖度更高。因此，在中国情境下，政策是旅游产业发展的主要驱动力量。

从中国旅游业发展阶段来看，政府对旅游业的政策选择伴随着市场培育成熟而逐渐由强制性向强制性、自愿性及混合性结合转变，并根据细分行业属性的不同，在落实上有所差别。

改革开放之初，政府对旅游市场的激发是发展以创汇为主要目的的入境旅游。但随着人们收入和生活水平的提高，国内旅游市场逐渐兴起。1993 年，国务院办公厅转发原国家旅游局《关于积极发展国内旅游业意见的通知》，将扩大国内旅游市场放到了政府工作的重要位置。随着带薪休假政策的持续推动、2011 年中国旅游日的推出以及 2013 年国务院办公厅出台《国民旅游休闲纲要（2013—2020 年）》，国内旅游市场不断被激活，国内旅游也因此迅速成为中国旅游产业发展的主体。

2017 年 6 月，国务院印发《全域旅游示范区创建工作导则》，提出全域旅游发展指示，加快旅游业升级转型，促进全域旅游发展效率和质量的提高，统筹和规范全域旅游示范区的创建，科学全面发展。在满足人民日益增长的旅游需求下，保持旅游业需求和供给的平衡，持续稳定地增加旅游行业的有效供给，提升旅游经济发展效率。文件还指出要加强旅游社会、经济、环境效应的最大化，把旅游业作为国民经济和社会发展的重要支撑，加快旅游产业升级。

2018 年《国务院机构改革方案》宣布组建文化和旅游部，在"宜融则融，能融尽融，以文促旅，以旅彰文"政策指导意见的统筹引领下，我国旅游产业迈入发展新阶段。2018 年 3 月，国务院印发《关于促进全域旅游发展的指导意见》，意见指出加快旅游供给侧结构性改革，着力推动旅游业从门票经济向产业经济转变，从粗放低效方式向精细高效方式转变，从封闭的旅游自循环向开放的"旅游+"转变，从企业单打独享向社会共建共享转变。

2018 年 10 月，国家发展改革委等 13 部门联合印发《促进乡村旅游发展提质升级行动方案（2018—2020 年）》，对乡村旅游提质增效发展做出详细的指示和说明，加速全国范围乡村旅游升级转型。2018 年 12 月，国家发展改革委等 13 部门联合出台《关于促进乡村旅游可持续发展的指导意见》，对乡村旅游可持续发展提出具体要求，坚持绿色出行，提倡节能减排、低碳旅游。这些政策文件的出台使得旅游业向高效率、高质量、可持续方向发展。

作为与旅游业密切相关的行业，在交通运输行业，为促进旅游业高效、科学发展，2019 年 9 月国务院出台《交通强国建设纲要》，提出旅游交通建设的重要内容。纲要指出为了加速新业态、新模式旅游发展，促进旅游与交通运输业的深度融合，创新发展新机制，加快新科技应用，努力完善旅游相关交通服务设施和功能。2019 年 12 月，国务院再次印发《长江三角洲区域一体化发展规划纲要》，纲要指出要联合推动跨界生态文化旅游发展，保护与开发协调进行，保护中开发，开发中保护，加强区域旅游协作，统筹规划；加强旅游产业合理布局，加强生态保护，推动生态环境协同监管，建立互通的旅游信息库。无论国家、区域还是地方政府，在旅游投资、产业政策、部门联动、文化交流、旅游宣传、产业融合以及区域合作等方面发挥积极作用，促进旅游向优质、创新、全面、高效率方向发展。

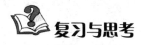 **复习与思考**

**思政案例分析**

PPP 模式在文化旅游产业中的应用

思政解读

（1）推广政府与社会资本合作模式（public private partnership，PPP）创新对于加快新型城镇化、实现国家治理现代化、提升国家治理能力、构建现代财政制度具有重要意义。

（2）政府与社会资本合作模式的运行具有三个重要特征：伙伴关系、利益共享、风险分担。这种合作一方面可以充分调动民间资金，另一方面可以提高公共服务供给的效率和质量，有利于增进社会福利，惠及更多人群。

（3）2018 年文化和旅游部、财政部联合印发的《关于在旅游领域推广政府和社会资本合作模式的指导意见》就调动更多社会资源参与旅游业发展，探索推广旅游 PPP 实施路径、发展模式及长效机制，提高旅游投资有效性和公共资源使用效益，建设一批旅游 PPP 示范项目做出全面部署。目前，PPP 模式已逐渐成为加强文化旅游基础设施建设、促进文化旅游产业发展的重要手段，是各地政府推动文化旅游产业的重要着力点。

案例分析与讨论

1. 结合上述材料，以小组为单位，查找我国文旅旅游领域内 PPP 模式运作的具体案例。如阿尔山，围绕阿尔山近几年的旅游发展及当地政府引进的 PPP 模式，向大家分享你们小组的案例研究心得。

2. 在你们小组研究案例的 PPP 模式中，存在哪些问题？又如何能够提升 PPP 的运作模式？

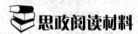**思政阅读材料**

基于产业融合的"全域旅游+全域文化"旅游产业发展模式创新

第八章　旅游经济影响

学习导引

　　通过本章学习，了解世界旅游经济的发展、旅游业对世界经济的贡献，理解旅游经济发展模式、中国旅游经济发展模式选择以及旅游对客源地和目的地的经济影响，掌握旅游乘数效应、旅游漏损的相关概念及产生原因。

学习目标

　　知识目标： 理解旅游业对我国经济社会的多维度发展与促进，了解新时代背景下旅游业高质量发展的重要意义。

　　能力目标： 通过对旅游经济发展模式的不同分类，分析我国旅游经济发展模式选择及其背后的原因，能够借助旅游乘数的概念初步测算旅游乘数效应。

　　思政目标： 理解绿色旅游的国家战略所蕴含的深刻价值与意义，加强对世界旅游经济新趋势的理解和认识。

思维导图

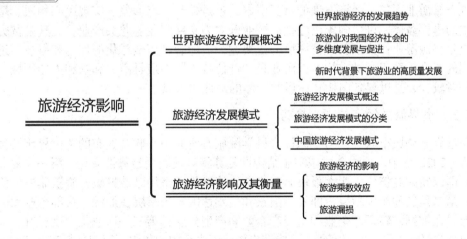

第一节　世界旅游经济发展概述

一、世界旅游经济的发展趋势

（一）世界旅游经济的发展

　　自第二次世界大战以来，旅游业快速发展，成长为全球最大的产业。世界旅游城市联合会（WTCF）与中国社会科学院旅游研究中心（TRC-CASS）共同发布的《世界旅游经济趋势报告（2020）》显示，2019 年全球旅游总人次达 123.1 亿人次，全球旅游总收入达 5.8

万亿美元，相当于全球 GDP 的 6.7%。

从全球范围来看，欧洲和北美是全球旅游经济国际竞争力最强的区域。中国社会科学院旅游研究中心的长期跟踪研究显示，全球旅游经济的 80%集中于旅游总收入排名前 20 的国家，称为 T20（Tourism 20）国家。2019 年，T20 国家分别是美国、中国、德国、日本、英国、意大利、法国、印度、墨西哥、西班牙、澳大利亚、泰国、巴西、加拿大、菲律宾、土耳其、俄罗斯、奥地利、韩国、瑞士。沙特阿拉伯、以色列、卡塔尔、格鲁吉亚、阿塞拜疆、埃及、摩洛哥地处亚欧非三大洲的交界地带，凭借独特的地理区位，旅游经济的国际竞争力也比较强。

经过四十多年的改革开放和经济腾飞，中国作为世界第一大出境旅游客源国和第四大入境旅游接待国，已成为国际旅游合作的重要指向地，尤其是"一带一路"倡议实施后，与多个国家建立了更为紧密的旅游联系，成为世界旅游经济网络的中坚力量。

相对而言，发展中国家由于旅游经济基础比较薄弱，许多旅游景区和酒店等资源被发达国家企业掌控，"旅游飞地"问题比较普遍，旅游收入漏损严重。而欧美发达国家旅游业发展成熟，对国际游客的吸引力更强，是入境旅游高地。同时，发达国家是许多贸易规则的制定者，在旅游经济领域拥有较多的话语权，成为国际旅游贸易最大的获利方，旅游经济溢出也主要指向其内部成员，资源和要素在板块内部共享，旅游经济一体化程度高，形成"富人俱乐部"。

（二）旅游业对世界经济的贡献

2019 年，世界旅游及旅行理事会（World Travel Tourism Council，WTTC）发布的数据显示，旅游业对全球经济的贡献率已达 10%，全球约有 10%的就业岗位是由旅游业提供的。可以说，旅游业不仅是经济发展的重要引擎，也是提升国家形象、实现民心相通、增进社会幸福的重要载体，许多国家已经把旅游业确立为支柱产业、龙头产业，尤其是贫穷的国家，更是将旅游业作为摆脱经济困境的主要途径。随着经济全球化的加速和科技的进步，国家间的竞合关系正在被重构，旅游业是"低位政治"中最具潜力和亲和力的领域，合作壁垒相对较少，是世界各国构建命运共同体的最佳切入点之一。

（三）世界旅游经济的未来趋势

在世界旅游城市联合会与中国社会科学院旅游研究中心联合发布的《世界旅游经济趋势报告（2022）》中，预测全球旅游业结构性复苏将呈现四个趋势性变化：第一是复苏产生变局，即以新兴经济体、亚太板块驱动旅游经济增长的格局已被打破，旅游业更加依赖于城市；第二是复苏产生断层，即发达国家和欠发达国家的断层在加深，头部企业和中小企业的差异在加剧，轻资产企业和重资产企业间产生分层；第三是产业集中度提升，即旅游经济向公共医疗水平高的国家集中，旅游市场向国内和周边集中；第四是复苏伴随技术、认知和可持续发展变革，即科技手段前所未有地全面融入旅游业，旅游数字化发展趋势加速。世界范围内正在产生一批新的 IP，市场在重新认识旅游目的地和旅游吸引物。减碳行动正在对旅游业产生深刻影响，可持续旅游由之前的可选项变为必选项。

同时，世界旅行及旅游理事会最新经济影响报告（enconomic impact report，EIR）显示，旅游业将成为全球经济复苏的驱动力。该报告预计 2022—2032 年，旅游业的 GDP 将以平均每年 5.8%的速度增长，超过全球经济 2.7%的增长率，达到 14.6 万亿美元（占全球经济总量的 11.3%）。报告还显示，未来 10 年，旅游业预计将在全球范围内创造 1.26 亿个新工作岗位。

可以看出，当前全球旅游业发展处于重要的转型期，市场变迁、技术进步、格局重构等各种经济、文化、政治因素交互作用于旅游业，特别是移动互联网、物联网、大数据、云计算等现代信息技术的赋能，开启了旅游业智慧创新之路，正在从深层次影响着旅游业从产品到业态、从服务流程到商业模式的变革与创新。

二、旅游业对我国经济社会的多维度发展与促进

改革开放以来，我国长期以经济建设为主线，在全面建成小康社会的进程中，旅游业发挥了举足轻重的作用。旅游业在社会发展、环境改善等方面也发挥了重要作用。

（一）经济发展的维度

在宏观层面上，旅游产业已成为我国国民经济战略性支柱产业。根据官方统计，2014—2018 年中国旅游综合收入占 GDP 总量均超过 10%。2019 年我国旅游经济仍继续保持高位增长，全年国内旅游人数超过 60 亿人次，实现旅游总收入 6.63 万亿元，旅游业对 GDP 的综合贡献为 10.94 万亿元，占 GDP 总量的 11.05%。旅游直接就业 2825 万人，旅游直接和间接就业 7987 万人，占全国就业总人口的 10.31%。另外，学术界不少学者依据乘数效应、旅游增加值、旅游总收入等统计指标，利用 CGE 模型（computable general equilibrium，可计算一般均衡模型）、TSA（the tourism satellite account，旅游卫星账户）方法测量旅游产业的经济贡献，从总体结论上看其对当地经济发展具有显著的促进效应。

在区域经济发展层面上，旅游产业对区域经济发展的带动和辐射作用十分显著，包括促进省市自治区以及跨区域的经济发展，如京津冀、长三角城市群、粤港澳大湾区等，正逐渐形成较为稳定的区域旅游合作区，有力地促进区域经济发展。

在产业层面上，旅游产业对相关产业的带动作用日益增强。工业旅游、农业旅游发展迅猛，其中，农家乐、乡村旅游、旅游扶贫等作用明显。同时在国家大力实施"旅游+"发展战略的影响下，出现了包括文化旅游、体育旅游、研学旅游、康养旅游等在内的新业态类型，其产业融合及带动作用的效果明显。旅游产业的发展有力促进了旅游目的地的经济发展，并带动了相关产业发展，增加了劳动力就业，提升了当地居民、旅游从业者等旅游利益相关者的收入水平，直接或间接地提高了社会福祉水平。

（二）社会进步的维度

旅游业的快速发展提升了人民的获得感和幸福感。我国 1995 年 5 月 1 日正式开始实行双休日制度，1999 年 10 月 1 日开始实行"黄金周"，从 2008 年开始，国家更是多次调整和完善休假制度的实施办法，让"黄金周"、传统佳节等成为法定假期，使更多的国民能够有时间参与旅游，不断扩大旅游福利的受益群体。2013 年，国务院发布《国民旅游休闲纲要（2013—2020 年）》，明确提出旅游业要能够提供社会福利，并采取多种措施保障低收入和弱势群体（如未成年人、老年人、残疾人等）享受旅游福利，如针对部分群体减免门票。同时，我国持续开放国际旅游市场，截至 2018 年，中国公民出境旅游目的地已达 151 个国家和地区，国民能够到更多的地方旅游，体验异域风情和开阔视野。官方统计，2019 年我国出境旅游市场规模达 1.55 亿人次，出境游客境外消费超过 1338 亿美元。

（三）环境改善的维度

旅游产业发展促进了我国自然生态和人文社会环境的全面改善。"绿水青山就是金山银山"，各级各类自然保护区、森林公园、动植物公园、地质公园和湿地公园等以自然景观为主的旅游目的地日益重视生态环保、降低污染、减少人工设施，实现"景区内游、景区外住"，以最大程度地保护自然环境，更好地践行的生态发展理念，让旅游产业与自然环境更加均衡及协调地发展。

在建设更加美好和谐的人文社会环境方面，原国家旅游局、现文化和旅游部及相关政府部门先后推动了一系列创建、评审活动，给旅游目的地的人居社会环境带来了巨大变化。1998年以来多批次创建300多座优秀旅游城市，2016年两批次创建500个全域旅游示范区，并首批公布127个特色小镇，2017年认定了100个中国乡村旅游创客基地，2021年中国美丽休闲乡村等活动，一方面极大地推动了城镇及乡村的旅游产业发展，促进人文景观得以改善和提升，弘扬了社会优良风尚，有效地保护与发展地方的传统文化习俗；另一方面，进一步带动了旅游目的地社会人居、治安环境不断改善，有助于创造更加宜居、宜业、宜游的生产生活空间。

三、新时代背景下旅游业的高质量发展

党的十八大以来，"以人民为中心"的理念深入人心，改善人民生活、增强人民福祉成为旅游业发展的最高目标，文旅融合战略随之出台，标志着中国旅游发展进入新时代。

在新时代背景下，中国旅游经济发展无疑应更加注重增长的质量，而不再是以往粗放式发展模式下片面追求经济增长的速度。在新时代背景下，旅游既是拉动经济发展的重要动力，也是促进社会和谐的重要领域，是文化建设的重要载体，是文化交流的重要纽带；旅游回归文化是旅游产业发展的高级阶段和高级形态。

十九大报告明确指出：新时代，中国社会的基本矛盾已转化为人民日益增长的美好生活需要和不平衡不充分发展之间的矛盾。因此，在新时代下，旅游产业资源将进一步汇聚、配置到与"满足美好生活需求"相关的各领域，创新力量将涌入、聚焦于"不平衡不充分"瓶颈的改善与消除，旅游已成为新时期人民群众美好生活和精神文化需求的重要内容。在新常态下，长期以来模仿型排浪式的旅游消费阶段已经基本结束，个性化、多样化消费渐成主流，旅游消费重点更将扩展到服务享受和文化体验从而获得增强的"幸福感"。旅游经济将成为驱动增长的有效引擎，旅游业将成为承载消费升级的重要力量。

（一）区域协同发展，优化产业空间布局

在旅游业高质量发展的要求下，要注重区域协同发展，进一步优化产业空间布局。经济高质量发展更要注重环境保护与产业协同，发挥市场调节作用，使企业充分竞争，不断提高效益。围绕国家重大战略，规划与发展旅游产业带（群），辐射带动区域文旅产业发展。大力发展乡村特色旅游文化产业，加强区域间、城乡间旅游业发展的统筹协调。鼓励各地发挥区域文化资源和自然资源优势，建立比较优势，确保旅游资源要素得到合理配置，使区域间旅游业均衡发展，形成优势互补、联动发展的空间格局。生态方面，坚持绿色低碳发展理念，加强文化和旅游资源保护，提高资源利用效率。

（二）坚持创新驱动发展，低碳智能技术促进产业升级

在旅游业高质量发展的要求下，要打破惯性思维和路径依赖，推动旅游业能源转型，实现能源的电气化、清洁化、零碳化。大力推广绿色节能建筑，加快建立智慧出行体系，建立健康和环境友好的旅游餐饮体系，探索基于生物降解、装配式建筑、暖通系统、电动汽车、垂直农业、碳捕获等技术的旅游业解决方案。顺应数字化、网络化、智能化发展趋势，实施文化产业数字化战略，改造提升传统文化业态，推进文化产业园区、总部基地聚集发展。加快发展新型文旅业态，提供更多优秀文艺作品、优秀文化产品和优质旅游产品，如大力促进音乐、舞蹈、动漫、游戏、演艺、影视、纪录片等产业延展，强化价值引领，改善民生福祉。推动旅行社信息化转型发展，培育一批具有国际竞争力、行业影响力的标杆旅行社和一批特色化、品牌化中小旅行社。

（三）引领文旅消费升级，满足人民美好生活需求

在旅游业高质量发展的要求下，要构建促进文化消费的有效制度，尊重群众消费选择权，加强需求侧管理。提高文化和旅游消费便捷程度，完善消费设施，改善消费环境，不断提升文化消费水平，培育文旅消费增长点。推进国家文化和旅游消费示范城市建设，推动试点城市建设成为示范城市、区域文化和旅游消费中心城市。大力发展夜间经济，推进国家级夜间文化和旅游消费集聚区建设。实现文旅消费在各类消费场所的嵌入，建设集合多种业态的消费集聚地，鼓励各地制定促进文旅消费的优惠政策体系。不断优化产品结构，细化产品业态，增强旅游产品的体验性与参与性，例如，对于中西部自然资源禀赋优异、地域文化丰富多彩的区域，宜大力发展温泉康养、气候养生、休闲度假、自驾旅居、乡村旅游、红色旅游等新兴业态，创新深度文旅体验。

（四）加快国际知名旅游目的地建设

在旅游业高质量发展的要求下，未来国际旅游市场发展空间巨大。"十四五"以来，国内旅游产品更加优质丰富，文化旅游持续快速发展，中华文化走出去的广度和深度不断拓展，影响力不断增强。因此，要抓住国际旅游发展机遇，打造具有浓郁民族风情、人与自然和谐共生的国际民俗旅游胜地。聚焦健康、绿色重点方向，发展健康养老、旅游康养、文旅服务等新兴业态，打造一批国际康养旅游胜地，实现生活性服务业高端化发展。此外，依托城市和区域文化禀赋，大幅升级文化和旅游基础设施，打造城市文化和旅游地标集群，推动一系列历史文化街（景）区、商业购物示范商圈等具备影响力的示范项目建设。

第二节 旅游经济发展模式

一、旅游经济发展模式概述

（一）经济增长与经济发展

经济增长是宏观经济范畴讨论和关注的重要问题，狭义的经济增长主要指一个国家或地区国民生产总值的增长，也即在一个较长的时间跨度上，一个国家人均产出（或人均收入）水平的持续增加。经济增长率的高低体现了一个国家或地区在一定时期内经济总量的增长速度，也是衡量一个国家或地区总体经济实力增长速度的标志。

与经济增长不同，经济发展是一个国家或者地区按人口平均的实际福利增长过程，它不仅是财富和经济机体的量的增加和扩张，还意味着其质的方面的变化，即经济结构、社会结构的创新，社会生活质量和投入产出效益的提高。简而言之，经济发展就是在经济增长的基础上，一个国家或地区经济结构和社会结构持续高级化的创新过程或变化过程。

可以看出，经济发展包含经济增长，经济发展意味着随着经济增长、产业结构的不断优化、城市化进程的逐步推进、广大居民生活水平的持续提高、国民收入分配状况的逐步改善而整体社会福利向好发展的过程。

（二）旅游经济增长与经济发展

所谓旅游经济增长，就是指一国或一地区在一定时期内（通常为一年），旅游经济在数量上的增加和规模上的扩大。当前国际通行的衡量旅游经济增长的指标主要是旅游总收入增长率。

旅游经济发展与旅游经济增长是两个既相互联系又不完全相同的概念。旅游经济发展比旅游经济增长的内容更加广泛、内涵更加深刻。旅游经济发展不仅包括旅游经济总量的增长，还包括旅游服务质量提升、旅游经济结构优化、旅游资源有效利用、旅游生态环境改善、旅游经济效益提高和人们生活质量不断改善等，即整个旅游经济质的变化和提升。

(三)旅游经济发展模式的概念

旅游经济发展模式是指国家或地区在某一特定时期内旅游业发展的总体方式。由于社会制度、政治制度、经济发达程度、地理位置、文化背景及旅游资源条件等方面的差异，世界各国和不同的地区形成了多样化的旅游经济发展模式。

一般来说，决定和影响旅游经济发展模式的因素主要包括：社会经济发展水平、社会经济制度、社会经济发展模式、旅游业形成时期和所处的发展阶段等。

二、旅游经济发展模式的分类

(一)按照旅游业与当地经济发展水平的关系

从旅游业的形成、发展及其同经济发展水平关系看，旅游经济发展模式可分为超前型旅游发展模式和滞后型旅游发展模式。

1. 超前型旅游发展模式

超前型旅游发展模式是指旅游经济超越了国民经济总体发展阶段，通过率先发展旅游业来带动国民经济相关行业的发展。超前型发展模式的适应条件如下：旅游的自然和环境条件较好，旅游资源拥有量大且旅游吸引力强。这种模式的适应范围主要如下：经济基础较好的沿海地区、经济欠发达但旅游资源丰厚的国家和地区。

2. 滞后型旅游发展模式

滞后型旅游发展模式是指旅游经济发展滞后于国民经济总体发展的水平，即在国民经济发展达到一个相当高的程度，基础设施已形成较强体系后，自行带动旅游经济的发展。这种模式建立在国民经济发展的基础上，即随着人们收入水平的提高，居民中产生了旅游需求，同时社会也具备了发展旅游经济的条件。这种模式主要产生于经济发达的国家和地区。

(二)按照国内旅游与国际旅游发展次序

1. 延伸型旅游发展模式

这种旅游发展模式又称为常规型发展模式，是指先发展国内旅游，以国内旅游发展为基础向出境旅游、入境旅游延伸的方式。

2. 推进型旅游发展模式

这种旅游发展模式又称为非常规型发展模式，是指先发展入境接待旅游，再发展国内旅游，随着社会经济的发展和人民生活水平的提高，再发展出国旅游，最终形成以国内旅游为主、国内与国际旅游协调发展的方式。

(三)按照旅游业的成长协调机制

1. 资源导向型旅游发展模式

该模式缘起于资源比较优势理论，认为资源的优势与其所获得的市场地位是相对应的。有什么样的资源就开发什么样的旅游产品，是一种以初级生产要素作为竞争基础的开发模式。在我国旅游业发展初期，这种模式确实起到了一定的促进作用，其缺点也是显而易见的，主要表现在忽视市场需求而导致竞争力低下、粗放型的初级开发造成资源的浪费和破坏等方面。

2. 市场导向型旅游发展模式

相比资源导向型旅游发展模式，以市场需求为导向的旅游发展方式是一个巨大的进步。该模式认为，旅游开发是一个运用各项吸引力要素创造旅游产品的过程，强调充分发掘资源的市场价值，旅游市场的营销成为提升产品价值的重点过程。但在该模式下，旅游经济效益成为主要的评价标准，缺乏发展的可持续性以及和周边生态环境和社会环境寻求共赢的和谐性。

3. 政府导向型旅游发展模式

政府导向型旅游发展模式是指旅游业的发展主要依靠政府各个时期的旅游产业发展规划或旅游产业政策来实现。可以看出，政府导向型旅游发展模式就是充分而合理地发挥政府的宏观调控能力，积极引导、规范各旅游市场主体的行为，以实现旅游资源的配置达到或接近最优状态。

政府导向型发展模式一般在两种情况下发生：一是具有传统干预和控制经济的国家或地区；二是需要在短时期内推进旅游经济快速发展的国家或地区。从某种意义上来说，没有政府在发展思路上的进步，就没有旅游业的进步；没有政府的大力推动，就没有旅游业的迅速发展。但是，该模式的缺点也是显而易见的，对旅游市场的变化不够灵敏，投入产出的核算界限模糊，政府的一项决策所带来的损失往往需要相当长的时间才能恢复。

三、中国旅游经济发展模式

中国旅游发展模式问题，既是中国旅游发展的理论问题，也是实践问题。因此，对中国旅游发展模式的探讨，不仅要从中国旅游业的一般性质以及对中国经济发展的作用角度去研究，还要从中国旅游发展的战略与策略角度去分析。

（一）超前型发展模式

1978 年，我国确立了改革开放的基本国策，逐渐打开国门，向全世界开放。实行对外开放政策之初，必须寻找一个开放的"切入点"，而这个"切入点"就是旅游业。

旅游业是一个具有特殊优势的外向型国际生产业，它的运行依赖于世界范围的客源不断地注入，通过旅游业的发展，可以广泛地吸引世界各国的旅游者，向他们提供产品和服务。大量来自世界各国的游客通过旅游这个对外窗口，了解我国对外开放的方针、政策以及投资的各种有利环境，有利于我国对外开放政策的落实。而且，旅游业具有很强的综合性、关联性和带动性特点。由于旅游业的产业边界模糊、产业链较长，因此产业体系的形成涉及众多的相关产业。对旅游业高强度的资金投入和发展推进，可以在很宽范围内带动国民经济的全面和连锁发展。

同时，在改革开放之初超前发展旅游业，也能够充分利用旅游业所具有的较强的创汇能力促进国民经济的发展。在改革开放之初，要想从国外引进技术与设备，就必须建立一大批创汇能力大、见效快的产业，以满足技术与设备引进外汇资金的需要。与其他产业相比较，旅游产业在获取外汇方面具有得天独厚的产业优势。大力发展旅游产业，在一个较短的时期内可以得到一定数量的外汇流入，对于急需外汇而又缺乏强有力创汇产业的国家，不失为一种行之有效的举措。

因此，可以看出，我国旅游业是伴随着我国对外开放政策的实施而发展起来的一个新兴产业，从产业运行环境来看，是建立在较弱的经济基础之上的。要使旅游业在短期内形成较强的产业体系，在改革开放之初，采取"适度超前的总体发展战略"是十分必要的。从多年的发展实践来看，该战略得到了有效验证，中国旅游业总体上保持了比世界旅游业和中国国民经济更快的增长速度，并正在成为中国国民经济的战略性支柱产业。

（二）推进型发展模式

随着改革开放带来的生产力快速发展、国民收入快速提高，在社会条件、经济条件和消费条件共同影响下，我国旅游产业的发展模式逐渐转变为推进型发展，主要表现在以下几个方面。

（1）旅游发展以基础与资源条件较好的城市为中心，由旅游城市向其他地区推进，逐渐形成全国范围内完整的旅游体系。因此，旅游城市便构成中国旅游发展的基本框架。不论是资源的开发、设施的建设，还是线路的设置、区域的划分，都是以旅游城市为依托的。

（2）旅游资源的开发是以现存的自然与人文景观为基础，由观光型旅游资源为主向混合型旅游资源推进。

（3）在旅游的组织方式方面，是以全程旅游路线为主体，由路线型产品向板块型产品推进，逐步形成以路线型产品为基础，主题型产品与特种型产品为主体的旅游产品体系。

（4）旅游设施的建设以高等级为主体，由高档设施向中、低档设施推进，最终形成以中档旅游设施为主体，高、中、低相结合的旅游设施体系。

（三）政府推动下的市场优先发展模式

改革开放四十多年来，我国政府在旅游市场的培育和促进产业快速发展方面发挥了至关重要的作用。一方面，政府顺应旅游市场增长的大趋势，积极调动各种资源和力量有效满足相应的市场需求；另一方面，政府预见到旅游需求增长的必然趋势，主动布局以激活潜在的旅游市场。对于这一模式，旅游领域多数研究者将其归结为"政府主导市场化"。比如，魏小安、匡林等提出在以市场为基础配置资源的前提下，全面实行政府主导型的旅游发展战略，以进一步加大旅游发展的力度，加快旅游发展的速度，使旅游业为国民经济增长做出更大的贡献；厉新建等（2019）总结出"市场化的政府主导"是改革开放四十多年中国旅游业发展的一个重要特征。

相对于"政府主导市场化"，曾博伟、吕宁等（2020）提出在我国四十多年旅游业发展的历程中，政府更多的不是去"主导"旅游业发展方向，而是伴随国内外经济形势和市场环境的变化顺势而为地"推动"产业向前进步，其立足点主要为扩大旅游市场、提升旅游供给和促进旅游消费。因此，提出将具有中国特色的旅游业发展模式总体表述为"政府推动下的市场优先发展模式"。

在此模式中，在尊重市场规律的基础上，政府把市场放在优先而突出的位置，侧重于推动市场规模的扩大。政府根据各个阶段中国旅游发展特点的变化，按照以市场为基础配置资源的基本原则，充分合理地发挥各级政府部门尤其是旅游行政管理部门的宏观调控职能，包括制定科学合理的产业政策、符合市场要求的法规标准等措施，依法规范、积极引导各类旅游主体的行为，从而使旅游资源达到最优配置的状态，为中国旅游业发展营造了良好的市场环境，促使旅游业在政府推动下实现了适度超前发展，并且在不同时期、不同阶段、不同细分领域实现了转变。

近年来，在政府的有力推动下，我国的旅游经济正逐步向高质量发展阶段转型。在产业融合方面，从发展初级阶段仅限于旅游业本身转变为重视"旅游+"，强调和其他产业融合发展。在产业功能方面，从单纯追求经济、外交功能转变为重视强化旅游业在促进国民经济增长、树立国民文化自信、保障社会民生、推动生态环保、加强与各国外交友好等方面的多重功能。一些落实到具体的举措，如"旅游扶贫""红色旅游""绿色旅游""低碳旅游"等项目在全国各地开展。在开发范围方面，从局部"景点旅游"向"全域旅游、优质旅游"模式转变，推动中国旅游业在新时代以满足民众安全感、获得感和幸福感为己任，朝品质化方向发展。

第三节　旅游经济影响及其衡量

一、旅游经济的影响

如今，旅游活动的发展不仅成为世界经济体系中一个重要的组成部分，而且对区域社会、文化、环境等方面都带来很大的影响，围绕旅游活动形成一股强大的经济力量，正影响着目的地与客源地的经济。

（一）旅游对目的地经济的影响

旅游对目的地经济的影响主要表现在扩大有效需求、增加外汇收入、平衡国际收支、回笼货币、增加就业、带动相关产业发展、扩大目的地经济的开放性等方面。尤其是旅游经济在增加国民收入和就业方面的乘数效应，对目的地的国民经济影响深远。来自目的地外部的旅游流对于目的地经济实际上是一种"贸易出口"；产生于目的地内部的旅游流对于活跃目的地经济、实现目的地内部国民收入的二次分配和产业结构的优化调整，都具有重大意义。

1. 增加经济收入

在旅游者的停留期间，旅游目的地的旅游企业和部门向游客提供交通、住宿、餐饮、游览、娱乐、商品等方面的物质产品和服务产品，以满足其物质和精神需要。旅游企业和部门在提供这些产品的同时得到了销售收入。这些收入中将有一部分长期留在旅游目的地的经济体系里，并会在旅游目的地的相关行业之间引发一连串的交易和生产活动，从而进一步增加旅游目的地的产出，形成更多的经济收入。世界旅游及旅行理事会公布的世界旅游收入与总产出的增值关系的资料表明，全世界旅游乘数效应约为2.5倍。

2. 增加外汇收入

旅游业是一个开放的国际性产业，通过旅游经济的发展，不仅能够吸引国际闲置资金的投入，参与国际市场竞争，改善对外经济关系，而且能够吸引国外大量旅游者入境旅游，增加非贸易外汇收入。根据世界旅游组织经济报告的分析，对于世界上83%的国家来说，旅游业是五大创汇部门之一，至少占其外汇来源的38%。目前，西班牙、瑞士、奥地利、泰国等都将旅游创汇作为外汇收入的主要来源。

3. 增加就业机会

旅游业不仅是一个综合性服务行业，还是一个典型的劳动密集型产业，在解决就业问题上比其他行业具有更大的优越性。第一，在旅游过程中，满足旅游者多种需求以及提供富有人情味的直接服务需要较多的员工，与现代化高新技术企业相比，旅游业提供的劳动就业机会更多；第二，旅游业的工作岗位层次多，既可以为具有丰富专业知识和技术专长的高层次人才提供就业机会，也可以为不具备技术专长的低层次人员提供就业岗位；第三，旅游业发展带动了相关产业的发展，也间接为相关产业提供了大量的就业机会。

4. 加快货币回笼

积极发展国内旅游业，不仅能够满足国内广大人民群众对旅游的需求，而且能够大量回笼货币，促进市场的稳定和繁荣，特别是随着收入的增加、生活水平的提高，必然促使人们的消费结构改善，从而有更多的可支配收入用于旅游活动。因此，大力发展旅游经济，激发人们的旅游动机，促进各种旅游活动的进行，就能扩大旅游消费，加速货币回笼；同时还能减少人们持币待购而造成的市场压力和风险，促进市场稳定和繁荣。

5. 增加政府税收

发展旅游业可以起到增加目的地政府税收的作用。目的地政府的旅游税收主要来自两方面：一是从国际旅游者获取的税收，包括入境签证费、出入境时交付的商品海关税、机场税和执照税等；二是来自旅游业的各有关营业部门，包括各旅游企业的营业税和所得税等。此外，由于旅游业涉及的产业广，许多其他有关产业部门的生产和经营因旅游业的发展和带动而扩大业务量时，政府可以从这些部门得到更多的税收。

6. 带动相关产业发展

旅游业是关联性很强的产业，在满足旅游者旅游需求的过程中，能够带动相关的交通运输、商业服务、邮电、金融、地产、外贸等服务业的迅速发展。与旅游行业相关的行业生产规模的扩大必然会要求为其供应原材料、设备和服务的其他行业提供更多的供给，进而推动相关行业生产规模的扩大。

7. 促进贫困区脱贫

贫困问题是全人类面临的巨大难题，世界许多国家都在寻找脱贫的对策和措施。实际上，贫困地区多是少数民族地区和经济欠发达地区，同时又是旅游资源相对丰富的地区。通过开发贫困地区旅游资源，大力发展旅游业，开发特色鲜明、品位较高的旅游产品，不仅有利于充分发挥贫困地区旅游资源富集的特点，而且能够通过旅游资源开发及旅游业发展，带动贫困地区人民群众脱贫致富，加快贫困地区的综合开发和社会经济的发展。

值得注意的是，旅游经济在给目的地国民经济带来积极影响的同时，也会产生诸如通货膨胀、物价上涨、增加对外部经济的依赖性、造成目的地经济的波动等消极影响。

（二）旅游对客源地经济的影响

长期以来，人们一直比较重视旅游发展对目的地经济的影响的关注，而相对忽略了对客源地经济影响的探讨。虽然旅游经济对客源地而言是一种"贸易进口"，会导致国民收入的外流，影响收支平衡，造成客源地内需和就业机会一定程度的外流。但实际上，仅从经济方面而言，旅游经济对客源地的国民经济也会产生深刻的积极影响，主要表现在以下几个方面。

（1）通过旅游活动促使客源地居民放松了身心、提高了素质，显然有助于改善客源地经济运行的人力资本要素质量，从而有助于改善客源地经济运行的质量。

（2）随着旅游者的出游，自然会伴随消费的流动，如果在本地区旅游，则对本地区经济具有一般意义上的回笼货币、增加就业、带动相关产业发展等作用。例如，客源地的旅游消费催生的旅游服务业，通过专业化的服务和市场竞争，能够便利本地居民的旅游消费，降低旅游产品价格、提高服务水平，最终能够导致客源地整体福利水平的提升。

（3）能够促进客源地社会分工的发育。客源地居民的旅游消费需求会刺激本地旅游服务业及相关产业的发展，形成投资乘数效应，推动当地产业结构的调整，催生新的业态。

（4）能够促进本地资本和管理技术的对外扩张能力。大量事实说明，客源地在旅游发展的初期，由于旅游者对外部需求的形成，会产生地区内的经济收入流向旅游目的地的现象，出现地区财富和收入的转移。当旅游发展进入成熟阶段后，旅游客源地不仅会形成国民收入向旅游目的地的转移，同时也会形成资本与技术向旅游目的地流动。特别是跨地区、跨国界旅游企业的形成，以旅游为联系的经济将会为旅游客源地国民经济的发展创造外部市场，这在一定程度上为旅游客源地的旅游经济创造了发展空间和机会。随着本地客流的对外辐射，客源地旅游服务企业本身的客源优势和丰富的对本地客源的市场知识，将会使本地企业的所有权特定优势彰显出来，吸引本地的资金和技术等要素追随本地客流向外扩张，从而扩大本地企业的市场空间，提高本地经济对外部资源的利用和动员能力，产生巨大的利益。实践也表明，正是由于上述这些原因，世界上大型旅游集团往往形成于客源地，而不是目的地。

二、旅游乘数效应

旅游的巨大经济影响引起了人们的广泛重视，如何评估旅游经济的影响，成为旅游经济研究的关键问题之一。目前，对旅游经济影响的衡量主要运用旅游乘数效应和旅游漏损。

（一）乘数的概念

乘数概念起源于19世纪80年代，当时的一些经济学家已经注意到某个行业的发展变化可能导致其他相关行业的发展和变化，进而造成整个经济活动中出现一种"倍增"效应。1931年，英国经济学家卡恩（R. F. Kahn）首次提出了乘数理论，此后，包括凯恩斯（Keynes）在内的许多经济学家进一步完善了这一理论。可以说，乘数反映了现代经济的特点，即由于国民经济各部门的相互联系，任何部门最终需求的变动都会自发地引起整个经济中产出、收入、就业等水平的变动，后者的变化量与引起这种变动的最终需求变化量之比即乘数。

（二）旅游乘数的概念

根据英国著名旅游经济学家阿彻尔（B. H. Archer）的观点，旅游乘数是指旅游花费在经济系统中（国家或地区）导致的直接、间接和诱导性变化与最初的直接变化本身的比率。

旅游乘数不同于一般意义上的乘数，它涉及旅游产业及其产品的综合性、无形性、不可贮存性、不可转移性等特点。旅游者在旅游目的地的第一轮旅游消费支出成为目的地旅游企业的收入。旅游企业将收入中的一部分作为工资、房租、利息和利润支付给当地居民，将另一部分用于向当地企业购买商品和服务以保证继续营业，这些收入将留在目的地经济中继续运转。同时，当地居民获取收入和报酬后将继续采购其他部门的产品和服务，其消费支出形成了其他部门的经济收入。随着旅游目的地企业和居民收入的增加，其消费支出亦将增加，从而使当地其他经济部门获得收入，这样循环往复地继续发展下去。最终旅游者在旅游目的地最初的旅游消费支出将为该地区带来数倍于最初的旅游消费支出。

（三）旅游乘数发挥的效应

对于旅游目的地国家或地区来说，旅游消费作为无形出口贸易的收入，使外来资金注入目的地的经济系统，这种注入资金在部分流失到本国或地区经济系统之外的同时，余额部分则在本国或地区经济系统内渐次渗透，依次发挥直接效应、间接效应和诱发效应，刺激本国家或地区经济活动的扩张和整体经济水平的提高。

1. 直接效应

旅游消费首先进入为旅游者提供服务和产品的直接旅游企业。在直接效应阶段，旅游收入最初注入的一些部门和企业，如旅行社、住宿业、餐饮业、交通部门、景区景点等都会在旅游收入初次分配中获益。这些收入又被获得收入的企业再花费掉。一部分收入由于企业的进口而直接流出当地的经济循环。这里的进口是指旅游者所需要的产品和服务不是当地提供的或是由当地经济范围以外的个人和企业来提供的。剩余的收入将用来购买当地的产品和服务，支付劳动报酬和企业管理费用、政府税收、许可证费用和其他相关费用，这些影响被称为直接效应。

2. 间接效应

在间接效应阶段，直接受益的各旅游部门和企业在再生产过程中要向有关部门和企业购进原材料、物料、设备，各级政府把旅游中缴纳的税金投资于其他企事业、福利事业等，使这些部门在不断的经济运转中获得了效益，即间接地从旅游收入中获利。大量实证研究结果表明，旅游消费的间接效应常常超过它的直接效应。

3. 诱发效应

在诱发效应阶段，直接或间接为旅游者提供服务的旅游部门或其他企事业单位的职工把获得的工资、奖金用于购置生活消费品或用于服务性消费的支出，促进了相关部门和企事业的发展。此外，那些从旅游收入的分配与再分配运转中受到间接影响的部门或企事业单位在再生产过程中又不断购置生产资料，推动了其他相关部门生产的发展。如此，旅游收入通过多次的分配与再分配，对国民经济各部门产生着连锁的经济作用。

（四）旅游乘数的类型

1. 旅游营业收入乘数

旅游营业收入乘数用以测定单位旅游消费对目的地经济活动的影响。这一乘数表示的是单位旅游消费额同由其所带来的目的地全部有关企业营业收入增长量之间的比例关系。

2. 旅游产出乘数

旅游产出乘数同旅游营业收入乘数非常类似，但测定的是单位旅游消费同由其所带来的目的地全部旅游相关企业经济产出水平增长程度之间的比例关系。这两种乘数的不同点在于，旅游营业收入乘数所测定的只是单位旅游消费对目的地经济的直接效应和继发效应（即间接效应与继发效应之和）所导致的全部有关企业营业收入总额的增长量，而旅游产出乘数既考虑这些企业营业总额的增长情况，同时也考虑它们有关库存情况的实际变化，用来衡量经济活动中因旅游消费的增加所产生的额外产出的数量。不是所有的销售量都来源于当前的生产，一些销售量来源于库存产品，同时有些产品由于过时而无法销售，从而增加了库存，因而产出乘数值将会高于或低于相应的交易乘数值。

3. 旅游收入乘数

该乘数是指旅游企业增加的收入与由此直接引起其他相关企业收入效应所产生的总量增加之间的比率关系。该乘数显示了一个目的地旅游业发展对整个地区经济增长的影响。根据世界旅游组织的测算，直接参与旅游收入分配的是行、游、住、食、购、娱六个部门，是第一批得到的旅游收入，属于旅游收入的直接影响。而金融、建筑、纺织、通信、医疗、食品、农业等五十多个部门是由于旅游部门的营业消费而导致的收入增加，为旅游收入的间接影响。与旅游直接和间接相关的部门和从业人员的消费，导致了更多部门和企业的收入增加，属于旅游收入的诱发影响。它表示的是单位旅游消费同其所带来的目的地净收入变化量之间的比例关系。

4. 就业乘数

该乘数表明目的地通过一定量的旅游收入，对当地经济系统的连锁反应所导致的最终就业机会的影响，也即一定时期旅游从业人员的增加量与同期旅游收入增量之比。

（五）旅游乘数效应的影响因素

旅游乘数效应的大小往往取决于目的地国家和地区四方面经济特性的影响：一是经济规模与经济结构；二是为了满足外来旅游者的消费需求而进口商品和服务的程度；三是居民消费外来商品和服务的程度；四是居民储蓄的倾向。

总的来说，一个国家和地区的经济规模越大，经济结构越健全合理，乘数效应值越高。出现这种关联性的原因是经济规模较大趋向于有较为健全的经济结构，这意味着它具有较强的产业关联性和较低的进口倾向，国家和地区本身就可以满足旅游者和旅游业的发展需要。目的地国家和地区进口商品和服务的倾向越高，旅游收入漏出去的比率就越高，乘数效应就越小。

（六）旅游乘数效应的测量

一般地，可以将旅游消费导致的收入总值（直接的、间接的、诱导的收入之和）与直接收入的比率计为旅游收入乘数，计算公式为

$$M_1 =(P+S)/P$$

式中：M_1——旅游收入乘数；

　　　P——旅游消费导致的直接收入（原生收入）；

　　　S——旅游消费导致的次生收入（间接收入+诱发收入）。

（七）乘数效应分析的缺点和局限

在实际应用过程中，由于每一种经济模型都有一系列的假设，而这些假设的现实性对于模型至关重要。在旅游乘数模型中有许多非现实的假设，也造成了计算提供的是非现实的结果。同时，还包括数据可获得性等问题。旅游作为一个生产综合性产品的行业，将直接影响经济体系中的许多部门，为了把这些旅游消费合理分解到各个部门，如住宿、餐饮、交通和购物，对旅游者消费进行数据搜集是十分重要的，但在现实中存在一手数据难以准确收集，二手数据无法满足复杂测量方法的困境。而且还存在一些容易被忽略的负面影响，比如，如果一个国家有技术的劳动力短缺，必然会从其他国家输入劳动力，这将会导致额外的经济漏损，因为输入劳动力的收入将会部分地返还到劳动力输出国。

三、旅游漏损

（一）旅游漏损的概念

旅游漏损是指旅游目的地国家、地区或旅游企业，由于需要购买进口商品、劳务或贷款等原因而导致的外汇收入的减少。旅游收入的漏损主要表现为旅游外汇的流失。因为对于任何一个国家或地区来说，在经营国际旅游时，旅游外汇的收入和支出是同步发生的。旅游目的地国家或地区的旅游部门和企业为了发展旅游业，会将从外国旅游者那里收入的外汇用于购买进口商品和物质设施、对外贷款支付利息、在国外进行旅游宣传、引进国外管理技术和劳务等所导致的外汇收入的支出，使这部分外汇收入流失到国外，脱离了旅游目的地国家或地区的经济运行过程，从而使目的地国家和地区的旅游外汇减少和流失，因而不能对旅游目的地国家或地区的经济发展产生乘数效应。

（二）旅游漏损的表现形式

1. 直接外汇流失

直接外汇流失是指直接向旅游者提供产品和服务的企业因向国外购买进口物质设备，支付外籍管理人员工资、福利，偿还贷款本息及利润等支付所造成的外汇流失。

2. 间接外汇流失

间接外汇流失是指间接为旅游经营活动提供各种需要的企业因购买进口物质设备而造成的外汇流失。此外，旅游企事业单位的职工或服务于旅游业的相关企事业单位职工用工

资收入和资金购买进口消费品所引起的外汇流失，也应在计算乘数效应中考虑。如果这部分外汇流失用 C 表示，则：

$$K=1/(1-MPC+MPI+C)=1/(MPS+MPI+C)$$

式中：K——投资乘数；

　　　MPC——边际消费倾向；

　　　MPS——边际储蓄倾向；

　　　MPI——边际投资倾向；

　　　C——本国职工购买进口消费品的支出占旅游外汇总收入的比例。

3．其他流失

旅游外汇漏损除了以上直接与间接流失，还有以下情况的流失：第一，为了开拓国际旅游市场，争取更多的国家游客，需要用外汇支付海外旅游市场的旅游宣传促销费用和常驻海外旅游机构人员的活动经费和工资；第二，本国居民出境旅游也会使一定数量的外汇流向国外；第三，由于外汇管理不力，会使黑市交易猖獗，造成国家外汇的流失。此外，旅游企业间的削价竞争也会导致旅游外汇收入的隐性流失。

（三）减少旅游漏损的措施

旅游外汇收入漏损的程度可以反映一个国家的经济实力和科技水平。为了减少旅游外汇收入的漏损，需要从以下方面入手。

（1）积极发展本国经济，不断提高本国产品的质量，提高本国产品的品质和科技含量，或者通过技术引进增加本国生产，减少直接进口。

（2）加强国际收支的监管，制定和完善经济法规和外汇管理制度、方法，对违法经营、扰乱金融秩序和市场环境的行为给予严厉的法律和经济制裁，以建立良好的市场秩序，控制外汇流失。

（3）积极培养旅游管理专门人才，学习现代管理方法，加强本土现代化旅游管理人才的培育，逐步减少对外方管理人员的引进，减少外国管理集团和人员的数量，从而减少相应的外汇支出。

（4）加强旅游外汇收支的宏观控制，完善税务体制，形成公平竞争环境，避免削价竞争。

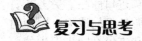

绿色旅游的国家战略

思政解读 ●━━━━━━━━━━━━━━━━━━━━━━━━━━━━━━━━━━━━━━━●

（1）习近平总书记在中国共产党第二十次全国代表大会上的报告中明确指出："推动

绿色发展，促进人与自然和谐共生"，"我们要推进美丽中国建设，坚持山水林田湖草沙一体化保护和系统治理，统筹产业结构调整、污染治理、生态保护、应对气候变化，协同推进降碳、减污、扩绿、增长，推进生态优先、节约集约、绿色低碳发展。"

（2）《"十四五"旅游业发展规划》中明确提出："坚持生态优先、科学利用。尊重自然、顺应自然、保护自然，牢牢守住生态底线，增强生态文明意识，合理利用自然资源，加快推动绿色低碳发展。"

案例分析与讨论

1. 结合上述材料，以小组为单位，查找广东省（或其他省份）的"'十四五'旅游发展规划"，其中涉及绿色旅游发展的战略，形成一份不少于 3000 字的研究报告。

2. 结合上述材料，并自行查找其他材料，以小组为单位，做一份有关大学生对绿色旅游认知的调查问卷，分析问卷结果，并分享给大家。

 **思政阅读材料**

世界旅游经济的十个新趋势

第九章　住宿业经济分析

学习导引

　　住宿业作为旅游业的三大支柱之一，为旅游业及国民经济的发展做出了重要贡献。本章从住宿业的概念和类型出发，介绍了世界住宿业的发展历程和趋势与我国住宿业的发展历程，在阐明住宿业经济特征的基础上，分析了住宿业的运营与管理模式、成本控制、经营业绩评价、收益管理和利润管理等方面的理论与方法。

学习目标

　　知识目标：理解住宿业的概念和分类，了解住宿业的经济特征与发展趋势。
　　能力目标：能结合相关内容对住宿业的不同管理模式进行简要分析，掌握住宿业成本控制、经营业绩评价和利润管理的主要方法。
　　思政目标：增强对民宿在以中国梦为代表的美好生活场景中与旅游消费相融合的重要价值的理解，对双循环格局下住宿业高质量发展的未来趋势有更深入的认识。

思维导图

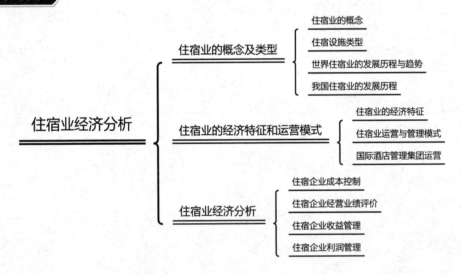

第一节　住宿业的概念及类型

一、住宿业的概念

　　住宿业是指为暂时离家外出的客人提供休息的设施和服务并收取一定费用的行业，很多住宿企业还提供餐饮、娱乐、游览、交通等与旅游相关的综合产品和服务。虽然极少有游客纯粹是为了住宿而来到旅游目的地，但住宿业却是人们在旅行游览活动中必不可少的"驿站"。旅游者无论是在旅行过程中还是在目的地停留期间，都需要有安全、方便、清洁的场所来满足生理需求并恢复体力，如果没有住宿业，旅游者将无法实现旅游的目的。

住宿业是旅游经济中规模最大、范围最广的行业或部门，是旅游业的重要组成部分，被誉为与旅行景区、旅游交通业并列的旅游业三大支柱之一，对推动一个国家和地区社会经济的发展起重要作用，可以为旅游目的地吸引大量投资并创造良好的就业机会，同时还为创造其他旅游销售机会起着重要的催化剂作用。

二、住宿设施类型

一般地，住宿企业为满足不同的消费需求进行相应的要素结合而形成了不同的营业形态。以企业的目标客源市场需求特点为基础，再根据经营档次、服务功能可以将住宿业分为不同的业态。

（一）我国住宿业的最新分类

在我国，目前住宿业被列入《生活性服务业统计分类（2019）》中的 09 大类，也即住宿业的代码大类为 09 住宿餐饮服务，住宿业的代码中类为 091 住宿服务，下设 4 个代码小类。

（1）0911 旅游饭店。指按照国家有关规定评定的旅游饭店和具有同等质量、水平的饭店活动。

（2）0912 一般旅馆。指不具备评定旅游饭店和同等水平饭店条件的一般旅馆的活动。

（3）0913 民宿服务。指城乡居民及社会机构利用闲置房屋开展的住宿活动和短期出租公寓服务。

（4）0914 其他住宿服务。指夏（冬）令营及其他露营地服务、学生公寓住宿服务、车船住宿服务、分时度假住宿服务、分时住宿服务、其他未列明住宿服务。

在 2018 年年末我国第四次全国经济普查中，我国全部住宿业法人单位 12.6 万个，从业人员 274.0 万人，资产总计 19 109.0 亿元，营业收入 5428.3 亿元。其中，旅游饭店法人单位 3.4 万个，从业人员 162.9 万人，资产总计 13 832.1 亿元，占总体比例 72.4%，营业收入 3481.9 亿元，占总体比例 64.1%；一般旅馆法人单位 7.7 万个，从业人员 95.6 万人，资产总计 4322.4 亿元，营业收入 1698.9 亿元；民宿服务法人单位 0.5 万个，从业人员 2.6 万人，资产总计 224.9 亿元，营业收入 38.7 亿元；露营地服务法人单位 0.01 万个，从业人员 0.1 万人，资产总计 12.6 亿元，营业收入 1.3 亿元；其他住宿服务法人单位 1.0 万个，从业人员 12.8 万人，资产总计 716.9 亿元，营业收入 207.6 亿元。可以看出，旅游饭店仍然是我国住宿业的主要构成部分，民宿、露营地在未来均有较大的增长和发展空间。

（二）饭店业的一般分类

饭店是以建筑物和设备设施为凭借，为客人提供住宿、餐饮、娱乐、购物、休闲、健身、社交、经商、办公、会议、展览等各类服务的综合性商业基地，包括酒店、宾馆、大厦、中心、旅馆、旅店、旅社、度假村等。饭店是住宿业中最重要的部门，通常占住宿业 50%~70% 的比例，也是全球旅游业中提供就业和获得收入最多的部门，在旅游业中有着举足轻重的地位。

从不同的角度，可以将饭店进一步分为不同的类型。比如，按照目标客源一般可以将饭店分为政务饭店、商务饭店、度假饭店、会展饭店、旅游饭店、主题饭店、精品饭店、交通饭店、长住饭店、家庭饭店等；按照经营的档次，可以将饭店分为超经济型饭店、经济型饭店、中档型饭店、豪华型饭店和超豪华型饭店。因此，对于一个以住宿服务为主营业务的住宿企业的业态归属从理论上可以组合为 50 种业态，如豪华型商务饭店、中档型度假饭店等。

（三）住宿业的其他业态

1. 民宿

民宿也可以称为家庭旅馆，其经营特点是在小型或家庭环境中提供住宿加早餐的服务。家庭旅馆接待的客人具有季节性、零散性、随时性和灵活性的特点，又无须支付很高的固定成本和人工费用。在欧洲，这些小型民宿或者家庭旅馆通常都是国家或区域市场营销系统的成员。

2. 农场客房

由于乡村旅游一直在旅游发展中占有非常重要的位置，农场客房在不断增长的农业旅游中也占有非常重要的位置。在爱尔兰和新西兰等许多国家，农场客房不但成为旅游业的主体，也是东欧和亚洲国家旅游开发建设的重要内容。农场客房的经营模式大体上与床加早餐旅馆相似，可以为游客提供务农环境，游客在逗留期间可以参加各种日常的农业劳动。

3. 餐饮自理的公寓、别墅

餐饮自理住宿设施是住宿业中重要且形式多样的组成部分。从本质上讲，这类设施的共同点是将住宿和娱乐融为一体，并且便于客人自制餐饮。在地中海的许多旅游目的地，公寓是住宿设施的主要形式，包括由普通住宅改造而成的私人小别墅和乡村住所，专门修建的别墅区作为独特的品牌加以开发和销售。

餐饮自理住宿设施可以由代理商出租或直接向业主租用，成为包价度假旅游的一部分。有些国家的居民拥有乡村别墅或海滨别墅是非常普遍的现象，并不仅限于富人才有。这些度假别墅并不是特地建设的，可以在普通住宅市场上购买。将当地民居的公寓作为餐饮自理的度假住宿设施是非常普遍的现象，可以通过住房交换系统互换住房，比如，一个在瑞典和一个在加拿大条件相似的家庭可以互换住房一个月；互换还可以包括使用对方家庭的车辆，以及对宠物和住宿设施负责管理。

4. 分时度假

分时度假是一种具有时间产权、食宿自理、服务有限的度假住宿设施。分时度假为其购买者提供了在全世界度假地购买和使用分时度假的附加利益，是度假使用外加个人投资的住宿设施。大多数分时度假还提供一系列辅助性的服务和设施，包括租赁、清洁、饮食、体育和休闲服务，所以在国内外分时度假与度假酒店一样非常普及。

5. 青年住宿设施

青年旅行是旅游市场中发展迅速的重要组成部分。各国在满足青年旅游需求的程度和专门设施的设计方面有很大不同。年轻人通常倾向于选择最低价位的住宿设施——床加早餐旅馆和青年招待所，这些设施通常由青年招待所协会（youth hotels association，YHA）等类似机构和野营露营地来经营。目前，一些青年招待所已经从提供简单的住宿条件转向提供更舒适、更专业和更广泛的服务和设施。在某些情况下，青年住宿设施与同等价格的酒店区别很小。这些趋势反映了随着很多国家的年轻人逐渐富裕起来，青年旅游市场的需求、青年人的期望值和旅游体验也在不断变化。

6. 房车和露营地住宿设施

在许多欧美国家，旅游业中一个重要的住宿供应者就是为野营旅游者和房车旅游者提供露营地。这些露营地可能只有基本的场地和有限的设施，如有热水的公共卫生间，也可能是综合性的度假地，提供很多便利的设施以及休闲娱乐、餐饮和零售服务。还有一些露营地长期提供营地帐篷和房车，旅游者可以在这里停留1～2个星期。一些专门的野营公司如欧洲野营（Eurocamp），为北欧游客设计了地中海野营包价度假线路。永久性的房车露营地还提供车辆短期出租，或让自备车辆的旅游者在度假季节定期使用露营地的住宿设施。

7. 医疗保健住宿设施

医疗保健住宿设施主要集中在医院和疗养院，以私营机构为主。它们与旅游住宿业的关系非常密切。一些专业性的医疗单位提供高质量的住宿服务，如高级儿童医院、老人保健院等。有些国家的医疗护理中心和其他提供给老年人的常住设施都与旅游业有关系，该市场已经逐渐引起了一些酒店集团的关注，如雅高集团和万豪集团在德国为老年人开发了高档酒店和护理中心相结合的长期居住设施，即在住宿设施中既提供医疗服务又提供休闲服务。在东欧国家，如罗马尼亚的温泉疗养胜地，提供从最简单到最高档的医疗设备和酒店住宿相结合的组合产品。

8. 游轮与邮轮

在巨型喷气式飞机出现之前，长途定期游轮是当时需要跨大西洋旅行或是洲际旅行的游客采取的主要交通方式。这些游轮为所有乘客提供了豪华和普通的海上酒店式住宿服务，被称为移动的酒店。专门为旅游而建造的巨型邮轮将主要的功能从以船上服务为主转为在旅途中为游客提供一个与将要访问的目的地同等重要的环境。从住宿业的角度来看，邮轮提供了与目的地酒店同样舒适的环境、齐全的设备、完善的服务，甚至还采用酒店服务的专业术语和文化。

三、世界住宿业的发展历程与趋势

（一）世界住宿业的发展历程

住宿业作为旅游接待业的重要组成部分，产生于五千年前的原始贸易时期，随着贸易、旅行、交通的改进而逐步发展壮大。从世界范围看，住宿业的发展阶段主要经历了18世纪前古代客栈时期、19世纪中叶的大饭店时期、20世纪初的商业饭店时期和二战后的现代新型饭店时期。

尤其在20世纪初的商业饭店时期，全球住宿业的发展速度、规模及其档次都是前所未有的。客房超过五千间的"巨无霸"饭店、智能化饭店都是在20世纪出现的。可以说，全球饭店业在20世纪真正形成了一个庞大的产业，其投入总量与产出总量均已超出全球钢铁行业。在管理方面，集团化与标准化已经完成，凯悦、喜来登、洲际、希尔顿、雅高等一批酒店管理公司已各自形成一批巨型住宿业集团。住宿业管理标准、饭店行业标准、国家星级标准等互为促进、互为接轨，引导和促进了全球住宿业的发展。

（二）世界住宿业的发展趋势

进入21世纪，经济的持续增长为全球住宿业的发展提供了坚实的经济基础，世界旅游业的稳定发展则为住宿业的大发展带来直接的机会。为适应旅游的需求，全球交通运输条件的改善——快捷、舒适、安全，将源源不断地为全球住宿业输送客源、注入资本，刺激住宿业不停地调整自己，抓住发展机遇。总体来看，可以将全球住宿业的发展趋势概括为以下几方面。

（1）分散式经营与集团化经营的格局将继续存在。未来靠几十家全球性的管理公司包打天下是不现实的，虽然一些规模较大的住宿业管理公司力图延伸管理空间，谋求管理输出带来的丰厚利润，但大型住宿业管理集团之间也会从对抗与竞争转向合作与合并，选择双赢的结局。由于需求的进一步多元化，也为中小住宿企业的发展提供了机会，小而美也会有更广阔的成长空间。

（2）全球信息化将继续改变住宿业经营管理的方方面面。比如，电子货币将成为全球主要的或纯粹的支付手段或货币形式，银行可能会代替住宿企业的财务部，银行结算成为企业与客人之间的终极结算。电子模拟技术的使用将使住宿企业的前台接待虚拟化，即无需总台和大堂副理、门卫应接等岗位的人员，代之以大屏幕上的虚拟服务员、智能机器人等答疑解惑和引导消费。网络预订将成为全球住宿业主要的促销和接待方式。酒店网、系统网、社会网在完善电子商务的过程中，将起到互相促进、互相补充的作用。智能机器人大量参与住宿企业的服务和管理，将使成本下降、效率增加、标准一致、质量提高。

（3）新技术将更加广泛地被应用。在当前的住宿企业中，新材料、新设备、新技术已经开始大量采用，如特殊发光材料、调温材料、调色材料、可散发香气的材料将改变传统的住宿业用材；洗涤、排污、废水废气废烟的环保处理将改变住宿企业的环境；自然通风、照明及太阳能的开发利用将改变能源消耗；客房中便捷通信、自动预订、登记、入住系统的建立将改变目前的经营模式；贴近自然、回归自然的住宿企业将赢得广阔的发展空间。住宿业的不断智能化将打破已往的经营理念。此外，随着网络化的完善，住宿企业将以散客服务为主，淡化团队服务。曾作为住宿业主要中介机构的传统旅行社将逐步退出住宿业对客接待的环节。

（4）住宿企业选址不再局限于陆地和地球。高科技带来无限商机，也给住宿企业建造打开了新的大门。太空旅游的新概念既刺激旅行者，也刺激那些标新立异的住宿业投资人。当前人们已经不再满足于上山、下海、入地等形式的住宿，探索太空、其他星球已慢慢不再只是梦想。总之，科技的不断进步为住宿业的发展提供了无限空间。

四、我国住宿业的发展历程

（一）初期超常规发展阶段

改革开放之前，我国只有少量的国营招待所，用于招待外宾和重要的客人，一般都需要开单位介绍信才能入住，总体来说，就是有限的需求、有限的供给、有限的服务。直到改革开放以后，我国的大部分招待所由过去的公益性事业单位逐步转型为营利性企业单位。同时，社会主义市场经济的快速发展也使商务需求快速增长，各地的老百姓发现市场空白，开展自营的小旅馆，宾馆应时而出。另一方面，为妥善解决日益增多的外宾住宿需求，我国住宿业成为改革开放初期外资准入最早、开放程度最高的行业之一。1983年，广州白天鹅宾馆作为我国第一家中外合作的五星级宾馆拔地而起。随后，一批合资的经典酒店腾空出世，如中国大饭店、北京建国饭店等，彻底改变了中国人对于酒店就是国营招待所和小型社会旅馆的认知。

20世纪80年代，随着供给侧外资的不断涌入以及需求侧入境旅游的兴旺，我国饭店业获得了较大的发展。为了规范对初具规模的现代化饭店业的管理，我国于1988年开始实行星级饭店评定制度，促进了饭店业设施条件和服务质量的提升。

可以看出，我国真正意义上的饭店业始于改革开放，在国家领导人和各级政府的推动、中外合资标杆饭店的出现、星级饭店评定制度的推广等背景下，饭店业进入一个与当时我国社会生活和经济发展相"脱嵌"的超常规发展阶段，也使得我国饭店业在短时间内与国际饭店业迅速接轨。

（二）更快发展阶段

1992 年，南方谈话和十四大提出建设社会主义市场经济体制以后，我国改革开放进程全面深化，激发了各行各业的发展活力；加上国内旅游开始蓬勃兴起，使得我国饭店业进入了更快发展的轨道。

1993 年，我国饭店产业迎来了一次大发展，资本和劳动要素投入的增长分别达到 32% 和 17%，营业收入的增长率接近 40%。此后，中央开始对"楼堂馆所"热降温，使得 1995—1998 年饭店业要素投入（资本和劳动）的年增速进一步放缓，维持在 10% 左右，前几年的非理性盲目投入带来的产能过剩开始逐渐显现，饭店行业由卖方市场逐渐转变为买方市场，尤其在 1998 年叠加亚洲金融危机的影响，饭店业的营业收入下降近 5%，是这一时期的最低谷。1998 年，中央将旅游业正式定位为国民经济新的增长点，有力提升了旅游的行业地位，受此利好，1999 年之后饭店业开始复苏，并于 2001 年达到一个新的增长高峰，资本和劳动要素投入以及产出几乎同步增长 25% 左右。此后，饭店行业的发展渐趋理性，除了个别年份受"非典"、禽流感等的影响，总体上呈现出平稳发展的态势。2008 年以后，伴随着北京奥运会的闭幕和全球金融危机的爆发，市场风险加剧，星级饭店业的要素投入开始进入一个低增长甚至负增长时期。与此同时，行业内并购、重组活跃，企业向集团化、连锁化、品牌化发展，使得星级饭店业的营收非但没有下降，反而增速略有上升。

总体来看，1992—2012 年的 21 年，尽管中间经历过亚洲金融危机、"非典"、全球金融危机等特殊事件造成的干扰，星级饭店业仍总体上保持了持续、快速增长，营业收入从 1992 年的 181 亿元增加到 2012 年的 2430 亿元，扣除物价因素，年均增长率高达 8.48%。

（三）转型升级阶段

在黄金周假日制度政策、国内旅游需求及互联网技术的推动下，以面向大众住宿需求、以连锁经营为主的经济型饭店集团大量出现，2012 年，我国经济型饭店集团的饭店数量基本与星级饭店相当。此时，我国饭店业逐步进入转型升级与深度调整阶段。可以说，星级酒店和经济型酒店发展都进入深度调整期。星级酒店开始在经营思路、产品与服务、管理模式等方面有所调整，试图摆脱"畸形"发展路径。经济型酒店则在面临人工、租金和能源成本不断上涨，资本的盲目推动和不理性扩张等挑战下进行调整。同时，中端酒店、共享住宿、民宿、精品酒店、主题酒店等细分业态也开始大量出现，以更好地满足多样化的市场需求。

尤其在党的十八大以后，国家提出五位一体顶层战略设计，把生态建设、乡土文明的重要性提升到新的历史高度。我国住宿业进入了结构优化、动力转换的新常态，处于产业链重塑的关键时期，并购、非标准住宿、"互联网+"等成为行业发展的热点。各地民宿数量呈爆发式增长，尤其在旅游资源丰富的地区，民宿数量更是呈几何式增长。

近几年，我国民宿的发展表现出一些显著的趋势。第一，由独立民宿走向连锁民宿，经营连锁化更快发展。在资源整合和资本运作的双重推动下，以互联网为载体的同业聚合平台逐步形成，在资源和市场的影响下，各地旅游民宿联盟与合并逐渐诞生。第二，住宿需求越趋个性化，服务渐入定制化。随着社会的发展、消费的升级，居民旅游消费逐渐由短期休闲旅游向深度度假体验转变，居民对住宿产品的个性化需求增加。目前，旅游民宿服务逐步进入定制化阶段，创建独具特色的民宿文化成为潮流，旅游民宿行业逐渐推出具有地域文化特色的风情民宿、休闲度假民宿、风格各异的主题民宿等品牌以适应消费者日益多元化、个性化的住宿需求。第三，场景智能化，无人入住服务新体验日益流行。5G 时代的来临推动着各行各业迎来新的变革。民宿作为旅游业的一环，也正在逐渐向精品民宿智能化发展，即利用物联网技术，结合软件云服务平台，实现民宿智能化入住，打造高科技客房控制系统，打破传统入住流程，实现自定义场景模式，满足不同需求，让民宿管理与服务更加智能化、人性化。

总体来说，我国住宿业需要顺应趋势，将住宿业的全要素生产率的提高作为战略目标，不断提高增长效率。加强住宿行业的智能化、信息化建设，推动商业形态、运营模式、管理手段、科技转化的与时俱进；同时，也要改善市场环境、健全法律体系、降低交易成本，为住宿业的发展营造公平竞争、正向淘汰的环境。

第二节　住宿业的经济特征和运营模式

一、住宿业的经济特征

（一）产品的无形性

从本质上说，住宿企业的业务活动并不生产和销售有形的物质产品，而是凭借硬件设施向客人提供无形的服务，客人最终得到的是服务的效用和服务过程的体验。所以在住宿业务活动中，企业提供服务的过程与客人消费服务的过程处于同一时间和空间，客人只能现场享用，无法带走，企业也无法事先检验和事后储存。住宿业产品具有的这种无形特点，使住宿业区别于生产实物产品的企业，也区别于进行商品流转的商业企业，同时衍生了住宿业运营中一系列的业务特点和运行规律。

（1）地点上的分离。实物产品的生产、交换、消费在时间和地点上都是分离的。而住宿业产品的生产、交换、消费在时间上几乎是同时或间隔时间很短，在地点上则由宾客占据住宿企业空间就地消费，这就带来了业务特有的时空现象。实物产品要实现价值就要把商品卖出去，而住宿产品要实现价值就是把消费者请进来就地消费。

（2）面向对象的差异。实物产品的生产者面对的是产品，而住宿企业面对的是宾客，人与人的直接接触使住宿业的人本意识浓厚且直接。

（3）表现形式的差异。实物产品以具体的、确定的实物形态出现，它的形象、使用价值、产品质量、价值都凝聚和集中表现在这一实物产品上。住宿产品是在不同空间和时间综合形成的，它的形象、使用价值、产品质量、价值就分散在产品的各个方面而无法凝聚和集中。这就使住宿业务带有很强的综合协调性。

正因为住宿产品是无形产品，所以它就具有以单个宾客为消费单位的产品的不确定性，使用价值根据对象的不同也会产生随机性，产品价值因对象不同而具有可变性。正是由于住宿业产品的这些特性，使住宿业的业务、运行、经营、管理、生产、销售、人员、效益都具有自身的特殊性。

（二）业务的时空特性

住宿产品的无形性、住宿产品使用价值的特殊构成，使住宿业务受到时间和空间的较大影响，从而形成了住宿业特有的时空特性。对一般的实物产品而言，当产品生产出来后，它就是一个完整的商品，可以进行时间和空间上的转移而对其价值和使用价值不会有影响。住宿产品使用价值的产生和生存一定要依赖固定的空间，这些使用价值又有很强的时间效用。对住宿产品来说，时空不但对它的使用价值有直接影响，而且对住宿产品价值的实现也有直接的影响。

住宿业的空间和时间是相互联系并会对住宿产品产生影响的。空间产生使用价值和效益，但受时间的制约，要以时段为计量单位。不同的空间在同一时间里所产生的效益是不同的，同理，不同的时间在相同的空间所产生的效益也可能是不同的。要使每个时间段的每个空间都能产生尽可能理想的效益，关键在于提高经营管理水平。住宿企业在淡旺季、客源不同的情况下，利用价格杠杆调节客流量，就是利用了住宿业务的时空特性。

（三）业务的综合协调性

住宿业务的综合协调性即饭店业务活动构成要素的复杂性和内外联系的紧密性。在现代社会，人们住店不仅是一种基本的生活需要，而且也是追求享受的一种方式。要满足客人的需要，住宿企业必须功能齐全、设施配套、项目丰富、服务优良。因此就要求企业的协调配合，以建立一个综合性的服务系统。

1. 综合性

所谓综合性，是指住宿产品不是由一个部门所能提供的，它是所有部门提供的使用价值的综合体。虽然表面上各个部门提供各自的使用价值，但是，其一，各部门独立的业务和使用价值都包容在产品整体中，只是整体的部分；其二，宾客在住宿企业的消费往往不是单一的，他们得到的服务决不会是某一个部门的单一服务；其三，每一部门使用价值的产生和业务的运行都要涉及其他部门，要和其他部门相联系；其四，各部门之间存在业务的共进性，一个部门业务繁荣，会对其他部门有促进作用。因此，住宿业务的运行是为了给宾客提供满意的产品与服务，这是由各部门共同提供的。

2. 协调性

住宿业务的综合性带来了协调性，主要表现在以下方面。第一，业务组合和衔接的协调。住宿业务由各个部门的业务组合而成，各部门密切联系并衔接。业务衔接的特点是横向展开、环环相扣。第二，业务组合的交叉性。住宿企业各部门的业务形式上各自独立，实质上有很多的业务交叉。第三，各部门业务水平的一致性。住宿企业各部门、各区域的产品使用价值在内容和性质上可以有所不同，但在规格、档次、标准、质量、氛围等方面要一致，避免多部门服务出现不协调性。

（四）业务的强文化性

住宿业是带有强文化色彩的行业，这已成为共识。这里所说的文化是大文化，指由地域、民族、历史、政治所决定的人类知识、信仰和行为的整体，包括语言、思想、信仰、风俗习惯、禁忌、法规、制度、工具、技术、艺术、礼仪、仪式及其他有关成分。文化所包含的内容在住宿业的各个方面都会充分表现出来。

（1）住宿业服务的对象是人，人类创造了文化，创造的目的是享用，住宿业的文化适应了这种共性需求。住宿企业接待的对象绝大部分是旅居者，现代旅行者外出的动机多种多样，但也存在着一定的共性，如探求异地文化。住宿也就成为他们探求和感受异地文化的一种途径。

（2）住宿业生产和销售的是无形产品，无形产品的使用价值不仅表现在物质形态上（物质形态的使用价值也有其蕴含的文化形态），也表现在环境和氛围上。与此相对应，无形产品的价值不仅包含可计量的成本费用支出，还包括环境文化、氛围营造、服务文化等附加价值。无形产品给宾客的不仅是旅居或社会需求的满足，还给予宾客精神享受和心理感受上的满足。这种享受和感受主要靠文化的魅力和影响力实现。

（3）住宿业处于某个地域，地域特定的社会、经济、历史、文化背景使住宿企业自然地具备了某种地域色彩。很多住宿企业的经营者已经意识到，地域文化是一项宝贵的资源，取得这一资源是无偿的,但它会为企业锦上添花,甚至成为住宿企业的主格调或主题,其产生的影响力是不可估量的。

(4)市场对文化的需求。市场要求住宿企业具有文化特色和文化氛围已成为现状和重要的发展趋势。人们在不断提高物质生活质量的同时,也在追求精神生活的更高层次和境界。这一时代的宾客对住宿的需求也有着物质和精神两方面的要求,精神需求主要通过文化来体现。

(五)作业的独立性和员工行为的自我约束性

住宿业是特殊性行业,一方面,它是生产性企业,但生产的是无形产品;另一方面,它是现代化企业,但无大机器生产。这些业务形式的特点随之带来了劳动的特点。

(1)作业的独立性。住宿业劳动的特点:手工劳动、脑力劳动相结合,一线员工以体力劳动为主;集体协作和单体独立操作相结合,以单体独立操作为主。作业方式导致了员工有较大的自由空间和较少的外界制约因素。宾客需求有很大的随机性,为适应宾客需要,员工在对具体宾客的服务劳动中,在按基本服务规程作业的前提下,要因人因事随机应变。

(2)自我约束性。照章办事和员工充分发挥自己的能动性是融为一体的。要做到这一点,有赖于员工的工作艺术。每位员工应具有主动配合、自我调节的精神,适当调节自己的作业行为,主动配合相关部门和岗位的业务。主动配合和自我调节是出于责任和理智,而责任和理智的集中表现形式是自我约束。

二、住宿业运营与管理模式

(一)委托管理

通过酒店业主与管理集团签署管理合同来约定双方的权利、义务和责任,以确保管理集团能以自己的管理风格、服务规范、质量标准和运营方式来向被管理的酒店输出专业技术、管理人才和管理模式,并向被管理酒店收取一定比例的"基本管理费",通常占营业额的2%～5%,以及"奖励管理费",占毛利润的3%～6%。

(二)特许经营

特许经营是以特许经营权的转让为核心的一种经营方式,是利用管理集团自己的专有技术和品牌与酒店业主的资本相结合,以扩张经营规模的一种商业发展模式。通过认购特许经营权的方式将管理集团所拥有的具有知识产权性质的品牌名称、注册商标、定型技术、经营方式、操作程序、预订系统及采购网络等无形资产的使用权转让给受许酒店,并一次性收取特许经营权转让费或初始费,以及每月根据营业收入而浮动的特许经营服务费,包括公关广告费、网络预订费、员工培训费和顾问咨询费等。

(三)带资管理

通过独资、控股或参股等直接或间接投资方式获取酒店经营管理权,并对其下属系列酒店实行相同品牌标识、相同服务程序、相同预订网络、相同采购系统、相同组织结构、相同财务制度、相同政策标准、相同企业文化及相同经营理念的管理。香格里拉酒店集团是我国最早采用此方式的国际酒店管理集团,2000年以前基本上以合资经营为主,对大多数管理的酒店持有绝对控股权。

（四）联销经营

近年来，伴随着全球分销系统（GDS）的普及和互联网实时预订功能的实现，国外的联销经营集团应运而生并且发展迅猛。酒店联销集团是由众多的单体经营管理的酒店自愿付费参加并通过分享联合采购、联合促销、联合预订、联合培训、联合市场开发和联合技术开发等资源共享服务项目而形成的互助联合体。

三、国际酒店管理集团运营

总体来说，国际酒店管理集团在酒店管理的体制特点如下：实行现代企业管理制度、所有权与经营权分离、资本运作与经营运作分离以及董事会领导下的总经理负责制。

（一）所有权与经营权分离

坚持酒店经理受聘于管理集团，按照业主与管理集团签订的管理合同中的规定为业主工作，同时代表管理集团的合法权益。如果酒店经理受聘于业主，则容易放弃经营者该坚持的原则而倾向于业主利益。

（二）资本运作与经营运作分离

这样更有利于明确经营者责任和经营效益，酒店经理只负责企业的经营运作，而不对企业的资本运作负责，在酒店管理合同中跨国集团不承诺有关资本运作或还本付息的责任。一般在管理合同中只规定经营者在经营过程中产生经营毛利润这一阶段之前应负的经营管理责任。至于酒店业主对因投资酒店所负的债务是否有偿还能力与经营者无关，这样较容易判断经营者的成果。

（三）董事会领导下的总经理负责制

总经理拥有的权利体现在以下几个方面。首先，在酒店的指挥系统上实行一个船长制度，也是酒店的突出形象代表人、遇到问题的最终决策人，副总经理和驻店经理都是总经理的助手。其次，在管理体系上实行一条线制度，各级管理人员向上只有一个领导。再次，总经理对直接下属和他的助手有充分的任免权，保证令行禁止的有效系统指挥。最后，总经理只向管理集团和代表集团向业主公司董事会负责，董事会也依据管理合同和雇佣合同对总经理的任免做出相应决策。

（四）管理控制

在制度上，管理集团与酒店业主代表机构重点控制对市场营销计划和经营费用预算计划的审批、执行和监督。在委托管理合同中约定，业主公司代表可随时进入酒店了解财务账目。酒店财务总监由管理集团任命，有权直接向管理集团汇报工作。一般来说，总经理无权任免财务总监。

第三节　住宿业经济分析

住宿业作为旅游业的接待基地和效益中心，要解决的重要问题之一就是如何吸引更多的顾客、扩大品牌影响力、提高产品质量和经济效益、促进企业的健康快速发展。

一、住宿企业成本控制

（一）住宿企业成本控制概述

住宿企业成本与费用主要是指在经营过程中，为顾客提供服务而消耗的各项成本和费用的支出。由于成本费用的支出是影响企业利润的主要因素，因此，合理控制和降低成本费用可以提升酒店的总体经济效益。按照不同的经济内容，酒店成本费用可分为营业成本、营业费用、管理费用和财务费用等。按照营业成本占营业收入比重划分，又可以分为餐饮成本、客房成本、人力资源成本和燃料能源成本等。

（二）住宿企业餐饮成本控制体系

住宿企业餐饮成本分类方法很多，一般将餐饮成本分为直接成本和间接成本两大类，或者分为固定成本和变动成本两大类。科学合理的方法是按照成本控制战略的成本动因理论进行分析，对凡是能引起餐饮成本增加的动因进行控制，诸如食品原料、能源与燃料、低值易耗品摊销、工资奖金和津贴发放、水电燃料消耗、管理费用和其他作业支出费用等。重新定位住宿企业餐饮成本控制的战略地位，应该将餐饮部作为一个成本控制的战略单位来看，且是与住宿企业总体战略目标紧密相连、息息相关的一个战略单位。

1. 食品原料成本控制

食品原料成本是餐饮部的主要成本动因，一般包括主料成本、辅料成本和调料成本三部分。餐饮食品成本主要决定于采购单价和采购量、消耗量等几个基本因素。食品原料采购是餐饮部成本控制的第一环节，应遵循质量达标、物美价廉、合理批量、减少损耗的原则。餐饮部成本控制的第二环节就是食品原料的使用成本控制。厨房要填写好消耗领料单，尽量合理使用原料，建立厨师长日报和月报食品成本制度。

2. 服务劳动成本控制

餐饮部服务劳动成本控制主要指对餐饮员工用工数量和工资率的控制，前者包括员工在餐饮部经营过程中用于餐饮生产和经营的工作时量和人数，后者则主要是指餐饮部职工工资总额与工时总额的比率。餐饮部服务劳动的成本控制实际上就是工作时量、工作人数、工资总额等具体经营操作的控制。

3. 燃料能源成本控制

燃料能源成本是菜肴生产与经营中不可忽视的成本，教育员工重视节约能源，做好节省燃料的工作是非常必要的。在餐饮产品的生产过程中，管理人员应坚持对能源工作和节能效果的经常性检查，以保证燃料能源控制工作的有效性。

4. 经营费用成本控制

餐饮部除在以上三个方面进行成本控制，还必须对日常经营过程中其他的成本动因进行控制。这些成本动因有固定资产折旧、设备设施的维护保养、低值易耗品费用等各种经营费用的成本控制。

（三）住宿企业客房成本控制体系

客房成本控制是现代住宿企业成本控制的另一个重要战略领域，制定切实可行的客房部门成本控制方法对企业成本控制战略的实施起着关键作用。

1. 住宿企业客房成本内容

客房成本是指住宿企业在一定时间段内客房接待服务过程中发生的各项成本费用的总

和，包括客房的物化劳动和客房服务劳动两个基本方面的成本费用，具体包括采购成本、人力资源管理成本、物品控制成本、设备设施的保养成本、能源管理成本等。

2．客房成本控制的战略方法

一般来说，客房成本控制的方法有以下两种。

（1）预算控制法。客房成本预算控制法就是科学合理地编制客房经营管理的各项预算，确定目标成本、消耗定额等费用的开支限额，从而进行成本控制的方法。这里隐含的一个前提条件就是有科学合理的预算指标，因此，应用此法进行成本控制的一个关键环节就是确定预算指标。

（2）标准成本控制法。标准成本控制法就是将住宿企业各营业项目的标准成本作为成本控制的参照依据，把实际成本率与标准成本率进行比较，找出差距并进行纠正的成本控制方法。如果前者低于后者，说明企业成本控制比较好，反之则较差。

另外，还需对客房部门的设备物资验收、使用、报废进行把关，这也是加强客房成本控制的有效策略。

（四）住宿企业人力资源成本控制

人力资源是一种稀缺性资源，它的开发和使用都必须付出很大的成本，是住宿业投入资源中最为重要的一类。经济意义上的人力资源具有质和量的规定性，前者是指人力资源所具有的体质、智能、知识、技能等，在住宿企业中具体体现为员工的体质水平、文化水平和专业管理或服务水平；后者是指与物质资源相结合的人数，在住宿企业中具体体现为员工人数。人力资源是现代企业竞争的一个重要因素，对其收益的获得和成本的控制自然成为企业重要的战略思想，必须与企业总体战略相吻合。

（1）在人力资源获取方面进行有效的成本控制。人力资源获取成本主要是指住宿企业为获得所需人力资源而在招聘、甄选、录用和安置等过程中所发生的成本费用。因此，人力资源成本控制的首要环节就是对涉及住宿企业为获得人力资源在上述各环节的成本控制。内部选拔是一种常见的人力资源获取成本控制策略。

（2）在人力资源开发方面进行有效的成本控制。人力资源开发成本主要是发生在住宿企业针对已经获得的初始（原始）人力资源，为提高服务水平和工作效率而进行培训开发付出的成本费用，主要包括职前上岗培训成本、岗位培训成本和脱产培训成本等。针对住宿企业人力资源开发动因引起的成本，企业可以考虑首先做好人力资源开发需求调查，确定住宿企业需要对哪些人在哪些方面进行培训，做到开发培训有的放矢。其次，需根据部门具体工作的要求选择好合适的开发培训方法。最后，对已经开展的开发培训工作进行效果评估，找出成功之处和不足之处，为下一轮人力资源开发培训提供必要的参考依据。

（3）在人力资源使用方面进行有效的成本控制。住宿企业人力资源在正常使用过程中发生的成本，如维持成本、奖励成本和调剂成本等，称为人力资源使用成本。维持成本是维持企业正常营业的劳动力报酬，诸如工资、津贴、红利等形式；而奖励成本主要是对员工的正强化和负强化成本，如表扬、奖金、批评、警告、降职等成本；人力资源调剂成本主要是起日常工作"润滑油"作用而发生的成本，如员工娱乐文体活动、业余社团活动、为改善工作氛围等支付的成本费用。住宿企业人力资源使用成本控制战略思想的核心问题是正确合理地确定员工的薪酬问题，需要设计一套合理的业绩评估方案和业绩优劣分配方案，如采取员工持股、管理层收购（MBO）等方案。

（4）在人力资源离职方面进行有效的成本控制。离职成本主要是由于员工离开住宿企业而产生的包括离职补偿成本、离职低效成本、空职成本等在内的成本费用。住宿企业是一个员工离职率相对比较高的行业，从而导致了较高的人力资源离职成本。因此，如何保持员工忠诚度、降低离职率是住宿企业人力资源离职成本控制的重点和核心问题。建立合理的用人制度和薪酬制度、坚持按绩效激励员工、营造良好的人际关系氛围、搭建通畅的内部沟通渠道、注重良好的企业文化建设等均是有效的做法。

二、住宿企业经营业绩评价

(一)评价指标选取原则

对住宿业的经济效益进行评价,首先应选取合理的评价指标。评价指标应包括对住宿业经营管理状况、综合效益和未来发展潜力等方面的衡量。

住宿企业的评价指标选取运用系统层级理论,坚持经济效益状况与经营管理状况相结合、当前经营状况与发展前景相结合、主观指标与客观指标相结合、动态指标与静态指标相结合的原则。

(二)经济效益状况评价指标

参照我国《企业财务通则》和《企业会计准则》,以及国家财政部公布的相关企业经济效益评价指标体系,并结合旅游住宿业的具体情况,设立评价住宿企业经济效益状况的三项内容,共计八个指标。

1. 偿债能力评价指标

$$资产负债率=(负债总额÷全部资产总额)×100\%$$
$$流动比率=(流动资产÷流动负债)×100\%$$
$$速动比率=(速动资产÷流动负债)×100\%$$
$$速动资产=现金+短期证券+应收账款净额$$

2. 运营能力评价指标

$$客房出租率=(旅客租用客房数量÷可供出租客房数量)×100\%$$
$$资产周转率=(营业收入总额÷年平均资产总额)×100\%$$

3. 盈利能力评价指标

$$主权资本净利率=(利润总额÷主权资本总额)×100\%$$
$$年利润率=(年利润÷年经营收入)×100\%$$
$$人均创利=年利润÷员工总人数$$

由于企业的年利润有可能是负值,为了避免其对评价结果产生太大的影响,如果企业的年利润为负,那么一律按零计算。

上述三项内容八个指标构成一个有机整体,共同反映住宿企业的经济效益状况。首先判断住宿企业的负债安全性和短期偿债能力;其次判断其运营状况,主要是针对企业对其资产的使用情况;最后评价企业的资金收益水平和获利能力。

(三)经营管理状况评价指标

对于住宿企业的经营管理状况,主要包括安全管理、设施管理和员工管理等方面。对于安全管理,主要涉及消防安全、食品卫生和治安状况等。对于设施管理,主要涉及设备管理状况和清洁卫生状况。对于员工管理,主要涉及员工素质和服务质量。

虽然传统的偏重于财务业绩的业绩评估手段有种种不足,但并不等于要完全废除财务衡量方法。相反,财务衡量方法在综合评价体系中仍占有重要位置。因为它显示了酒店的战略及其实施是否能为经营成果做出贡献,财务方面的评价始终是其他几个方面的出发点与落脚点。

通过计算，住宿企业可以对自身的经营业绩进行科学的综合评价。当然，这一评价体系虽然融合了协调、创新、战略策划等多维的评价内容，具有极大的现实应用价值，但是综合评价体系的指标不是一成不变的，应该随着住宿企业发展环境的变化而在其内部进行相应的调整。

三、住宿企业收益管理

（一）收益管理的起源与发展

收益管理（revenue management）是管理学科的一个重要分支，涉及市场营销学、运筹学、消费心理学、微观经济学和数学规划等多个领域，也是现代服务企业增加收入的主要模式之一。在住宿业中，收益管理是以市场为导向，通过对出租率及房价的管理促使收入实现最大化。

收益管理最早于20世纪70年代被运用于美国航空客运业，美国航空公司率先开发和使用了"客运收益优化系统"（passenger revenue optimization system），并带来巨大的收益，引起了行业的广泛关注。收益管理在航空客运业运用的初步成功引起其他相关行业的广泛关注，往往这些行业与航空客运业有一些共同特点，比如，允许提前预订、可提供一系列不同的价格、接受提前取消预订等。随后，收益管理逐渐延伸到住宿业、铁路、高尔夫、医院与医疗健康中心等拥有易逝库存等相似特征的诸多行业。

目前，收益管理已在航运业、住宿业、铁路客运、汽车出租业、公寓出租、豪华游船、影剧院业、广播电视业和公用事业等高度竞争的商业领域获得了成功，正在向通信、金融服务、电力供应和制造业等领域发展。

（二）收益管理的概念

收益管理又称效益管理、收入管理、实时定价、超级智能化定价，是在旧的供求管理对策论基础上发展起来的一种新的管理方法。

从收益管理概念的提出到今天，其间涌现了各种各样的观点，可谓仁者见仁、智者见智，依据其侧重点不同，可大致归纳为以下维度。

（1）理想状态。比较典型的是利特尔伍德（Littlewood）于1972提出的概念：航空公司的收益管理就是在合适的时间将合适的座位以适当的价格卖给合适的旅客。这也是关于收益管理的最早概念。

（2）弹性定价。由于细分市场的需求弹性不同，收益管理是歧视定价的一种运用，背后的概念是通过差别定价来有效地管理收益和库存。

（3）需求预测。收益管理就是在考虑需求预测的基础上通过对客房入住率的调整来达到客房收益的最大化。该定义阐述了收益管理的目标，并说明了收益管理的基础是预测。

（4）管理技术。收益管理是用来决定客房价格升降和订房请求接收或拒绝的一系列的需求预测技术，以使客房的收益最大。该定义从价格和客房出租率两方面阐述收益管理的内涵，并认为收益管理是一种技术。

（5）系统工程。收益管理是基于细分市场的盈利能力的识别，通过确定销售价值、价格设定、折扣生成、订房的过滤准则确立以及对过滤规则的效益与实施的监控来达到酒店盈利能力最大化的目标。该定义指出收益管理的系统属性，强调了收益管理在酒店盈利能力管理过程的战略角色。

综上所述，收益管理是指住宿企业应用高固定成本、低变动成本行业的精益营销管理方式，围绕潜在的盈利点，根据细分市场的弹性和需求预测制定不同的价格，并对其进行动态调整和优化，进而引导消费方向，使企业的固定产能匹配各细分市场的需求。简单地说，收益管理是指导住宿企业在合适的时间以合适的价格把合适的产品卖给合适的顾客的科学管理方法。

（三）住宿业收益管理的基本特征

住宿业应用收益管理的原则和技术应该考虑其关键的产品特性和市场特征。住宿业具有适用收益管理的基本行业特征。

（1）住宿企业初期建设投资大，而建成后的变动成本低。现在酒店的建设动辄几亿，固定成本很高。三星级酒店平均每间客房的投资都在 50 万～80 万元，四星、五星级酒店则在 90 万～180 万元。酒店建成后这些成本就变成沉没成本。单位产品即每间客房的变动成本却不大，主要是向顾客提供的软性服务、房间清洁费用、一次性物品费用以及房间的水电消耗，与高昂的固定成本相比，这部分成本相对占比较低。这也导致住宿业进入和退出壁垒都较高，住宿业是一种高投入、高风险的行业。

（2）客房不可存储。住宿业的主要利润载体是客房，当天没有售出的客房在这一天会变得没有任何价值，它的使用价值不可能传递到第二天，从而不能给住宿企业带来收益。因此，住宿企业要在给定的销售期间尽量销售自己的客房，获得尽可能多的收益。

（3）客房数量是固定的。对于住宿企业来说，建设前就已规划了客房的数量，建成后要扩大客房的容量代价会很高，而且在短期内是不可能的，所以即使是在需求旺盛的季节也无法迅速扩大供给。

（4）住宿业是典型的淡旺季行业，需求呈季节性波动。宏观和微观环境因素的变动都可能给顾客需求带来影响，特别是国家和地区的经济形势变化。另外，国际形势、国内政策、大型会展、客户心理、季节变化、天灾人祸以及假日经济等因素均影响住宿业的需求。在旅游旺季，需求激增，客房供不应求，住宿企业可能会丢掉潜在的收益机会；在旅游淡季，需求锐减，客房供大于求，而客房是不可存储的，闲置的客房会造成很大的资源浪费。这导致顾客的需求呈现出较大的不稳定性。由于客房数量是固定的，受此能力约束，住宿企业不能根据需求增加或减少客房数量，难以实现供需的均衡。

（5）住宿企业的顾客可划分为不同的细分市场类型。顾客可以按不同的分类变量和因子划分为各个小群体，这就是所谓的细分市场，各细分市场内部具有基本一致的消费行为和利益诉求，而各细分市场之间却在消费行为和利益诉求方面有较显著的差异。这种差异正是价格歧视的基础。通过对这些客源市场的细分，住宿企业可以引导客人在不同时间段内，以不同的价格对房间进行消费。

（四）住宿业收益管理绩效的衡量指标

目前，在酒店企业的经营实践中，衡量收益管理效果的主要统计指标包括：超售客房数（oversales）、客房出租率（occupancy）、平均房价（average daily rate，ADR）、平均可出租客房收入（revenue per available room，RevPAR）和平均可出租客房利润（gross operating profit per available room，GOPPAR）。除这些主要衡量指标外，一些学者也提出收入创造指数（revenue generation index，RGI）、市场渗透指数（market penetration index，MPI）等，在酒店收益管理中也非常重要。

一些常用的衡量指标为

平均房价（ADR）=出租房间的总收入÷出租房间的总数

客房出租率（OCC）=出租房间的总数÷可供出租的房间总数×100%

平均可出租客房收入（RevPAR）=出租房间的总收入÷可供出租的房间总数

（五）收益管理在住宿业中使用应注意的问题

（1）公正性和接受性。由于住宿业产品具有无形性，所以顾客在购买服务前很难估计出价格的公正性，只能根据对价格和服务的期望参考判断。如果企业的利润增加导致顾客满意指数的下降，说明价格并非公正。不公正的价格一定是顾客不接受的价格。如果顾客被伤害，就会放弃对该酒店的选择，酒店将无利可谈。所以对酒店来说，公正的价格政策是社会诚信度和顾客诚信度的一种表现。根据供求变化做到对社会和顾客的诚信，酒店同时可以得到顾客满意指数和收益最大化的双赢。

（2）顾客分类及需求预测。收益管理的一个重要功能就是透过科学的方法对不同的顾客进行分类，并得出各种行为模式的统计特性，再对每一类顾客的未来需求进行精确的预测，包括预订时间的早晚、入住时间的长短、实际入住和预订的差异、提前离店和延迟离店的概率等。

（3）溢价和折扣。顾客对于价格的认识主要是基于参考价格和期望价格。酒店的参考价格一般就是门市价，顾客在预定时得到的报价总希望得到折扣而不是溢价。但现在大多数酒店制定的门市价和实际出售的平均房价相距太远，这样的门市价变得不可参考，同时也失去了原有的意义。

四、住宿企业利润管理

利润是衡量住宿企业经济效益的基本指标，是住宿企业在一定时期内的经营成果。利润等于一定期间收入和费用相抵后的差额。如果收入大于费用，其差额即利润；如果收入小于费用，其差额即亏损。由于住宿企业的经营过程既包括以提供商品和劳务为主的生产经营活动，也包括对外投资和与生产经营无关的其他业务活动，因此，住宿企业的利润总额主要是由营业利润、投资净收益和营业外收支净额三部分组成。

（一）利润管理的要点

利润管理非常重要，一般需要注重以下方面。

（1）制定切合实际的利润目标。为了加强利润管理，住宿企业必须开展利润预测，明确能够实现的利润目标，还要完善内部责任制，将利润目标和其他各项经济技术指标进行分解，落实到住宿企业有关部门乃至个人，确定经济责任，将责、权、利结合起来，组织和动员各方面的力量增加利润，保证利润目标的顺利完成。

（2）把握增加利润的渠道。在研究宾客消费心理的基础上，住宿企业要开拓服务项目，提高服务质量，改善经营管理，降低成本费用消耗，通过合理的途径增加利润。

（3）正确核算利润。住宿企业应遵守财政制度的有关规定，正确计算企业的经营收支、投资盈亏和营业外收支，如实反映企业财务成果，准确及时地核算企业利润，按时交纳税金，并及时做好财务上的处理。

（二）利润分配的方法

利润分配是住宿企业按照国家有关利润分配政策，对当年实现利润及前年度未分配利润所形成的可供分配的利润进行分配或对亏损进行弥补的过程。利润按以下顺序进行分配。

（1）提取法定盈余公积金。住宿企业应按当年税后利润的10%提取法定盈余公积金，当法定盈余公积金达到注册资金的50%时可不再提取。提取的盈余公积金用于弥补亏损、按国家规定转增资本金等，但转增后留存企业的盈余公积金不得少于注册资金的25%。

（2）提取法定公益金。公益金按照税后利润 5%～10%的比例提取，主要用于住宿企业职工集体福利支出。

（3）向投资者分配利润。住宿企业可供投资者分配的利润按照应付优先股股利、提取任意盈余公积金、应付普通股股利、转作资本（或股本）的普通股股利的顺序进行分配。之后剩余的为未分配利润，不足的为未弥补亏损。未分配利润可留待以后年度进行分配。住宿企业如发生亏损，可以按规定由以后年度利润进行弥补。

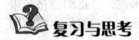 **复习与思考**

 **思政案例分析**

我的小康旅游民宿梦

思政解读

（1）2016 年 3 月，国家发改委等 10 部门联合出台《关于促进绿色消费的指导意见》，明确表示对持续发展共享经济、有效利用个人闲置资源、有序发展民宿出租等的支持。

（2）近年来，乡村民宿成为我国促进旅游地转型升级和实现乡村振兴战略的新业态。

案例分析与讨论

1. 结合上述材料，并结合自己的一些旅游经历和其他相关资料，以某一家民宿为例，分析民宿这种住宿业态的特点及优劣势。

2. 阅读上述材料，以一个具体区域谈一谈民宿的发展如何促进当地的文旅融合，提升游客的住宿体验。

 **思政阅读材料**

"双循环"格局下的住宿业高质量发展

第十章　旅游交通经济分析

学习导引

　　交通是旅游者完成旅游活动的先决条件，充足的交通基础设施和客源市场的可进入性是所有旅游目的地发展的重要前提条件之一。本章阐述了旅游交通的概念、旅游交通的产业性质和产业结构，并以旅游高速铁路为例，介绍了旅游高速铁路的国际、国内发展形势以及我国高速铁路的市场结构特点，最后对高速铁路的经济效益进行了简单的经济分析。

学习目标

　　知识目标：理解交通与旅游发展的关系，了解一些新型交通旅游产品，掌握旅游交通产业的性质和结构。

　　能力目标：能结合世界铁路、高速铁路，尤其是我国高速铁路的发展，初步分析高铁的经济效益。

　　思政目标：增强对高铁赋能我国旅游经济高质量发展的重要价值的认识，理解交旅融合背景下高铁与旅游业高质量协同发展的路径。

思维导图

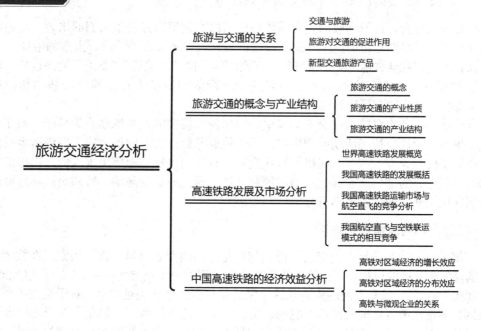

第一节　旅游与交通的关系

　　旅游业是综合性服务产业，交通在旅游活动六大要素中属于先决要素，对其他旅游活动能否顺利进行起着决定性作用。没有畅通的外部交通体系，旅游目的地城市就无法把旅游者从客源城市引进来；没有四通八达的内部旅游交通体系，旅游目的地的旅游景区和景点就无法有效串联成线，难以形成具有吸引力的旅游线路。可见，发展旅游业，首先必须建立良好的旅游交通体系，并按照旅游交通产业的特性和规律做好旅游交通产业的科学管理。

一、交通与旅游

旅游就是外出到其他地方做暂时的停留，因而交通和旅游一般被认为是"鸡"和"蛋"的关系。充足的交通基础设施和客源市场的可进入性是旅游目的地发展的重要前提之一。

（一）交通是旅游业的重要组成部分

从需求方面看，交通是旅游活动的先决条件。从客源地到目的地的空间转移、适当的旅行方式、作为旅游活动本身的旅游行程以及采用不同旅行方式所耗费的时间都是需要考虑和解决的问题。旅游者的闲暇时间总是有限的，如果克服空间距离所占用的时间超过限度，旅游者会改变对旅游目的地的选择，甚至会取消旅游计划。

从供给方面看，交通是发展旅游业的命脉。旅游业是依赖旅游者来访生存和发展的产业。只有在旅游目的地的可进入性使旅游者能够大量、经常来访的情况下，该地的旅游业才会有不断扩大和发展的可能。

从旅游收入方面看，交通运输业本身也是旅游收入和创汇的重要来源。历年的《中国旅游统计年鉴》[①]资料显示，欧美游客的交通费用支出（包括国家间往返交通费、在我国旅游期间的城市间交通费和市内交通费）往往要占其旅游费用的一半以上。

（二）旅游发展的历史与交通运输关系密切

早在奴隶社会，古罗马政府在全国境内修筑的宽阔道路方便了人们的出游，交通驿站的设立也促进了早期旅馆的产生。旅行设施的发展反过来又推动了旅行人数的增加。

在我国封建社会，通济渠、永济渠、江南河的开凿和"驰道""直道"的铺设使人们的出游更加便利。经济和交通的发展为早期的旅行活动提供了必要的经济基础和物质条件，参加旅行的人数有了明显增加。

近代社会，蒸汽机技术在交通运输中的应用使大规模的人员流动成为可能。新旅行方式成本更低、速度更快、活动范围更广，不仅使业务旅行大大增加，还为以消遣为目的的旅游创造了便利条件。汽车、飞机等现代交通工具的问世较好地解决了人们外出旅游所面临的时空问题，为远程旅游提供了新的便利条件。而二战后的旅游，特别是国际旅游的迅速发展同民用航空的普及密不可分。

（三）交通对旅游者的影响

在旅游目的地的选择上，交通的便利与否是影响消费者决策的重要因素。在旅游者评估、选择各个景区的过程中，目的地的可进入性扮演着一个重要的角色。"奇伟瑰怪非常之观，常在于险远"，风光秀丽的旅游景区常常处于鲜有人迹的偏远地区。对于交通不便的旅游景区，即使旅游者有前去游览的意愿，但面对交通的不便利性，难免令人望而却步。

当旅游者确定了目的地，旅游过程中的环境、行为、服务都将纳入对旅行质量的评估或满意度的评估。一般而言，对餐饮和住宿的评价会因旅行者不同的个性、喜好而产生较大差别。但是对于交通的评价却往往具有一致性。旅途中的舒适度、快捷度等都是旅行者

---

① 《中国旅游统计年鉴》在 2018 年后更名为《中国文化文物和旅游统计年鉴》。

评价的重要方面。因为它不仅影响到游客的日程安排，更关系到游客的精力和心情。安排不当的交通或低质量的交通会使游客劳累和烦躁，极大地影响旅游者旅行的质量和满意度。

（四）交通对旅游产品的促进

首先，交通状况影响旅游产品的类型。以我国传统的观光旅游产品为例，"苦行僧"式的行军游是我国传统观光旅游的典型表现。近年来，快速发展的度假休闲游对交通要求更高，快捷、方便、安全、高效的旅游交通能让度假旅游者将更多的时间放在度假休闲活动上，而避免将大量时间花在旅行途中。交通方式的限制、交通路线安排不佳等因素导致长期以来我国游客的交通费用支出占比较高，并进一步影响食、住、购、娱等旅游产品的消费。而且，由于旅游者对交通所用的时间和经济费用的支出较为敏感，交通的落后和不便还会抑制旅游者出游的行为。

其次，交通影响区域旅游产品的发展。旅游产业发达、产品吸引力较强的地区，一般都是旅游资源或旅游吸引物密度比较高、交通基础设施比较好的地区。如果区域内交通设施比较落后或贫乏，旅游产品的生产和组合难度就相应增加，从而导致旅游产品数量和质量分布不平衡，不利于区域旅游的总体发展。

（五）交通对旅游资源的影响

首先，交通是影响旅游资源吸引力大小及旅游开发规划中的关键因素之一，交通基础设施的不健全对于正在开发或已经成形的旅游目的地或旅游景区来说，无疑是继续发展的瓶颈。没有畅通、安全、便利的交通，就不可能有规模化和长期发展的旅游经济。

其次，交通是旅游客源的保证条件之一，只有"进得去"才能够带来客源和经济效益。交通又是景区引导、疏导游客的重要手段，也就是所谓的"散得开，出得来"。景区不仅要吸引游客，更要保证游客的游览质量。拥挤、混乱的环境会令游客产生不满和负面情绪，从而影响景区的形象和持久发展。

（六）交通对旅游目的地的整体影响

旅游目的地的演进很大程度上受交通方式发展的影响，也是交通方式发展的必然结果。旅游的大众化与个性化要求交通及其他设施能满足旅游市场中每种类别旅游者的需要。交通的运行既是旅游流的扩展因素，也是限制因素，交通设施的质量也影响旅游流的类型。交通基础设施的规划发展、保养与经营，以及符合当前与未来的技术与需求是促进目的地旅游交通系统健康成长的关键。交通技术发展能使交通系统更加有效、快捷与安全，有益于旅游目的地的出现、演进、增长和扩张。

因此，国内、国际交通系统的一体化及与其他国家交通系统的合作将大大促进旅游流的合理流动及国内与国际旅游业的发展。交通始终点站及途中交通设施的配备与发展、交通基础设施的改进、新技术与大众市场技术的吸收与采用都将对未来全球旅游的可持续增长有着积极而深远的意义。

二、旅游对交通的促进作用

交通与旅游需求具有相辅相成、互相影响的关系。游客希望能以合理的价格安全、快速和舒适地到达目的地。交通本身也在不断适应持续增长且更加复杂的旅游需求。相应地，技术的发展已经能够快速地批量生产各种新型交通工具，而且旅游交通服务质量也在过去几十年中大幅度地提高。

以航空运输为例，航空旅行的主要优点是舒适和快捷。作为现代大众旅游的主要方式之一，航空业的发展在很大程度上依赖于旅游业的发展。一个国家和地区旅游业开展的程度如何，直接决定着航空业客源量的多少。旅游包机的发展在航空史上就是一个特例。很多国家的旅游经营商在组织包价旅游，特别是组织包价国际旅游时，都利用包机作为主要旅行方式。在欧美国家中，规模较大的旅游经营商很多都拥有自己的包机公司或者同经营包机业务的航空公司有密切的合作关系。在中国，许多有吸引力的景点或热点旅游城市都有相应的旅游包机。可见，大众旅游的迅猛发展有力推动了航空业的良好发展。

现在出门旅游，除了飞机，最受人们欢迎的就是高铁。目前我国已经建成的高铁线路总里程位居全球第一。伴随着"高铁时代"的到来和铁路体制机制改革所释放出来的动能，许多城市针对"高铁时代"推出相关的高铁旅游产品，并把高铁旅游经济作为新的经济增长点，以有效带动区域经济发展和产业优化升级。一方面，高铁拥有快速和大载量的客运特征，将成为我国中远程旅游客运的主力；另一方面，旅游融入高铁将提升高铁的利用率和高铁服务标准，高铁旅游服务将是高铁服务的新领航。"高铁+旅游"正在成为"旅速游缓"的黄金组合，有效扩大了游客的出游半径，激发了无穷市场需求，成为满足人们全域旅游的新方式。当前形成的一些高铁旅游服务产品，如高铁旅游专列、高铁旅游小镇、高铁遗址、高铁旅游商品、高铁联动服务等，有助于推动旅游交通向交通旅游发生质的转化。

三、新型交通旅游产品

（一）交通线路旅游

乘火车、自驾车和房车旅游，沿途的风光优美得像画卷一样不断地展开，而且车上有舒适的床铺、精美的食物，可以捧一杯香浓的咖啡坐在车窗前，边品味边欣赏窗外的风光，景观的变化是缓慢的，却又是明显的，这种旅途的感悟才是最深刻的。世界著名的八大"火车旅游"线路更是给旅游者惊奇的体验。"非洲之傲"罗沃斯列车（Rovos Rail）可算世界上最豪华的列车之一，列车上每一节车厢都可以看作一种艺术品，古典、精致而舒适。而列车所经过的地方是南非南部草原，仰头可以看到满天繁星，低头望去是平整的大草原，也许还会偶遇一些野生动物，风光之美令人浮想联翩。亚洲东方快车、瑞士冰河列车、德国阿尔卑斯火车、南美洲希朗—宾汉列车、奥地利阿亨湖蒸汽火车、加拿大落基山观景列车等对旅游者都是一种全新的体验和刺激。

（二）特种交通旅游

1. 原始型特种交通旅游

原始型特种旅游交通是人类早期普遍使用的交通工具。这类交通工具主要包括水上独木舟、木帆船、竹筏；陆上的各种畜力，如马、驴、骆驼、鸵鸟等，以及各种畜力车；雪域的爬犁、雪橇等。这些原始交通工具多用于人类痕迹很少的特殊自然地域环境，能够满足旅游者远离喧闹、拥挤、紧张的都市生活和返朴归真、回归自然的心理需求。

2. 民俗型特种交通旅游

民俗型交通工具是伴随各民族文化的发展而形成的，是某一特定地区传统的交通形式，具有很强的地域性和传统文化性，在某种意义上是反映各民族文化的一个重要方面。另外，民俗交通具有典型、罕有、独特的个性，且与地域环境、传统文化和当地审美价值观之间具有高度和谐的表现力，用其交通工具开展专项旅游或旅游活动，能使旅游者在娱乐中了解并汲取目的地的民族文化，达到以旅游促进世界各民族文化交流的目的。这种交通工具除了被当地旅游业开发使用，还用于各国建立的民族园或民俗文化村中，具有丰富的文化旅游价值，比如人力车、三轮车、滑竿、轿子、溜索、羊皮筏、牛皮船、桦皮船、乌篷船，意大利威尼斯水城中行驶的"贡多拉"小船，吉普赛人的大篷车，等等。

3. 仿古型特种交通旅游

仿古制造的特种交通工具的原型多是各国历史上的统治阶级或宗教首领们专用的豪华型交通工具，如东、西方造型截然不同的仿古马车，我国仿造的历代帝王乘坐的龙舟。这种交通工具往往是集当年文化、艺术之精华于一身的产物。其次是仿照某一历史时期的具有特殊代表意义的交通工具。结合各民族文明程度以及历史上一些特殊事件的象征，可以开发不同层次的文化游和事件游。游客可以通过它们了解世界各国的古代文化和历史沿革过程。将这些交通工具用于旅游业，不仅丰富了游客们的旅游生活，同时丰富了游客们的历史知识，加深了游客对历史的认识和深层次理解。

4. 现代型特种交通旅游

现代型特种交通工具是在旅游者、旅游社会环境等多种因素的综合影响下开发出来的。根据其开发路径不同，可分为功能扩大型和新创造型两类。功能扩大型特种交通工具是将原有的其他用途的交通工具加以改进或原封不动地引进旅游业，用来开展专项旅游活动，包括旅游潜艇、直升飞机、雪橇、飞艇、热气球、磁悬浮列车及蒸汽机车等。新创造型特种交通工具是现代科技与不断开发出来的专项旅游活动相结合的产物。例如，加拿大为开展西部冰原地区的冰雪旅游而特制的雪车，美国为开展自行车登山活动而研制的山地车，等等。这些交通工具既融合现代高科技的技术精华，又与旅游目的地景观有较强的协调性，对旅游活动的参与性和体验性具有重要的作用和意义。

第二节　旅游交通的概念与产业结构

从传统角度来看，旅游的构成要素为"食、住、行、游、购、娱"，其中的"行"既是指旅游者从出发地到旅游目的地所需的旅游交通，也是指现代旅游三要素（旅游者——旅游主体、旅游对象——旅游客体、旅游手段——旅游媒介体）之一的旅游媒介体，是联系旅游者与旅游对象最为重要、最为活跃的一环。

一、旅游交通概念

（一）旅游交通的概念

旅游交通是在人类科学文化、社会发展到一定程度以后，在人们对非生活必需和非生产性质的旅行游览活动的需求日趋迫切，而在公共客运交通工具与形式不能完全满足游客需求的情况下，逐渐产生的一种特殊的交通运输形式。

旅游交通是一种为旅游者提供直接或间接交通运输服务所产生的社会和经济活动，是一种有关旅游"移动"的行业，负责实现旅游者的空间转移。因此，其广义上是指满足旅游者为实现旅游活动而产生"移动"需要的要素总和，其研究对象包括旅游交通企业、使用旅游交通的旅游者、旅游交通方式等。这种活动是随着旅游业的兴起与发展，以及人们对高速、安全、舒适的交通运输的需要迅速增长而逐渐形成的，并且正在发展成为一门新兴的部门经济，因而受到经济学家和旅游理论人士的普遍关注。

（二）旅游交通是旅游产品的基础要素之一

旅游交通作为旅游产品的基础要素体现在两方面：一是游客抵达目的地的手段；二是游客在目的地内活动的必要方式。此外，对于大部分游客来说，旅行的过程本身也具有一种吸引力,车外的景色和在空中飞行的兴奋感都会给旅游者带来效用。因此,交通是旅游产品的关键性要素。

需要特别指出的是,旅游交通介于公共交通运输业与旅游业之间。一方面,旅游交通借助公共交通设施,从事包括旅游者在内的所有旅客及行李的公共运输活动;另一方面,它还利用旅游专列、旅游包机、旅游大巴等旅行专用交通设施,在旅游客源地与旅游目的地之间以及旅游目的地内各旅游活动场所之间,从事旅游者及其行李的专项运输活动。因此,旅游交通应该突出交通的旅游功能,即不仅能使旅游者实现快速、舒适的"移动",同时也能满足旅游者休闲、观赏、猎奇等寻求愉悦的需要。可见,旅游交通业依托各种运输、交通设施为旅游者提供空间位移服务,并通过这种特殊的无形服务产品的生产、交换、消费创造经济产值,因而是一个新兴的交叉性、服务性经济产业。

近年来,旅游交通除了为旅游者提供空间位移,还渐渐具备满足旅游者体验、游览和娱乐需要的多重功能。越来越多的旅游交通工具和设施发展成为既能满足旅游者的物质享受,又能实现精神文化观赏价值的旅游吸引物,更多旅游者为旅游交通的娱乐功能所吸引。

二、旅游交通的产业性质

(一)交叉性

旅游交通是为适应旅游业发展的特殊需要,从公共交通运输业中衍生而成的新兴产业。一方面,旅游交通在很大程度上依赖于公共交通基础设施,如铁路、公路、航空、水运航线等,与公共交通运输的健全与发达程度密切相关;另一方面,旅游交通以旅游者为主要服务对象和目标市场,并与旅行社、景区景点、旅游饭店等主要的旅游企业保持着紧密的业务关系。因此,旅游交通与旅游业的总体发展水平息息相关。旅游交通是介于公共交通运输业与旅游业之间的新兴交叉性产业。

旅游交通交叉性的产业性质决定了它具有优越的市场适应能力和巨大的发展潜力。首先,旅游交通企业横跨旅游和交通运输两个客源市场,可以兼顾旅游专项客运和公共客运两种业务,当出现某一市场需求受外界因素影响滑坡时,能够及时调整营销策略进入另一目标市场。其次,旅游交通企业凭借公共交通基础设施为旅游服务,集"稳定"与"朝阳"双重特征于一身,蕴藏着巨大的发展潜力。

(二)服务性

与传统的制造业、农业等产业明显不同,旅游交通不生产有形产品,也即旅游交通企业并不生产飞机、汽车、火车等产品,而是提供无形的运输服务,也即旅游交通主要借助车、船、飞机等具体交通工具帮助旅游者及其随身携带行李实现异地空间的移动。可以看出,旅游交通服务与其他有形产品一样,也具有价值与使用价值。但是,旅游交通的服务对象不是一般的旅客,而是旅游者。因此,旅游交通必须注重在服务质量、服务品种、服务特色、便利性、快捷性等方面不断提升,以满足旅游者的各方面需求。

需要特别指出的是,虽然旅游交通企业在客运站或长途运输过程中也为旅游者提供免费或有偿餐饮、旅行用品、纪念品等有形产品,但这些有形产品的生产与经销只是运输服务的补充内容,是保障运输服务正常进行和提高服务质量的辅助手段。而且,通过馈赠或销售旅行生活用品等有形产品,还有助于增强旅游者对无形服务的直观感受程度,因此,这些有形产品是旅游交通无形产品的必要补充和自然延伸,并不影响旅游交通产业的服务性质。

(三)经济性

目前,公共交通运输业是全世界经济增长最快的主要产业之一。据世界旅行和旅游委员会的一项不完全统计，交通运输业在全球范围提供了 10% 以上的工作岗位，产值占全球GDP 10% 以上，并刺激了 10% 以上的全球投资。旅游交通借助交通运输的大平台，为旅游者提供空间位移服务，并完全按照经济规律和市场机制运作。因此，经济性是旅游交通行业的根本性质。

三、旅游交通的产业结构

现代旅游交通业主要是由公路、铁路、航空、水运、特种旅游运输五种交通方式构成。每种旅游交通方式均由交通工具、客运站场、交通线路这三个基本生产要素构成。各种交通方式根据自身的优势和特点分工协作，分别主导不同运距、不同运速、不同运价的旅游交通细分市场，同时又优势互补、互相衔接、彼此竞争，共同构成现代旅游交通产业综合体系。

（一）旅游公路交通

目前，公路运输是最普及的旅游交通方式。公路运输以汽车站为客运站场，以汽车为客运工具，以公路为客运线路，主要从事 200 千米以内的短距离旅游客运和专项探险旅游运输活动。公路运输方式的优势表现在灵活方便、便于游览和高效省时，其劣势是速度慢、运距短、舒适性较差、安全系数低等。

公路运输具有路网密度大、站点覆盖面广、客运班次频繁等特点，而且乘坐便利。团队或散客旅游者租车旅游，可以根据个人偏好自由确定线路和时间，随时停车游览、用餐和休息。自驾车旅游更是不受时间限制，旅游者能够根据情况和需要自行安排旅游线路，随时调整行程计划。

同时，旅游公路交通可以直接抵达旅游景区或住宿地点，便于旅游者沿途观赏风貌，参与各种旅游活动。而且，旅游汽车，特别是越野汽车，动力强劲，减震性能优越，适于在各种路面行驶，成为探险旅游者广泛采用的交通工具。旅游宿营车和流动旅馆汽车集行、住、食、游、购等多种功能于一体，成为专项旅游和家庭度假旅游的理想交通工具。

（二）旅游航空交通

航空运输是国际旅游者使用最频繁的交通方式之一，世界上约 35% 的国际旅游者选择航空旅行。航空运输以机场为站场，以飞机为工具，以航空线为线路，主要从事远距离旅游运输活动。航空运输的主要优势在于速度快、航程远、乘坐舒适，其劣势在于价格高、灵活性差。民用机场一般位于城市远郊，严重依赖机场班车或地铁等地面衔接交通工具，灵活性较差，在短距离运输方面难以发挥优势。此外，航空运输基础设施建设和运营成本远远高于其他交通方式，也导致其运价最高。

另外，在一些地理上相对隔绝的地方，航空是主要的交通工具和旅行方式。此外，航空运输还以高科技硬件设施和高水准的优质服务著称，有利于满足旅游者对高品位物质享受和精神享受的双重需求。

（三）旅游铁路交通

铁路运输以火车站为站场，以旅客列车为工具，以铁路为线路，主要从事中距离旅游运输活动。铁路交通运输的优势主要表现在安全性高、经济实惠和速度较快。而近年来，高速铁路（也被简称为高铁）作为一种更高级、更绿色、更快速的"升级版"铁路交通方式，弱化了自然屏障与时空距离的绝对界限，其与旅游业的相互碰撞使开通高铁城市的旅游收入和旅游人数均大幅提高。但是，由于铁路运输专业化程度高，从路网规划、建设，到列车制造、编组，乃至运力安排、调度，都需要高度集中的统一指挥，因此缺乏灵活性和机动性。而且，铁路运输沿专用轨道运行，受轮轨间强大摩擦阻力的影响，噪声和震感明显，相对而言，舒适性比航空运输差一些。

另一方面，旅游者对某种交通工具的选用和使用程度与历史发展、政府干预、融资、地形和地理等各种因素有关。相对于其他交通工具而言，在欧洲，大多数国家的政府通常都对国际铁路交通网络给予强有力的支持和财政补贴，为游客和当地居民提供特别的服务，以吸引游客更多选乘旅游铁路交通运输方式。而且，我国不少旅游热点景区、城市之间也开设了专门旅游列车，例如，"新东方快车号"旅游专列、"呼伦贝尔号"旅游专列、"熊猫"主题旅游专列、青海"天空之境号"旅游专列、丽江"天空之镜"全景观光列车、"南方快车"旅游专列、"环西部火车游"旅游专列、"大美新疆"旅游专列、"京和号"旅游专列、"龙泰号/龙疆号"旅游专列等。

（四）旅游水运交通

水运运输以港口为站场，以船舶为工具，以水上航道为线路，主要从事水上游览和中距离旅游运输活动，如远洋巡游和内河客运等，约承担世界上 8%的国际旅游交通运输量。旅游水运交通方式包括功能和特点反差极大的两种基本类型，即水上客运和水上游览。前者以运送旅游者为主要功能，运输优势是价格低廉，劣势是速度慢、舒适性差；后者以观光、度假为主要功能，优势表现为豪华舒适、安逸浪漫，劣势主要是速度慢、价格昂贵。

以旅客运输为主要功能的近海、湖河水运方式，多利用天然水道，运输能力极强。据统计，长江相当于 6 条同样长度铁路的运输能力；美国密西西比河相当于 11 条同样长度铁路的运输能力；德国境内莱茵河段相当于 19 条同样长度铁路的运输能力。航道建设投资少，客运量大，降低了水运方式的单位运输成本，一般为铁路运输的 1/14～1/8，因此运价低廉。

现代远洋游船和内河豪华游船在很大程度上已经超越了水运传统意义上的单一客运功能，成为集行、住、食、游、购、娱等多功能于一体的豪华旅游项目。但是，受摩擦、兴涛、涡流等水阻力的影响，水运是四大现代交通方式中速度最慢的一种。同时，受风浪等外力影响，船舶常处于摇摆和沉浮运动状态，从而使舒适性大大降低。另外，由于江、河、湖、海在地理上分布不均，并严重受制于冰冻、台风等恶劣气候条件，水路运输的灵活性和安全性不够理想。

（五）特种旅游交通

受旅行习俗、地理环境、科技发展水平等因素的影响，除了常规的现代交通方式，世界各地还存在着丰富多彩的特种交通方式。特种交通类型繁多、游览性强、体验性强、文化含量高。从其适应的地理条件上可以分为平地、坡地、山地、沙漠、草原、雪地、水上、水下、空中等类型，如平地的黄包车、坡地的旱地雪橇、山地的滑竿、沙漠的骆驼、草原的勒勒车、雪地的雪橇、水上的羊皮筏、水下的观光潜艇、空中的热气球等；从历史沿革上可分为传统、现代、超现代等类型，如传统的独木舟、马车，现代的摩托艇、缆车和滑翔机，超现代的气垫船、磁悬浮列车和太空船等；从主要功能上可以分为客运、观光、娱乐、健身、竞技等类型，如以客运为主的水翼船、以观光为主的索道、以娱乐为主的仿古游船、以健身为主的山地自行车、以竞技为主的皮划艇等。

目前开发出来的民俗型特种交通工具多是依靠人力操纵的简便型运输工具，这些交通方式使旅游者在使用这些特种旅游交通过程中，可以体验这些方式所代表的地方民俗文化，例如，黄河中游的羊皮筏漂流可以使旅游者亲身体验回族传统的水上交通文化，西南山区的溜索可以使人领略到少数民族的山地交通文化，绍兴的乌篷船则可以令人感受到水乡交通民俗。特种旅游交通方式最大的优越性在于集体验性与游览性于一身，能够满足不同旅游者的求新、求特、求奇等多样化特殊游览体验目的。它们参与性强，旅游者多可亲自驾驭并从中得到独特、刺激的体验。但是，特种旅游交通劣势在于普及程度一般较低，且存在于特定的社会文化环境中，例如，有些只保留在偏远少数民族地区，有些只是在实验基地进行小规模试运行，等等。

第三节　高速铁路发展及市场分析

一、国外高速铁路发展概览

（一）高速铁路发展概述

半个世纪以来，伴随着世界经济的发展和科学技术的进步，世界铁路客运重大移动装备——高速列车得到迅猛发展。1959年4月5日，世界上第一条真正意义上的高速铁路东海道新干线在日本破土动工，经过5年建设，于1964年10月1日正式通车。东海道新干线从东京起始，途经名古屋、京都等地终至（新）大阪，全长515.4千米，运营速度高达210千米/小时，它的建成通车标志着世界高速铁路新纪元的到来。随后，法国、意大利、德国纷纷修建高速铁路。1972年继东海道新干线之后，日本又修建了山阳新干线、东北新干线和上越新干线；法国修建了东南TGV线、大西洋TGV线；意大利修建了罗马至佛罗伦萨高速铁路线。

以日本为首的第一代高速铁路的建成大力推动了沿线地区经济的均衡发展，促进了房地产、工业机械、钢铁等相关产业的发展，降低了交通运输对环境的影响程度，铁路市场份额大幅度回升，企业经济效益明显好转。世界铁路高速列车以日本新干线系列、法国TGV系列、德国ICE系列、意大利ETR系列等高速列车为代表，催生了现代工业中技术独特、体系完整的高速列车技术领域，取得了举世瞩目的成就，有力支撑了世界经济的发展和文明的进步。

（二）国外部分典型高速列车的发展情况

日本是世界上最先发展高速列车的国家，从1964年起，经过五十多年的不断完善与提高，相继开发了100（100N）系、200系、300系、400系、500系、700系、N700系、E1～E7系等新干线系列高速列车，以及300X、WIN350、STAR21等高速试验列车。法国TGV系列高速列车的研制始于20世纪60年代末，至今相继开发研制了三代动力集中型TGV系列高速电动车组。现阶段，法国正在开发研制更新一代高速列车——AGV动力分散型高速电动车组。德国高铁运营里程位居世界第二，ICE/Velaro系列高速列车功能完备、技术等级高，是世界上最为成功的高速列车之一。瑞典设计制造了动力集中型摆式电动车组——X2000型高速列车。该列车可以在既有线路上高速行驶，工作原理是利用列车通过曲线区段时，依靠有源车体摆动装置使车体摆动一定的角度，以补偿线路的欠超高来保证舒适度，从而提高曲线通过速度。西班牙设计制造了Talgo系列高速列车，Talgo 350型高速列车是其代表车型。英国IC系列高速列车主要运用于东、西海岸干线，其代表车型为IC 225型城际列车，构造速度225千米/小时，是世界上仅在单端有动力的长编组动力集中式高速列车。

（三）国外高速列车的技术特点与发展趋势

综合来看，国外高速列车的主要技术特点如下：速度更高，各国已在竞相开发构造速度达 360 千米/小时及以上的高速列车；铰接式高速列车采用动力分散技术，从而具有更优良的运行品质、更高的轻量化水平以及更好的车内空间利用率；采用车体小幅倾摆技术，有效提高曲线通过速度；注重列车整体气动外形设计，从而减少列车运行阻力；采用永磁电机牵引技术，具有功率密度大、动力转化效率高、过载保护能力强等优点；应用碰撞安全被动防护技术，通过吸能结构设计来提高列车的安全性能。

二、我国高速铁路的发展概况

铁路是综合交通运输体系的骨干和主要交通方式之一，在中国经济社会发展中的地位和作用至关重要。特别是近年来，中国高速铁路从无到有、从弱到强，实现了跨越式发展。2004 年，国务院批准实施《中长期铁路网规划》，翻开了中国高速铁路建设的新篇章，先后建设了一大批适应各种特殊气候环境、复杂地质条件和不同运输需求的高速铁路。截至 2021 年年底，中国铁路营业里程突破 15 万公里，其中高铁超过 4 万公里。进入 2022 年一季度，全国铁路固定资产投资完成 1065 亿元，同比增长 3.1%，超额完成季度投资任务；铁路新线投产 447 公里，其中高铁 233 公里。

在"十三五"期间，我国高速铁路保持了快速的发展，贯通了哈尔滨至北京至香港（澳门）、连云港至乌鲁木齐、上海至昆明、广州至昆明等高速铁路通道，建设北京至台北、呼和浩特至南宁、北京至昆明、宁夏银川至海口、青岛至银川、兰州至广州、北京至兰州、重庆至厦门等高速铁路通道，拓展区域连接线。2022 年 1 月，交通运输部与国家发展和改革委员会联合召开新闻发布会，与国家铁路局、中国民用航空局、国家邮政局、中国国家铁路集团有限公司相关部门负责人共同介绍《"十四五"现代综合交通运输体系发展规划》（以下简称《规划》）。《规划》指出，"十四五"期间在主骨架布局方面，围绕高水平打造"6 轴 7 廊 8 通道"，提出了建设交通主轴、交通走廊，强化主轴与走廊间衔接，集约利用通道资源等重点任务。

目前，我国已形成以"八纵八横"主通道为骨架、区域连接线衔接、城际铁路补充的高速铁路网。同时，中国在高速铁路的勘察设计、装备研制、施工建设和运营管理均处于国际先进水平，形成了具有中国特色的高速铁路技术标准体系，尤其是具有完全自主知识产权的"复兴号"动车组列车于 2017 年 6 月 26 日在京沪高铁正式双向首发，标准时速可到达 400 千米，标志着中国高速铁路已达到国际领先水平。

三、我国高速铁路运输市场与航空直飞的竞争分析

由于高铁与民航运输服务均主要面向中等收入以上旅客群体，因此其空间服务范围不可避免地存在竞争性，已有研究表明，高铁进入城际客运市场后将对航空运输业产生影响。

（一）高铁—民航竞争网络的发展阶段

从网络规模来看，自秦沈客运专线运营以来，中国高铁—民航网络的发展经历了三个阶段。

第一阶段是无竞争阶段（2003—2006 年）。由于该阶段仅秦沈客运专线运营，但秦皇岛—沈阳之间并未开通航线，因此高铁-民航两者之间不存在竞争。

第二阶段是局部竞争阶段（2007—2013 年）。在中国铁路第六次提速的背景下，开始出现竞争线段，并缓慢扩展。2007 年，中国高铁—民航竞争网络共有 13 个城市节点、21 个线段。随着武广、石太、杭深等高铁的陆续开通，2013 年高铁与民航竞争网络包含的城市节点数目增至 38 个，线段增至 144 对，年平均增速分别约为 19.6% 与 37.8%。

第三阶段是全面竞争阶段（2013 年以来）。随着杭长、贵广、南广、兰新等高铁干线相继开通运营，高铁-民航竞争网络迅速扩大。其中，竞争城市数量年均增速达 34.7%，竞争线段数量平均增速达 68.3%。

（二）高铁—民航竞争网络的演化格局

从演化过程与格局来看，高铁—民航竞争网络的空间拓展过程经历了从东至西、由北向南的过程，最终形成的竞争网络仍主要集中在东、中部地区，主要受到自然环境、社会经济以及外在的政策导向等多种因素的影响。

从三大地带分析，早期高铁与民航网络相竞争的城市分布在东、中部地区，而竞争线段则主要分布在东部地区内部以及东—中部之间的联系通道；之后竞争城市在三大地带间分布的不均衡程度有所下降，且东—西、中—西地区间的跨区域竞争城市对数量占比显著提升。具体而言，2007—2008 年，高铁与民航竞争网络的城市对主要分布在东部地区内部、以及东部—中部地区，其中东部地区城市占到了总量的 64%。2009—2013 年，竞争网络出现向西扩张趋势。2015 年以后，随着高铁与民航支线机场相继向西部地区扩张，高铁与民航运输市场的竞争范围迅速扩大，东、中、西分布差异开始缩小。但整体上，高铁—民航竞争网络在空间上仍呈现东、中、西递减的分布格局，与中国的人口、经济的空间分布相吻合。

（三）高铁—民航竞争网络的拓展模式

从空间拓展模式来看，高铁—民航竞争网络发展过程遵循从"核心—核心"到"核心—边缘"的空间拓展模式，并在行政等级结构上具有"从上至下"的特征。随着高铁、民航网络的发展，两者潜在的竞争范围逐步从经济发达、人口密集、旅游职能突出的"核心"城市拓展至人口规模较小、经济发展水平相对落后的"边缘"城镇，但总体上人口、经济、旅游资源丰裕的"核心"城市对仍是两种运输方式的重点潜在竞争市场。

早期，高铁—民航竞争网络依托北京、上海两大全国中心城市向东、中部省会城市拓展，两种运输方式优先争夺经济发达、人口稠密地区的客源市场。其中，2008 年之前，以北京、上海为起讫点的城市对占到了新增总量的近 80%，表现出以京沪双核为主导的集聚型扩张模式。而后，随着竞争网络的不断拓展，高铁—民航的竞争市场延伸至各省省会城市，培育出区域尺度的次级竞争中心，并进一步覆盖经济相对发达的区域副中心及旅游职能突出的城市。

中后期，高铁、民航竞争态势激烈程度加剧，随着全国中心与区域次级中心城市之间的竞争通道逐渐构筑完成，竞争网络以既有中心城市为起讫点向"边缘"城镇进一步扩张，并拓展至发展水平相对落后的城市，表现出以北京、上海为全国性中心，以省会城市为区域中心的"多中心"竞争模式。

（四）高铁—民航竞争网络的结构特征

在等级结构方面，高铁—民航竞争网络的集聚程度呈现先下降后上升的趋势。在 2008 年之前，高铁—民航竞争网络集聚水平较强，并主要集中在北京、上海两大城市；2013 年左右，随着高铁—民航竞争网络空间覆盖范围的扩大，高铁与民航两种运输方式在北京、上海以外城市的潜在竞争态势也逐渐加强，使得北京、上海城市的集聚水平相对弱化，不同层级城市的潜在竞争态势差异缩小。2015 年以后，新增竞争城市对主要集中在高位序城市与新增竞争城市节点之间，使得高位序城市集聚能力再次提高。

在距离分布规律方面，初期高铁—民航竞争城市对主要集中在中短距离，中后期逐渐扩展到中长距离。基于运营频率的运输距离分布规律表现为 700 千米以内，高铁列车频次是航班频次的 3～10 倍，高铁占据绝对主导地位。随着距离的增加，高铁运输优势逐渐下降，航空运输优势逐渐上升，当在 1000～1300 千米范围内，高铁与航空的总运力处于较为接近的区间段，在 1400 千米以上，航空运输占据主导地位。

四、我国航空直飞与空铁联运模式的相互竞争

近年来，随着航空服务的不断完善，中国航空运输需求逐年增长，大城市的机场枢纽常年面临客流量过于饱和、时刻资源紧张的严峻形势，其主要原因在于机场资源远不能满足航班时刻需求，机场出现反复性拥堵问题。缓解机场拥堵的一个有效方法就是重新分配客流量，充分利用不饱和机场的时刻资源。德国率先推行的 AIRail 服务以及近年来我国春秋航空提供的空铁联运，以事实为基础有效地证明了空铁联运能够合理分配客流量，在缓解大型枢纽机场拥堵问题的同时，也能提高中小型机场的客流分担率。航空与铁路之间由之前激烈的竞争也转向了合作共赢，空铁联运为民航与铁路的关系指明了一个新的方向。

（一）航空-高铁合作的方式

航空和高铁合作的方式主要有两种：一种是将高铁线路修进飞机场，将机场和高铁站进行整合，但由于技术有限而难以实现；另一种合作方式是实现高铁和航空的"软连接"，航空公司与铁路局合作，推出空铁联运项目，乘客可购买联程票乘坐高铁到不同城市乘坐飞机。从乘客角度出发，空铁联运票价低廉以及高铁的准点性、便利性使这一出行方式具有一定的吸引力，乘客可以拥有更多的出行选择，不再面临单一的时间段出行。从社会角度出发，高铁网络的迅速扩张为空铁联运奠定了较完善的铁路基础，空铁联运充分地利用中小型机场资源，有效地缓解了枢纽机场的拥堵问题。面对日益严峻的机场拥堵状况，空铁联运能够在短时间内利用现有资源合理分配客流量，并且打破航空和高铁激烈的竞争局面。

（二）航空-高铁合作的效用

为了更好地推进空铁联运项目，引导单一独立的交通网络逐渐向多元化的交通格局发展，黄仪融等（2021）从航空、空铁联运的视角出发，以古诺模型为基础，在乘客出行成本中考虑机场拥堵产生的负效用，在空铁联运的目标函数中引入社会福利权重概念，构造航空直飞与空铁联运两种出行方式的竞争模型，计算均衡时的客流量，对影响二者客流最大因素进行敏感性分析，研究在乘客出行可获得的效用取值不同的前提下，不同的高铁票价和社会福利将如何影响二者市场份额。

分析表明，在相同的时间价值下，两种出行方式的时长差越大，乘客就越倾向于选择航空直飞，为推进空铁联运项目，可以减少高铁和机场之间的连接时间，优化高铁和机场选址，为二者未来合作发展提供了一个新的方向。具体来讲，乘客对机场拥挤的敏感程度也能够影响客流量。乘客对机场拥堵越敏感，乘客为了规避机场拥堵产生的负效用，则会选择空铁联运，空铁联运客流量会增加。高铁票价越高，乘客越倾向选择航空直飞。此外，高铁的社会福利偏向性也会影响二者的市场份额。当乘客出行可获得的效用相对较高时，空铁联运项目总是可以正常运作；但当乘客出行可获得的效用相对适中时，高铁票价存在一个明确的上界，若高铁票价低于这一上界，长期处于不饱和状态的机场和高铁都有意愿

参与空铁联运项目；但当乘客出行可获得的效用相对适中且高铁票价高于这一上界或乘客出行可获得的效用相对较低时，空铁联运项目就无法正常运作，此时，高铁需要与该机场进行相应的收入分享才能促使该机场参与空铁联运项目。

第四节　中国高速铁路的经济效益分析

一、高铁对区域经济的增长效应

（一）高铁开通能够拉动相关产业投资

我国的经济增长主要依赖投资驱动，基础设施投资能够在短期内提高社会总需求，并通过乘数效应促使社会其他部门增加投资，进而刺激经济增长。高铁作为投资较大的交通基础设施，其资本投入能够带动相关产业投资，进而促进经济发展。

（二）高铁开通能够促进旅游业发展

高铁可以促进沿途城市的旅游业发展，进而提高地区经济效益。高铁开通能够缩短交通运输时间。由于途经城市区域的可达性和通达性提升，地区的旅游机遇逐渐增加，旅游业的发展能够带动当地的第三产业，因此从长期来看，整个地区的经济得以提升。

（三）高铁开通能够有效稳定房价

由于开通了高铁，途经的站点城市通达性提高，区位优势明显上升，资本流动加快，促进了当地房地产业及相关产业的发展。

（四）高铁开通能够优化就业区位选择

高铁开通缩短了区域内的时空距离，从而减小了人才、资金、技术和信息等要素在经济圈内流动的摩擦，区际障碍消除。同时，高铁开通能够推动就业、人口居住和城镇在空间上的结构性调整，尤其会对长期以行政区为界的社会经济体制提出挑战，形成更强的改革诉求，从而加速经济扩散。

二、高铁对区域经济的分布效应

（一）扩散效应

经济要素从中心城市流动至高铁沿途城市和非中心城市，从而降低中心城市的市场分割，扩大城市群辐射范围，进而促进周边经济发展，这就是高铁的扩散效应。

（二）虹吸效应

新经济地理学理论认为，高铁开通会增强区域中心城市对高铁沿途地级市的经济集聚，即加快要素向中心城市的聚集，从而导致沿途地级市经济增长率下降，这就是高铁的虹吸效应。

三、高铁与微观企业的关系

高铁开通对经济产生的增长效应和分布效应属于区域经济层面上的影响，其背后还隐藏着微观的作用机理，而且只从区域经济角度研究高铁开通对经济的影响可能存在因果倒置问题，无法得知高铁开通对经济增长的影响途径与程度。因此，从企业的角度研究，在一定程度上能够解决高铁与经济之间的内生性问题。

（一）企业集聚

（1）高铁开通促使企业向站点城市集聚。首先，由于企业具有上下游关系，运输成本与制造业产品成本紧密相关。高铁开通使得地区的运输能力得到改善，促使高铁开通沿线城市市场的潜力提升，进而促进制造业企业集聚。其次，企业集聚能够促进分工的细化，产品种类增加，产生规模效应。同时，规模效应的扩大使得消费者购买的产品成本更低，销售市场规模得到进一步扩大，再次吸引企业集聚。

（2）高铁开通促使企业从中心城市迁出，向沿线低位城市流动。高铁开通促进了劳动力等生产要素的跨区域流动，区域之间运输成本的降低带来区域经济一体化的提升，从而使劳动力竞争加剧，带来地区工资水平的提高，同时增加企业成本，抑制企业向中心城市集聚。另外，由于高铁开通后城市地租升高和产业政策等原因，企业选址在高铁沿线中小城市的成本费用会低于选址在大城市的成本费用，如果企业迁出的边际交通成本低于运营节省的边际收益，企业就有动机迁出高铁沿线中心城市，从而沿着高铁线路向低位城市流动，因此形成产业的扩散效应。

（二）投资效率

具体而言，高铁开通影响企业投资效率主要体现在以下三个方面。

（1）高铁开通扩大了投资辐射范围。高铁开通后企业在进行投资时可以更加方便地进行实地调研，从而获得潜在投资对象的软信息。因此，高铁开通会降低企业的信息搜集成本，缓解投资前的信息不对称问题，有助于风险投资企业在进行投资活动时扩大投资区域，从而发现更好的投资机会。

（2）对于已经投资的项目，由于道德风险的存在，企业需要对项目进行实地监督，距离越远，监督成本就越高，而高铁开通便于企业对项目的监督。

（3）高铁开通能够缓解企业发展中面临的融资约束困境，从而对企业投资效率产生影响。当公司面临优质投资机会时，正常情况下企业会追加投资、扩大投资规模；但是，如果企业面临融资约束，就会被迫放弃这些投资机会、压缩投资规模，从而造成投资中的短视行为。这种情况在我国当前市场环境下比较普遍。高铁的开通能够加强投资方与被投资方面对面的交流，通过促进软信息的流动，缓解融资过程中的信息不对称，降低融资成本，进而为企业投资活动提供有力的资金支持。

（三）创新行为

高铁对企业创新行为的影响也主要表现在以下三个方面。

（1）人才是创新的主体，是技术创新的关键。高铁成为人才流动的重要媒介和载体，由于交通便捷、城市基础设施完善有利于吸引人才，实现人才集聚效应。

（2）资金对创新活动的重要性不言而喻。创新活动需要强有力的资金支持，而信息匮乏和融资约束是企业创新面临的重大难题。高铁的开通使沿线城市更加开放，促进外部资金能够更加顺畅地流入高铁沿线城市。

（3）高铁开通带来了"信息高速公路"，为信息流动提供载体，有利于消除区域之间的信息沟通障碍，缓解投融资双方的信息不对称问题，进而缓解企业融资约束。

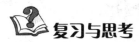

复习与思考

思政案例分析

白敦高铁：森林高铁赋能旅游经济高质量发展

思政解读 ●

（1）我国现代高铁网络发展迅猛，系统日臻完善，全国"八纵八横"骨架贯穿大江南北，预计到 2035 年，我国现代化铁路网率先建成，实现 20 万人口以上城市的铁路覆盖，这将极大地改善我国中远程旅游市场的通达性和流动性，并深刻地改变我国的旅游格局。

（2）我国现代高铁网络化发展极大地推动了旅游的大众化、生活化和全域化发展。

（3）许多城市和地区针对"高铁时代"，推出系列高铁旅游产品，并把高铁旅游经济作为新的经济增长点，以有效带动区域经济发展和产业优化升级。

案例分析与讨论 ●

1. 阅读上述材料，以自己的家乡为例，谈一谈高铁发展对家乡旅游的影响。

2. 结合上述材料，自行查阅其他材料，谈一谈我国近年来高铁旅游产品的发展现状和趋势，并完成一份不少于 3000 字的研究报告，与同学们分享。

思政阅读材料

交旅融合背景下高铁与旅游高质量协同发展

第十一章　旅游景区经济分析

学习导引

　　旅游景区是旅游业的核心要素，是实现"将旅游业培育成战略性支柱产业和人民满意的服务业"战略目标的重要着力点。本章首先区分了旅游景区、旅游资源、旅游产品、旅游吸引物等容易混淆的概念，介绍了旅游景区的分类和功能。然后，在明确旅游景区概念和分类的基础上，阐明了旅游景区经营收益、成本和利润的来源和控制。最后，介绍了旅游景区经营的常用理论：景区门票价格管理理论、景区生命周期理论和景区利益相关者理论。

学习目标

　　知识目标：理解旅游景区与旅游资源、旅游产品、旅游吸引物等相关概念的差异。了解旅游景区的分类和功能，掌握旅游景区的收入、成本和利润的来源和管理方法。思考景区门票如何有效地管理。

　　能力目标：能运用景区门票价格管理理论、景区生命周期理论、景区利益相关者理论分析景区管理中的现象背后的实质。

　　思政目标：通过对景区生命周期理论和景区利益相关者理论的学习，增强认识景区保护和旅游资源开发可持续发展的重要性，掌握景区利益相关者关系动态发展的特点，并体会处理景区利益相关者关系的多方协同思想。

思维导图

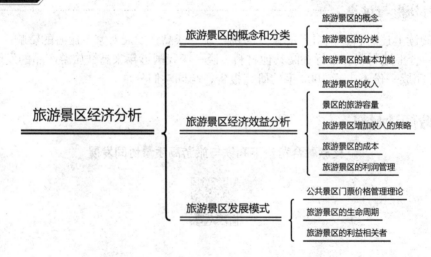

第一节　旅游景区的概念和分类

　　旅游景区业和酒店业、旅行社业并称旅游行业的三大基础产业。旅游景区是旅游目的地提供旅游产品和服务的重要空间载体，是旅游产业系统中的重要组成部分。本节将介绍旅游景区的基本概念，厘清与旅游景区相关的容易混淆的概念，最后介绍旅游景区的分类和基本功能。

一、旅游景区的概念

（一）旅游景区的基本概念

我国对旅游景区（tourist attractions）有基本统一的概念。1999 年，《旅游区（点）质量等级的划分与评定》（GB/T 17775—1999）的正式实施是我国旅游景区管理的标志性事件，旅游景区质量评级是旅业业最重要的"金字招牌"之一。其后，在 2003 年《旅游区（点）质量等级的划分与评定标准》（GB/T 17775—2003）和 2004 年《旅游景区质量等级的划分与评定（修订）》（以下简称"国标"）中，明确规定了旅游景区的操作性定义：旅游景区是以旅游及其相关活动为主要功能或主要功能之一的空间或地域。标准中旅游景区是指具有参观游览、休闲度假、康乐健身等功能，具备相应旅游服务设施并提供相应旅游服务的独立管理区。该管理区应有统一的经营管理机构和明确的地域范围。

国标对旅游景区的定义在地理性质、管理性质和功能性质三个方面给予明确的规定。从地理性质上说，旅游景区是一类空间或地域，有明确的地域范围；从管理性质上说，旅游景区是一个独立的管理区，有统一的经营管理机构；从功能性质上说，旅游景区具有参观游览、休闲度假、康乐健身等功能，具备相应的旅游服务设施并提供相应的旅游服务。这三种性质不是彼此独立的，而是三位一体、缺一不可。

从经济性质上说，旅游景区是旅游产品的生产单位和生产场所，生产单位是基于机构维度而言的，生产场所则是基于空间维度而言的。

（二）与旅游景区容易混淆的概念

在实践中，人们容易混淆旅游景区、旅游产品、旅游资源、旅游吸引物等概念，而旅游景区和旅游资源的概念和分类问题是旅游景区研究中的基础性问题，也是一个对实践工作有重要作用的问题。

1. 旅游景区生产的旅游产品

有一种看法认为旅游景区本身就是旅游景区业提供的旅游产品，旅游景区是旅游产品的生产单位和生产场所，所以，旅游景区是旅游景区业提供的产品，就像把工厂视为工业生产的产品一样。

另外有一种看法认为旅游景区的产品是旅游体验。一般来说，消费者购买产品追求的是产品的使用价值，它包括客观功能和主观体验。对旅游景区生产的旅游产品而言，也有客观和主观两方面的使用价值。客观的功能是旅游景区中旅游吸引物提供的参观游览、休闲娱乐、康体健身等功能。主观的体验包括旅游吸引物本身带来的新奇、壮美、兴奋等情感体验，也包括景区设施和服务人员带来的整洁、便利、专业、舒适的服务体验。

综上所述，旅游景区生产的旅游产品是由旅游吸引物、景区设施和服务人员组合所营造出来的综合性服务。

2. 旅游资源

国标对旅游资源给出了明确定义：自然界和人类社会凡能对旅游者产生吸引力，可以为旅游业开发利用，并可产生经济效益、社会效益和环境效益的各种事物和因素。这个定义界定了旅游资源的功能性质。

因此，旅游资源不等同于旅游景区，旅游资源是一种原赋（natural）的旅游吸引物，包括自然的旅游资源和人文的旅游资源。这些资源的原赋性在于它们外生于旅游业，不因为旅游业而产生，也不为旅游业而存在，它们应当归属于广义的土地（自然资源）这一生产要素类别之下。对于为了旅游而生产和建造的设施、设备、园林而言，这些人造物本质上不属于旅游吸引物，其经济性质属于资本。需要区分的是，有一些人造景观和设施并不为旅游业而产生和保存，但是具有吸引力，能为旅游所用，如来自古代和近代的物质文化遗产，则属于旅游资源。同样地，如动物园的动物、植物园的植物，如果是通过投资而产生的，则是资本化的资本品。与此相对的，自然保护区、湿地公园、真正的野生动物园则属于原赋的自然资源。进一步地，旅游演艺和旅游节庆是投入资本和劳动的旅游吸引物，其经济性质是资本和（或）劳动。但那些不为旅游业而生的自发形成的原住民的民族风情和民俗节庆等的非物质文化遗产则属于旅游资源。

综上所述，旅游资源的经济性质是原赋的旅游吸引物，是一种特殊的自然或人文资源，是旅游业所特有的一种生产要素。

3. 旅游资源与旅游吸引物

旅游吸引物，顾名思义是指对旅游者有吸引力，可为旅游业利用的事物。它可以分为两大类：一类是原赋的（非人造的）旅游吸引物，即不是为旅游业打造的但是具有旅游吸引力的事物，它们属于旅游资源；另一类是非原赋的（人造的）旅游吸引物，是为旅游业打造的具有旅游吸引力的事物，它们本质上属于资本或劳动。综上分析，旅游吸引物分为旅游资源和人造旅游吸引物。所以，旅游资源不同于旅游吸引物，旅游资源是原赋的旅游吸引物。

旅游吸引物的经济性质是用于生产旅游产品的生产要素。这种生产要素既包括归属于土地的旅游资源，也包括旅游投资者为旅游业投入的、归属于劳动或资本的人造旅游吸引物。

4. 旅游区与旅游景点

有些教材并不提旅游景区，而是用旅游点、旅游景点的提法，有的教材则旅游区、旅游景区互用。董观志（2016）区别了旅游景点、旅游景区、旅游区的不同，其主要差别是空间范围不同。旅游景点属于小尺度空间范围，在这个空间内有明显的标志物，其空间范围大小容易识别。旅游景区属于中尺度空间范围，它由若干景点组成，空间范围是可感知的。旅游区属于大尺度空间范围，大多数情况下不具备明显的边界。如大理三塔属于旅游景点，张家界属于旅游景区，而重庆到宜昌之间的三峡地区称为旅游区。

（三）旅游景区的生产过程

经济学上的生产是指投入生产要素转化为产品的过程。旅游景区的生产就是指将劳动、资本和旅游资源等生产要素转化为旅游产品的过程。图11-1反映了旅游景区、旅游资源、旅游吸引物和旅游产品四个概念的区别和联系。

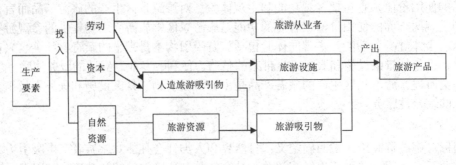

图 11-1　旅游景区生产过程示意图

资料来源：罗浩，冯润. 论旅游景区、旅游产品、旅游资源及若干相关概念的经济性质[J]. 旅游学刊，2019，34（11）：116-123.

旅游景区生产的旅游产品，其经济性质是由旅游吸引物、旅游设施（硬件）、旅游从业者（软件）共同组合而营造的综合服务，是景观服务、设施服务和人员服务的有机结合。从要素投入类型看，旅游设施是资本要素，旅游从业者属于劳动要素，而在旅游吸引物中，既包括原赋的旅游资源，归属于土地的资源，也包括属于劳动和资本的人造旅游吸引物。

二、旅游景区的分类

（一）根据旅游景区的质量等级划分

由原国家旅游局提出的《旅游景区质量等级的划分与评定（修订）》（以下简称"国标"）于 2004 年 10 月发布，2005 年 1 月实施。国标对旅游景区质量等级从低到高依次分为 A 级、AA 级、AAA 级、AAAA 级和 AAAAA 级五个等级。等级评定标准从 12 个方面对旅游景区进行评价，包括旅游交通、游览、旅游安全、卫生、邮电服务、旅游购物、经营管理、资源和环境保护、旅游资源吸引力、市场吸引力、年接待旅游者数量、游客抽样调查满意度等方面。等级评定根据旅游景区质量等级划分条件确定旅游景区质量等级，按照"服务质量与环境质量评分细则""景观质量评分细则"的评价得分，并结合"游客意见评分细则"的得分综合进行。根据《旅游景区质量等级评定与划分》的评定细则，不同质量等级的旅游景区得分要求如表 11-1 所示。

表 11-1　旅游景区质量等级标准

等　　级	服务质量与环境质量	景 观 质 量	游 客 意 见
AAAAA 级	950 分	90 分	90 分
AAAA 级	850 分	85 分	80 分
AAA 级	750 分	75 分	70 分
AA 级	600 分	60 分	60 分
A 级	500 分	50 分	50 分

资料来源：旅游景区质量等级评定与划分的细则，http://banshi.whlyj.beijing.gov.cn/hygl/zn_jqR.aspx.

（二）根据旅游景区的经济特性划分

1. 依据景区旅游吸引物的经济类型划分

根据旅游景区所依托的旅游吸引物的经济类型，可以把旅游景区分为资源型旅游景区、准资源型旅游景区和非资源型旅游景区。

资源型旅游景区是指旅游资源为主要旅游吸引物的旅游景区。非资源型旅游景区是指以人造旅游吸引物为主的旅游景区。还有一种旅游景区属于准资源型旅游景区，如滕王阁、黄鹤楼等，当地政府为了重振文化，重建了旅游景区，它们属于资本和劳动投入的非资源型旅游景观。但是，这些仿古景观是有赖于著名的古代文学作品而策划、设计和建造的，所以属于非物质文化资源而生的旅游景观。这些兼具非资源型和资源型旅游景观的旅游景区称为准资源型旅游景区。

2. 依据旅游景区投入要素的密集度划分

依据旅游景区投入要素的密集度，可以把旅游景区分为旅游资源密集型旅游景区、劳动密集型旅游景区和资本密集型旅游景区。

（三）根据旅游吸引物属性划分

根据旅游吸引物的产品属性，旅游景区可以分为自然生态型旅游景观和文化人文型旅游景观。

自然生态型景区一般包括地文景观、水域景观、生物景观、综合自然等类型,比如,黄山景区属于地文景观景区,桂林漓江景区属于水域景观景区,长隆野生动物世界属于生物景观景区,普达措国家公园属于综合自然景区。

文化人文型景区一般包括历史文化景区、地区民族特殊文化景区和人造景观景区等。比如,塔尔寺景区属于历史文化景区,大理古城属于地区民族特殊文化景区,长隆欢乐世界属于人造景观。

(四)根据景区旅游活动的主体功能划分

根据景区开展旅游活动的主体功能,可以将其大致分为观光游览型、寻访修学型、休闲度假型、民俗风情型、科考探险型和综合景观型等。观光游览型景区主要以自然风光为主,观光是其主要功能;寻访修学型景区主要以人文景观为主,修学是其主要功能;休闲度假型景区主要以康体疗养、运动健身为主,休闲度假是其主要功能;民俗风情型景区主要以特殊的饮食、服饰、建筑等为主,民风民俗欣赏是其主要功能;科考探险型景区主要以植物学、动物学、地球学等为主,科学研究是其主要功能;综合景观型景区以环境优美、娱乐休闲设施齐全为主,其功能表现为集观光、休闲等多功能于一体。

(五)根据旅游景区的发展历史划分

国内外旅游景区发展的历史上出现过不同类型的旅游景区,如国家公园、森林公园、地质公园、遗产公园、风景名胜区等。森林公园是以特殊的森林环境和森林种群为特定要素的旅游景区。地质公园是以特殊的地质现象和地质事物为特定要素的旅游景区。遗产公园是以特殊的自然遗产和文化遗产为特定对象的景区。风景名胜区是以具有审美价值的风景名胜为特定要素的旅游景区。有些旅游景区既是地质公园又是森林公园,从而成为风景名胜区。

三、旅游景区的基本功能

旅游景区作为一个产业系统,在产品、企业和产业三个层次上发挥作用。

在产品层次上,旅游景区生产的旅游产品,其经济性质是由旅游吸引物、旅游设施(硬件)、旅游从业者(软件)共同组合而营造的综合服务。旅游景区提供食、住、行、游、购、娱等旅游产业的基本产品,实现参观游览、休闲度假、资源保护等产品功能。旅游产品是吸引旅游者前往旅游景区购买旅游产品和服务的基本动力。

在企业层次上,企业是旅游产品的生产单位,它通过投入生产要素和专业化的企业经营,产出各式各样的旅游产品,不仅增加旅游收入,增加资本运行效率,还解决就业,提升区域形象。因此,旅游企业是旅游产品的核心生产者和旅游服务功能的实现者,具有保护环境、配置资源、运作资本、增加收入等内生性的基本功能,以及解决就业、提升形象、促进发展等外部的基本功能。

在产业层次上,旅游景区是旅游产品的生产单位和服务场所。旅游景区不仅可以带动当地旅游业的发展,形成相对独立的旅游产业,还可以联动住宿、餐饮、会展、文化等产业的协同发展,促进社会分工和科技进步。

第二节　旅游景区经济效益分析

取得良好的经济效益是景区可持续发展的保障。旅游景区的经济效益由景区营业收入和营业成本两方面决定,因此,经济效益就是保证旅游景区企业有足够的资金,维持景区的日常运营，并确保资金的合理使用，从而实现景区的财务目标。

一、旅游景区的收入

（一）旅游景区的收入来源

1. 旅游景区经营收入

景区经营收入可以细分为游客活动带来的直接收入、景区设施和场地租赁收入以及其他服务收入。

通常，景区直接收入包括景区门票、景区内景点和游乐设施的娱乐收入，食品饮料、纪念品和其他商品的销售收入，以及景区住宿收入和交通收入，等等。

景区设施和场地租赁的特许经营收入包括：第一，通过特许在公园内开展一些特别的项目，如出售垂钓许可证、划船许可证、商业电影的拍摄许可证、在校生在公园内接受教育、高级乡村别墅的预订、为露宿公园的游客提供帐篷出租等产生的收入；第二，面向特许经营商收取的佣金；第三，出租会议室、特殊活动的户外场地、商铺等土地使用权、摄像、多媒体、同声传译等设备所产生的收入。

其他服务收入一般指景区专业人员提供专业服务的收入，如咨询服务、管理输出服务、导游服务等收入。

2. 财政拨款

财政拨款指上级管理部门的拨款和补贴。对于一些隶属国家或地方政府的旅游景区，该资金将由国家或地方政府拨付。如果是非国有的旅游景区，该资金可以通过上市融资等方式加以解决。这部分资金构成了旅游景区最重要的资金来源。

3. 社会捐赠

旅游景区应该建立一种传统——与非营利机构合作以帮助公园的雇员为游客提供更好的服务以及对公园的资源进行更好的保护。一方面，景区能够从一些慷慨的支持者那里获得捐赠；另一方面，景区的管理当局可以努力说服那些关心该景区的机构或私人提供帮助，以保护、提高和修复景区的资源。尤其需要重视的是，旅游景区的管理当局应当注重和那些对本景区发展目标和景区价值有很高评价的社区、政府机构以及其他组织和企业加强合作。

除此之外，邹光勇等（2021）归纳了公共景区的收入类型，如表 11-2 所示。除了表中所述的收入类型，还包括公园外由景区所带动的旅游者旅行和住宿、娱乐设备、房地产交易等经济活动的收入，以及景区内大型基础设施的特殊租约和合同下的付款。

表 11-2　公共景区的收入来源及用途

征收对象	费用项目	收入用途
游客	门票费、泊车费、道路通行费、管理费； 导游、教育等服务费和紧急救援费； 露营、探险者营地和其他过夜停留费； 攀岩、漂流、潜水等娱乐和教育设施的特定活动	公共景区运营维护、设施更新、项目保护；机场税、房租税、交通税以及狩猎与捕鱼及其他娱乐设备消费税等
旅游运营商户	收取来自商户旅游者费用的特许经营费，费用来自娱乐设备租赁，如马匹租赁、船上交通等	
合作的私人公司	收取来自私人公司的执照和许可证费用，费用来自向游客收费的各种游客基础设施，如野营、摄影、邮轮参观等	
其他	政府补助、广告和海报及电影的位置或背景费、现金及各种礼物捐赠等	

资料来源：邹光勇，刘明宇，刘鹏，等. 公共景区门票价格管理理论述评：基于国际比较视角[J]. 旅游学刊，2021，36（6）：60-73.

(二) 旅游景区收益链

旅游景区的收益链一般包括基础性收益节点、支持性收益节点和延伸性收益节点。基础性收益节点主要包括门票收入、交通和食宿服务收入等。当前，我国旅游景区（主要指主题公园类型）门票收入普遍占总收入的八成以上，这种单一的收入结构一定程度上造成了景区门票价格居高不下，也影响了景区的入园率和重游率。支持性收益节点是指满足游客进入景区后的派生需求，提供丰富游客体验服务而带来的收益，如景区导游、旅游商品、娱乐服务、休闲服务等方面的收入。这一层次的产品和服务是我国旅游景区经营和竞争的焦点，也是景区收益管理的重心。延伸性收益节点包括场地和会议室的出租、特许经营权和租地经营权、拨款、赞助等收入。旅游景区在成熟的管理实践和品牌运营基础上，延伸性收益的比重将增加。

二、景区的旅游容量

在世界环境和资源问题日益突出、进入大众化旅游的发展阶段，旅游容量日益受到重视。因为旅游容量的限制，景区经营收入中游客数量是有上限的。这对景区旅游收入的启示：要增加景区经营收入，需要在收入类型多样化和产品定价上下功夫。

(一) 旅游容量

旅游容量（environmental carrying capacity）是指旅游地对其可持续发展无害的旅游活动接待量。旅游容量包括旅游生态容量、旅游心理容量、旅游社会容量和旅游经济容量。旅游生态容量是指旅游景区在不导致自然生态环境发生退化的情况下，该地域能容纳的旅游活动量。旅游心理容量是指旅游者的心理容量和旅游目的地居民相关的旅游心理容量。旅游心理容量会因时、因地、因人而有较大不同。旅游社会容量是指在一定社会价值观、宗教信仰、文化传统和生活方式等社会规范上的可能容纳旅游活动量。这是旅游者与旅游目的地居民尊重彼此价值观前提下能够达成谅解的游客容量。旅游经济容量是指一定时期、一定区域内由旅游景区所在地经济发展水平所规定的旅游活动极限。景区旅游业是一个关联食、住、行、游、购、娱等多产业联动的产业，旅游景区的接待量与这些产业配套服务提供量相关。因此，不论是从生态容量还是经济容量来看，旅游景区接待游客的容量是有上限的。

(二) 旅游饱和与旅游超载

旅游饱和是指旅游区域承受旅游流量达到某个极限容量。超出这个极限容量，就是旅游超载。长期旅游饱和或旅游超载容易导致旅游生态系统的破坏，或旅游者与当地居民和谐关系的破裂。例如，法国旅游小城佩利耶（Perrier），曾因为生产同名矿泉水而世界闻名，使佩利耶从无名小镇跃升为著名旅游胜地。但是，由于旅游旺季的游客超载带来严重污染事件，不仅导致佩利耶矿泉水声誉严重受损，旅游小镇也一蹶不振。即使污染得到治理，泉水品质得到恢复，但是不仅佩利耶矿泉水没有恢复原有销量，佩利耶小镇也难以恢复昔日繁华。因此，旅游景区运营一定要控制游客活动量，避免旅游饱和或旅游超载带来的灾难性后果。

(三) 景区旅游容量的刚性

景区接待游客容量有限，那么景区是否可以短期内增加游客容量呢？答案是否定的。对旅游景区而言，新产品开发不仅投资巨大，而且周期长，要经历可行性分析、项目计划和实施等阶段。所以，旅游景区可供旅游者游玩的项目数量在短期内是固定的，即旅游景区的供应能力在短期内相对稳定。

三、旅游景区增加收入的策略

一般来说，景区接待游客数量有最大的容量限制，景区难以短期内提升可接待游客的最大容量。另一方面，旅游景区产品提供的服务是无法储存的，生产与消费同时进行，景区在某一天没有销售出去，那么它在这一天创造收益的机会就消失了。所以，旅游景区要想收入增加，需要景区管理机构对游客数量进行科学的预测，并在此基础上合理地细分市场，动态调整价格、产品和服务等工具，尽可能在景区容量范围内最大限度地吸引游客，并最大化游客消费，使景区充分利用有限的要素与资源产生最大化收益。这是旅游景区收入提升的基本策略。

（一）价格策略

我国旅游景区目前收益推行门票经济的办法，门票定得高，而且景区内商品、餐饮价格比景区外贵，游客很少在景区内消费，由此形成了门票是旅游景区主要收入的单一收益结构。

为了在旅游容量范围内有效提高游客数量，并提高游客消费，旅游景区应在门票定价上采取更加灵活科学的定价方式。例如，可以采取分等级、分阶段定价。首先，同一时段，等级越高，可以消费的游览项目越多、越精彩，游客可以根据自己的经济条件购买不同等级的门票。其次，在不同时段定价不同，这样可以吸引淡季游客数量，增加游客总量。最后，对于不同的产品，可以协调联动定价。例如，门票价格可以与景区内餐厅、商店关联，逐步把游客消费从基础性收益向支持性收益转变。

（二）游客行为全程管理

目前不少景区由于门票价格高，景区内消费少，所以游客体验差，游客重游率低，景区口碑差，因此形成了景区运营的恶性循环。为提高景区收入，要着力研究游客需求和行为偏好，提升游客满意度和重游率，形成良好的游客口碑和旅游收益的良性循环。

在游客进入景区前，景区推行预订服务，提前销售门票，对游客信息有较早的收集，可以提前准备更加精准的服务和表演活动。在游客进入景区后，景区通过不同的表演、游乐项目的设计和时间错峰安排，可以减少游客集聚，调整游览节奏，提升旅游体验。在游客离开景区后，可继续销售门票，尽量提升游客数量。

（三）改变收入结构

我国不少旅游景区收入主要来源于门票，门票收入占总收入比例高达80%，甚至更多。而对比国际上一些旅游发达国家，如英国的主题公园，普遍的收入有40%以上来自餐饮、纪念品和其他服务。景区收入应参考景区收益链的结构，从基础性收益向支持性收益和延伸性收益转变。

四、旅游景区的成本

成本领先是现代企业成功的基本战略之一，任何形式的市场竞争到最后都是企业经营成本的竞争，只有那些能够很好控制运行成本的企业才能为目标客户提供性价比高的产品和服务，才能受到客户的青睐。因此，对于旅游景区而言，实施成本管理是景区经营迈向成功的必要内容。

（一）景区成本的构成

景区营业成本是指景区在日常经营过程中发生的各项支出。一般来说，景区成本主要包括下列各项。第一，直接材料支出，是指景区为制造一定产品而付出的材料费，如景区园艺成本有苗木、盆景、景观架等直接材料支出，景区餐厅成本有购买餐饮原材料和饮料的支出等。第二，商品进价成本，如景区特产店购买的当地特产的进货成本。第三，人工成本，如支付给景区从业人员的工资和福利，包括管理人员、技术人员和基层服务人员的基本工资、奖金和津贴等，以及临时聘请的导游、翻译人员的劳务报酬等。第四，管理费用，通常是指景区为了组织和管理经营活动而发生的各项费用以及景区统一负担的费用，如招聘培训费、会议费、办公费、工会费、职工教育费、失业保险费、劳动保护费等。第五，财务费用，指旅游景区在经营期间发生的利息净支出、汇兑净损失、金融机构手续费、投资于金融资产的损失费、因加息和筹资而产生的各项费用。第六，广告和市场营销费用，一般景区用于市场推广的费用越多，其经济效益相应就较好。第七，水电费和燃料费，一般地，当游客数量增多时，景区消耗的水电和燃料也相应增加。第八，设施折旧费，景区旅游设施一般在景区运营前进行了大笔的投入，在设施预期受益期分摊成本。

（二）景区成本的影响因素

1. 规模经济效应

规模扩大可以在专业化协作、技术管理水平上达到一种新的生产要素配置水平，迸发出新的生产力，从而降低成本。但是，规模达到一定程度后，协调复杂性增加，管理效率降低，超出规模经济临界点而转化为规模不经济。

2. 级差地租效应

地理位置是区位的概念，意味着景区劳动力、基础设施、原材料供应、产品消费需求、运输模式、通信水平、税收负担等的差异，因此带来成本水平的级差效应。对景区来说，可以通过重新设计价值活动开展的地点、搬迁基础设施的地点等来降低成本。

3. 学习知识效应

随着学习时间增加，景区管理者在生产决策、组织调度、劳动效率、运作流程等方面的工作越来越熟练，所以单位学习成本下降。需要注意的是，这种学习效果在产业内有溢出效应，其他企业也会学习先进企业的先进经验，致使先进企业逐步丧失成本优势的持久性，因此先进企业需持续学习和创新以保持更高层次的成本领先。

4. 能力利用程度

景区的生产能力既受到外部环境条件和竞争对手的影响，也受到自身营销和生产控制能力的影响。在景区每一生产周期的不同阶段，生产能力还受到季节性、周期性和其他需求波动因素影响，能对内外部条件趋利避害的企业在一定程度上能降低成本。

5. 整合利用水平

对景区企业来说，如果能融入区域内或产业平台内与其他企业共同成长，则能降低成本。如在产品研发、采购管理、分销管理等不同环节，企业根据自身优势自制，根据其他企业的比较优势适当外包，通过整合协调，能降低整个产业链的成本。在企业内部，整合价值链，凸显自身某方面的成本优势，能降低自身经营成本和保持企业在产业内的竞争力。

（三）成本控制的着眼点

1. 狠抓关键成本点

从价值链看，形成成本的不同环节对成本的影响不同。不同企业在价值链的不同环节，由于管理经验、员工学习能力和技术水平的差异，对成本影响的大小不同，景区企业应从关键点着手控制成本，以达到事半功倍的效果。另一方面，景区要控制占总成本比重较大的成本项目作为成本降低的突破口。因为这些项目往往降低成本的空间较大，降低成本的效果也较为明显。

2. 挖掘成本创新点

景区企业往往每年都要求一定幅度的成本降低，但是这种成本降低是有限度的，而且成本越往下降，降低成本的难度越大。因此，成本降低也要考虑"开源"的问题，通过创新产品、创新设备、创新工艺，实现在新的赛道上和竞争对手相比具有的成本优势。

3. 设计成本参与激发点

景区是旅游产品的生产区域和生产场所，降低成本的可能点是各处游客所到的空间、各个可能的生产环节、各个服务的阶段，所以，需要全员参与。景区管理者需要把节约成本与管理激励结合起来，调动每一个员工乃至每一个顾客参与成本降低和成本控制的积极性。

五、旅游景区的利润管理

（一）利润管理的概念

旅游景区的利润管理是指旅游景区在一定时期内最大化游客的数量，并从每一位游客身上获得最大化的收益而进行的管理过程。

（二）景区经济效益分析的主要工具

1. 利润分析法

利润分析法是通过经营利润与产生利润的相关要素相比获得对应的利润率，并分析不同要素的利润贡献率。景区利润分析可以分为资金利润率、销售利润率和成本利润率等指标。计算方法如下

$$R_m = \frac{P_f}{M_g + M_f} \times 100\%$$

$$R_c = \frac{P_f}{C} \times 100\%$$

$$R_s = \frac{P_f}{S} \times 100\%$$

式中：R_m —— 资金利润率；

R_c —— 成本利润率；

R_s —— 销售利润率。

P_f —— 利润；

M_g —— 固定资金；

M_f —— 流动资金；

C —— 成本；

S —— 销售额。

2. 量本利分析法

量本利分析法又称为盈亏平衡分析，是企业经营利润为零时（保本点）的销售量。计算公式如下

$$Q_E = \frac{C_f}{P - C_v}$$

式中：Q_E——保本点的销售量；

C_f——固定成本；

P——单位产品价格；

C_v——单位变动成本。

3. 目标利润分析

目标利润是指扣除消耗的成本和上缴营业税金后剩余的部分。由量本利计算公式，增加考虑目标利润和营业税率，可得实现目标利润的目标销售量计算公式，

$$Q = \frac{C_f + P_f}{P(1 - T) - C_v}$$

式中：Q——目标销售量；

C_f——总固定成本；

P_f——目标利润；

P——产品单价；

T——营业税率；

C_v——单位变动成本。

4. 最大利润分析法

如果企业追求的是最大利润，那么何种情况下可以实现最大利润呢？根据利润等于收入减去成本的基本关系，可以推导出如下公式

$$P_f = S - C$$

式中：P_f——利润；

S——销售收入；

C——销售成本。

由于利润（P_f）、销售收入（S）和成本（C）都是销售量（Q）的函数，要求利润最大化，即要求利润曲线斜率为零。

$$\frac{\mathrm{d}P_f}{\mathrm{d}Q} = \frac{\mathrm{d}S}{\mathrm{d}Q} - \frac{\mathrm{d}C}{\mathrm{d}Q}$$

当 $\frac{\mathrm{d}P_f}{\mathrm{d}Q} = 0$ 时，利润最大化，即 $\frac{\mathrm{d}P_f}{\mathrm{d}Q} = \frac{\mathrm{d}S}{\mathrm{d}Q} - \frac{\mathrm{d}C}{\mathrm{d}Q} = 0$；所以，$\frac{\mathrm{d}S}{\mathrm{d}Q} = \frac{\mathrm{d}C}{\mathrm{d}Q}$。

而 $\frac{\mathrm{d}S}{\mathrm{d}Q} = MR$（边际收益），$\frac{\mathrm{d}C}{\mathrm{d}Q} = MC$（边际成本）；所以当 $MR = MC$ 时，景区利润最大。

5. 边际收益分析法

边际收益分析法又称为边际贡献法。边际贡献是每增加一个单位销售量得到的销售收入减去变动成本后的余额。

$$单位边际贡献 = 单位销售收入 - 单位变动成本$$

当单位销售收入大于单位变动成本时，边际贡献为正，即销售产品可以补偿固定成本，否则，销售产品不仅不能补偿固定成本，连变动成本都无法补偿。

第三节　旅游景区发展模式

旅游景区的发展模式关注的是旅游景区可持续发展的问题，关系旅游景区的资源保护与旅游开发平衡发展的问题。本节首先介绍公共景区门票价格管理的三种理论，论述影响景区门票价格的基本因素。其后阐明景区生命周期模型，最后分析景区经营和管理过程中不同利益相关者的关系和冲突，归纳景区发展不同阶段主要利益相关者的关系。

一、公共景区门票价格管理理论

我国在 1999 年实行 A 级景区质量评级制度。2001 年诞生首批 4A 级景区。两年后，公共景区门票问题即成为社会热点。为此，国家发改委、国务院办公厅等政府部门在不同阶段围绕我国景区门票价格管理、价格整顿和规范发布了一系列文件。

（一）公共门票定价的三种观点

关于公共景区门票改革，主要有三种声音：免门票、降门票和尊重市场规律。支持免门票的观点认为门票容易滋生腐败，免费门票能够增加旅游者，也带来更多的其他消费。支持门票降价的观点认为目前我国景区门票普遍价格偏高，免门票不可能，但应该进一步下调门票价格。支持尊重市场规律的观点认为，一方面，门票价格不应一刀切，应尊重游客意愿，提供高价值服务付费；另一方面，免票或降价等只会让越来越多的政府无力运营景区，在财政紧张的情况下，环卫、安保等成本难以收回，不利于景区的长期经营和发展。

（二）公共景区收费的基本理论

公共景区门票生成的背后理论机制是什么？国际上有三种基本理论观点。

1. 公共景区门票定价的宏观环境影响

门票背后的问题反映的是政治、经济、法律、环境和社会关系等综合性问题。首先，费用收取的实际能力、收费权利、收费种类和最高费率很大程度上取决于政治制度和法律执行的情况。有些地方旅游经营者不承认政府收费的合法性而导致收费暂停；有些地方经营者支持收取费用，以帮助提高效率、维护公平和环境可持续发展。其次，用户付费是一种经济工具，一国经济水平、货币实力、汇率、经济规划和预算等政策都影响游客收费政策。最后，社会因素和环境因素也影响门票定价。比如，为了减少拥挤和资源损害而提高门票价格，或为了社会公平和良好的福利而对特殊人士，如残疾人、老年人或学童实行门票减免。公众对收费的态度也很重要，同时社会习俗和传统习惯也会影响公众的态度，比如，澳大利亚的海滩一般都是免费进入，而意大利的白沙滩不仅收费而且限流。

2. 社会民主主义和社会公平理论

社会民主主义有强烈的平均主义信仰，认为公共产品应由社区和政府提供资金，反对公共景区门票收费，支持免费开放。从社会公平理论看，收费影响低收入群体和少数民族人群的旅游参与。但是，即使基于社会公平理论，管理者也会通过建立居住权差价制度来区分本地居民和非本地居民，实施差价收费。这种差异化定价的理由是，当地人已缴税，而外地游客应该有差别，且支付意愿较高。

3. 新自由主义和用户付费

新自由主义主张自由竞争，认为景区门票定价应以用户付费为基础。用户付费是指旅游者进入旅游和娱乐环境中直接提供正式的非零碎的资金，门票的收取有利于公共资源回收成本和可持续利用。

（三）公共景区门票定价的三种方法

1. 条件价值法

公共景区在市场中不可交易，定价困难及其相关争议在于没有可以获取的或可靠的价格信息。条件价值法（contingent valuation method）用于人们对消费公共产品所获得的收益评估，也可以通过游客最大支付意愿评估。游客最大支付意愿可以通过公投、支付卡或开放式问卷等方式获取，通常被设定为年龄、性别、收入、受教育水平、家庭规模、游玩满意度等函数关系。

游客支付意愿法在现实中使用目的可以多样化，比如，针对自然保护区提供管理和保护基金，减少拥挤效应，减少内陆发展对海洋保护区的损害，改善生态质量，等等。

此外，许多研究者认为游客支付意愿法抬高了门票价格，建议使用态度倾向法。态度倾向法考虑的是旅游消费者对价格的接受程度，而不是最大支付意愿。

2. 旅行成本法

旅行成本法基本原理是将旅游消费者的差旅开支和其他与参观相关的费用结合起来，从而计算旅游消费者剩余以及人均娱乐价值。旅行成本法和条件价值法两种方法研究结果多不一致，相对而言，条件价值法更能反映游客的心理。

3. 影响因素定价法

影响因素定价法对影响门票定价的各种因素进行评估，既包括供求特征为影响因素的门票定价，也考虑供求关系对门票价格的影响，还考虑金融、竞争、游客进入、环境管理等因素的影响。一般来说，供给特征方面的影响因素包括景区级别、旅游资源品位、旅游资源总量规模和范围、景区管理体制、产品类型、景区面积、区位条件、居民参与、基础设施、通达程度和服务质量等。需求特征方面的影响因素包括人口趋势的变化，如传统家庭减少、家庭人数减少、老年市场增加、游玩时间的变化、闲暇时间的变化等。资源环境方面的影响因素主要包括旅游资源生长速度、旅游资源破坏率、生态承载率等方面。

二、旅游景区的生命周期

景区生命周期理论（tourism area life cycle，TALC）也称为旅游地生命周期理论，是一种旅游地演化过程理论。生命周期理论从生物领域的专业术语逐步发展到产业经济、市场营销、国际贸易、旅游地管理等领域使用。

（一）旅游景区的生命周期理论简介

旅游地生命周期是由德国学者克里斯塔勒（W. Chistaller）在 1963 年研究欧洲旅游发展时提出的，他认为基于游客类型和数量的变化，一般旅游地在发展过程中经历了比较一致的演变过程，包括发现、增长和衰退三个阶段。美国学者斯坦斯菲尔德（Stansfield）于1978 年在研究美国大西洋城旅游业兴衰时考虑了社会经济环境因素，认为旅游地演化经历发展、扩张、旅游人数变化和下降阶段。1980 年，加拿大学者巴特勒（Bulter）总结的景区生命周期理论（TALC）被广泛使用，也即旅游景区从无到有、从壮大到消亡主要经历六个阶段，如图 11-2 所示。

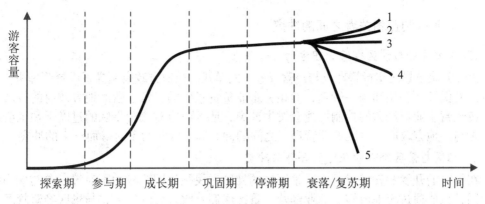

图 11-2　旅游景区生命周期曲线

由图 11-2 可知，横坐标是景区开发时间的推移，纵坐标是游客量的增长，随着时间的推移，游客数量呈"S"形的变化趋势。值得指出的是，巴特勒的景区生命周期模型主要基于游客量变化而划分生命周期的不同阶段，最终结果可能会影响到该理论的预测功能。后续有一些研究者还提出了利用游客停留时间、游客来源、游客特征、旅游支出、景区旅游设施的数量变化、旅游地结构特征、当地政府参与程度等来划分旅游景区的演化阶段。

（二）旅游景区生命周期理论的应用

在实际应用中，不同景区的生命周期不同，如主题公园可以在短期内迅速进入成熟期，而度假区则有很长的成长期，慢慢走向成熟。博物馆、遗产型景区则游客数量呈周期性波动，少有激烈增长的情况。

以景区生命周期理论为指导，可以在景区不同发展阶段采用不同的营销对策。比如，在参与阶段，游客数量较少，景区在营销策略方面就要注重确立较为明确的产品主题，建立鲜明形象，在价格方面可以考虑成本加利润的价格策略，在渠道方面建立有选择的分销渠道，在促销方面采取集中促销、诱发尝试。在成长阶段，游客数量高速增长，营销重点应放在建立偏好上，产品方面提供扩展产品，保证服务质量，价格方面采用优于竞争对手的价格策略，渠道方面采用大规模销售，促销方面增加促销，鼓励品牌转换。在景区的成熟阶段，一般游客数量低速增长，营销重点应围绕品牌忠诚，一般产品进入品牌和品种多元化，需要有针对性地改进产品，价格方面在维持成本的前提下，推出优惠价格，渠道方面建立有特色的销售渠道，促销方面充分利用旅游者的大量需求开展相关活动。

三、旅游景区的利益相关者

利益相关者理论在 20 世纪 80 年代引入旅游研究领域。由于旅游景区涉及面广、产业关联深、利益相关者众多，因此利益相关者理论越来越受到旅游景区研究者和管理者的关注。

（一）旅游景区利益相关者及其关系

景区利益相关者是指在景区经营管理中，影响景区经营目标实现的群体或个人。一般景区利益相关者有景区经营者、旅游企业、旅游者、当地社区居民、政府、非政府组织、科研机构、社会公众、媒体等。旅游利益相关者按照其关系的密切程度，可以分为核心层和外围层。核心层包括旅游者、旅游景区经营者、旅游机构和当地社区居民。外围层包括政府、非政府组织、媒体等。

（二）景区利益相关者之间的冲突

1. 地方政府与景区经营管理方的行政关系

大部分旅游景区实行管理权与经营权分离的模式。在地方政府领导下设置管理机构，负责景区的保护、利用和统一管理，而相关企业负责景区的日常经营。地方政府的行政主导与旅游经营企业对经营的控制可能会发生冲突，地方政府对旅游景区的过度干预也会影响社区参与。地方政府与景区经营管理方之间的冲突属于因权力不对等而产生的冲突。

2. 社区与景区经营管理方的合作与冲突

在景区的开发和发展过程中，景区内的社区居民往往因为权力不对等、参与能力匮乏等原因，只能通过土地流转、商业经营、景区雇佣、收入分红等方式与景区经营管理方合作。旅游景区在土地利用、拆迁安置、就业保障、旅游收入分配等方面，如果忽略社区居民的利益诉求，就会引发冲突。景区和社区之间的冲突主要是利益冲突，包括收入分配、就业机会、征地补偿等物质利益的冲突。

3. 外部旅游企业与景区经营管理方的合作与冲突

外部旅游企业凭借资本优势介入旅游景区的开发，接受地方政府和景区管理机构的监督管理。一部分旅游企业为了追求经济利益最大化而在景区违规建设，破坏景区资源，产生了外部旅游企业与景区管理机构在经营管理取向上的冲突。景区和外部旅游企业之间的冲突来自景区资源保护和旅游开发上的价值冲突。

4. 围绕旅游者的服务关系与冲突

与旅游者相关的服务关系和冲突包括景区设施故障、服务差错、导游人员诱导消费、社区商家价格欺诈、社区居民提供非正规导游服务等。旅游服务冲突是景区工作人员、社区居民、社区商家与旅游者之间因沟通不畅、行为不当而产生的冲突。

在各类冲突中，景区经营管理机构处于关系网络的中心，景区管理方应从景区长期可持续发展，从景区保护与旅游开发平衡发展的角度平衡各利益相关者的关系。

（三）景区生命周期不同阶段利益相关者的关系变化

在旅游目的地成为旅游景区过程中，多方利益相关者会参与和影响运营。随着旅游景区发展阶段的演进，利益相关者的类型和数量随之改变，它们与旅游景区的管理、旅游景区形象的塑造、旅游市场份额的增长等经营和管理方面关系密切。

在旅游景区发展初期（探索期和参与期），旅游者与当地居民互动较多，没有外来公司介入。旅游景区系统在旅游投资输入开发之前，旅游资源、旅游者、原住地居民在相当长时间内处于相对稳定的状态。以政府和旅游规划公司为主的利益相关者关注到景区资源的可利用性，站在统筹协调的角度，试图挖掘资源的经济价值和社会价值。

在旅游景区的发展期，利益相关者由点到面增多，且互动越来越密切，景区投资人、景区开发部门、旅行社、游客的介入打破原本平衡的景区系统，因为资源重组，形成新的利益相关者系统。景区管理部门对旅游景区进行统一规划和开发，外来游客增多，居民意识到旅游业带来的商机，于是旅游者和游客互动起来。交通部门完善当地道路和交通。外来旅游企业开始进入景区，提供专业化的旅游服务，形成食、住、行、游、购、娱等完整的旅游产业链，媒体报道进一步宣传景区，景区游客数量进一步增长。

在旅游景区的巩固期，景区内旅游产业得到蓬勃发展，居民参与旅游景区发展的主动性增强，旅游产业链各个环节互动更加密切，商业形态走向多样化和丰富化，旅游景区服务质量进一步提升，游客数量增长至景区饱和状态。

在旅游景区的停滞期，景区资源损耗达到峰值，资源缺乏，景区发展面临困境，如果旅游策划公司、行业专家能对景区进行恰当的预判和重新规划，增强各类资源的吸引力和生命力，景区将有可能复苏并进入新的增长之路，否则景区将面临衰退的困境。

因此，景区利益相关者系统具有复杂系统的演化特征，利益相关者与景区的关系并不具有"固定的特性"，景区核心利益相关者的构成在实践中是动态的，因此景区利益相关者的管理也是动态的、弹性的。

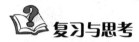

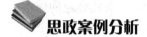

非物质文化遗产进景区的"功"与"过"

思政解读

（1）旅游目的地或景区在发展过程中，会涉及多方利益者的共同参与和运营。在旅游目的地或景区的不同发展阶段，利益相关者的类型和数量也会随之改变。明确各阶段涉及的主要利益相关方，有效整合各类资源，实现各利益相关者责、权、利的效益最大化，是旅游景区成功经营和可持续发展的关键。

（2）《"十四五"旅游业发展规划》中明确提出：充分发挥中央投资关键带动作用，通过"十四五"时期文化保护传承利用工程积极支持国家文化公园建设。遴选博物馆、纪念馆、重要遗址遗迹、特色公园、非物质文化遗产、历史文化名城名镇名村和街区、文化旅游复合廊道等方面符合要求的保护利用项目，编制项目储备库，分年度安排中央预算内投资。

案例分析与讨论

1. 结合案例资料，并自行查找资料，分析一个非物质文化遗产进景区的案例，国内外均可，并分析是否出现上述资料中存在的问题。

2. 基于本案例得出的结论，你认为对我国的景区管理有什么启示？

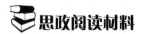

从风景到场景——关于景区度假区和休闲街区的新思考

第十二章　餐饮业经济分析

　　餐饮是人们赖以生存的物质基础。餐饮业不仅是社会经济体系中一个历史悠久的独立行业，也是旅游业中不可缺少的重要组成部分。本章首先介绍了餐饮业的概念和基本分类以及现代餐饮业经营的基本特征和经营方式，进一步介绍了餐饮企业经营预算的基本过程，并用定量分析的思路，阐明了餐饮企业的本量利分析方法，计算了餐饮企业的保本销售量、保本销售额和保本价格。最后，介绍了餐饮业的经济贡献和餐饮业的发展趋势。

学习目标

　　知识目标：理解餐饮企业的概念和分类，了解餐饮业的发展趋势。

　　能力目标：掌握餐饮企业经营预算的定量分析方法——本量利分析，能计算餐饮企业的保本销售量、保本销售额和保本价格。

　　思政目标：通过餐饮业发展历史，了解我国丰富的、源远流长的、独具特色的餐饮文化，理解餐饮产品是一种特殊而奇特的物质文化旅游资源。

思维导图

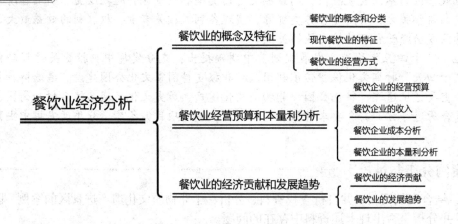

第一节　餐饮业的概念及特征

　　民以食为天，餐饮作为人类赖以生存的首要物质基础和旅游过程中的六大要素之一，其发展水平不仅反映着一个国家或地区旅游经济发展的能力和水平，还标志着一个民族的物质文明和精神文明程度。餐饮业不仅是社会经济体系中一个历史悠久的独立行业，也是旅游业中不可缺少的重要组成部分，在旅游经济体系中占有突出的位置。形形色色的中外餐饮产品不仅可以满足游客在旅游过程中的生理需求，也是一种特殊而奇特的物质文化旅游资源，为旅游业创造了大量的就业岗位和巨大的经济效益。

一、餐饮业的概念和分类

（一）餐饮业的概念

古今中外对餐饮场所有很多称呼，如酒馆、餐馆、菜馆、饮食店、快餐店和餐厅等。英文中的"restaurant"一词根据法国百科大辞典的解释，意为使人恢复精神与气力。可以帮助人们恢复精神与精力的方法大多与进食和休息有关，于是西方开始以 restaurant 为名称，在特定场所为人们提供餐食、点心、饮料，使客人得到充分的休息以恢复精神和体力，在这种方式下的营业运作便是西方餐饮业的雏形。

根据《国民经济行业分类注释（2017）》的定义，餐饮业是指通过即时制作加工、商业销售和服务性劳动等，向消费者提供食品和消费场所及设施的服务。餐饮业是一种社会生活服务的生产经营性服务行业，是第三产业中的一个支柱产业。餐饮业在促消费、稳就业和产业联动方面有重要的作用。它能吸纳的就业人数众多，能带动农林牧副渔、食品加工业、零售业等行业的发展，与居民文化娱乐、旅游休闲消费密切相关。经过四十多年的发展，我国餐饮行业收入在 1978 年仅为 54.8 亿元，到 2019 年高达 4.67 万亿元，2020 年受新冠疫情冲击，我国餐饮业整体收入仍高达 3.95 万亿元。餐饮业和住宿业占国民生产总值的比重基本为 1.8%。

（二）餐饮业的分类

按照国民经济行业分类，餐饮业可以分为正餐服务、快餐服务、饮料及冷饮服务、餐饮配送及外卖送餐服务和诸如小吃服务、上门定制、以就餐为主的糕点店服务等其他餐饮业，如表 12-1 所示。

表 12-1　餐饮业的基本分类

类　别	含　义	供应场所
正餐服务	指在一定场所内提供以中餐、晚餐为主的各种中西式炒菜和主食，并由服务员送餐上桌的餐饮活动	● 宾馆、饭店、酒店内独立（或相对独立）的酒楼、餐厅； ● 各种以正餐为主的酒楼、饭店、饭馆及其他用餐场所； ● 各种自助式餐饮服务； ● 各种以涮、烤为主的餐饮服务； ● 车站、机场、码头内设的独立餐饮服务； ● 火车、轮船上独立的餐饮服务
快餐服务	指在一定场所内或通过特定设备提供的快捷、便利的餐饮服务	包括中式快餐服务和外国快餐服务
饮料及冷饮服务	指在一定场所内以提供饮料和冷饮为主的服务。包括茶饮服务、咖啡馆服务、酒吧服务和其他饮料及冷饮服务	服务场所包括茶馆、咖啡馆、酒吧、冰激凌店、冷饮店等
餐饮配送及外卖送餐服务	餐饮配送服务指根据协议或合同，为民航、铁路、学校、公司、机关等机构提供的餐饮配送服务； 外卖送餐服务指根据消费者的订单和食品安全的要求，选择适当的交通工具、设备，按时、按质、按量送达消费者，并提供相应单据的服务	餐饮配送服务地点包括民航、铁路、学校、机构等； 外卖送餐服务包括酒店餐馆外卖送餐服务、网络送餐服务和其他送餐服务

类　别	含　义	供 应 场 所
其他餐饮业	包括小吃服务和其他餐饮业	小吃服务指提供全天就餐的简便餐饮服务，包括路边小饭馆、农家饭馆、流动餐饮和单一小吃等餐饮服务； 其他餐饮业包括餐饮私人定制服务、餐饮上门定做服务、机构餐饮服务等

资料来源：国家统计局. 国民经济行业分类注释（2017）[M]. 北京：中国统计出版社，2018.

二、现代餐饮业的特征

（一）对旅游业和国民收入的依赖性

餐饮是旅游业中食、住、行、游、购、娱六大要素的重要组成部分，其发展规模和速度在一定程度上依赖于旅游业的整体发展水平。一个国家、地区或城市的旅游业越发达，各种类型的客源越多，对餐饮产品的需求量就越大。国民收入水平越高，人们的社会交往活动越频繁，当地居民和社会各界人士对餐饮产品的需求量也越大。因此，餐饮业的发展必须根据旅游业和国民收入的发展规模、水平和速度做好规划，搞好网点布局，坚持多类型、多层次、多结构，以满足旅游业和社会各界人士的需求。

（二）客源和产品的广泛性

首先，餐饮业的客源具有多样性。国内外各种类型的旅游者、相关团队、企事业单位、政府机构、当地居民等都是餐饮企业的接待对象。其次，餐饮产品也具有多样性，各种类型的餐饮企业之间可以互相替代的产品十分丰富。同一批客人对餐饮产品的需求并不是固定不变的，餐饮业经营者若想在市场竞争中始终立于不败之地，就必须时刻跟上社会潮流，摸准市场脉搏，不断更新产品，以自己富有特色的和优质的餐饮产品，在满足广大消费者的同时，获得良好的经济效益。最后，餐饮产品的风味具有多样性。一方水土养一方人，不同国家、不同地区、不同民族的地理、气候和生活环境、生活习惯不同，各地物产不同，食品原材料的种类也不同，就是同一民族的不同地区，上述各方面的区别也往往很大，从而使餐饮产品形成各种不同风味，具有鲜明的民族性和地方性。比如，西餐有法式、俄式、英式、美式之分；中餐有川菜、鲁菜、粤菜、湘菜等不同菜系之分。

（三）餐饮服务的不可储存性

餐饮服务的不可储存性是指服务不能被储存以备后用。虽然仓库可以储存酒店在数月内所需的食品原料，但厨房却不能在一天内生产一周营业所需的餐饮产品。同样，餐厅服务员由于闲着无事而浪费掉的时光不可能延迟到第二天使用。同时，由于餐厅的接待能力在一定时期内都固定不变，而客人的需求量却在不断变化，因而造成了厨房、餐厅应付需求波动的困难，特别是当就餐顾客突然大量增加时，会不可避免地给厨房、餐厅带来压力。餐饮服务的一次性要求餐馆业必须采取措施，主动地引导顾客的需求波动，使顾客的需求量尽量接近餐厅的接待能力，减少因接待能力不足或顾客量的不足所造成的损失。当顾客入座点菜时，既是顾客消费的开始，也是餐饮产品生产与销售的开始。顾客用餐的过程也是服务生产与提供的过程。而一般商品的生产、销售、消费是各自独立且可以分离的过程，可以发生在不同的时间和地点。

（四）新技术应用推动餐饮业的创新

餐饮业对科技的重视程度和投入程度加大，从原材料、生产到服务的各个环节，科技应用水平提高，推动产业创新。依托互联网、云计算、大数据、人工智能等科技支撑，互联网订餐、外卖平台、智能餐厅、裸眼 3D 菜品等业态创新、模式创新、产品和服务创新不断涌现。

当前，互联网推动餐饮产业平台经济蓬勃发展。餐饮互联网平台使原本受时空限制而割裂的餐饮市场得到新的拓展。面向消费者的除了餐饮外卖平台，还有互联网餐饮等位平台、互联网点餐平台、支付平台、餐饮评价平台。面向生产者的还有互联网餐饮供应链平台、互联网餐饮信息化平台等。这些平台提高了餐饮市场的聚集水平，推动了餐饮产业多边市场的发展，提升了餐饮产业的发展效率。

物联网和智能技术在餐饮业的应用日益普及。一方面，厨师机器人、服务机器人、智能化识别等科技应用推动了智能餐厅、无人餐厅的快速发展。智能餐饮是应对日益增长的人工成本和租金成本压力的重要途径。另一方面，3D、虚拟现实（virtual reality，VR）、增强现实（augmented reality，AR）等技术在餐饮业的应用越来越广泛，推动了餐饮就餐环境和菜品的创新，给消费者带来身临其境的视觉享受，给生产者提供产品增值的新途径。

（五）跨界融合是餐饮业发展的新路径

跨界融合是餐饮业发展的新趋势。过去，便利店提供餐饮服务、海鲜市场提供食品加工就餐服务、餐饮门店提供非即时烹饪食品销售服务等都是餐饮业与其他产业跨界联系的体现。现在，餐饮业与零售业联手，一方面，零售业开展餐饮业务，不少生鲜零售门店引入餐饮业态，缩短供应链，并为电商企业提供产品线下消费体验；另一方面，餐饮业拓展零售业务，如发展半成品食材、自热美食、罐头产品等，提供私厨定制和上门服务等多样化的产品和服务，发挥星级酒店餐饮精细化运营优势，打造符合市场需求的新产品，融入社区消费场景。为开拓销售渠道，不少星级酒店纷纷跨入外卖赛道，加快布局线上，推出特色外卖套餐、限时优惠产品和爆款单品，面向周边上班族和家庭日常需求，推出兼具质量和速度且性价比高的酒店餐饮外卖，有效满足消费者的多样化要求。

餐饮业的跨界还体现在农业与餐饮的融合、旅游与餐饮的融合、文化与餐饮的融合等方面。跨界融合发展，餐饮业为其他产业带来体验功能和基础性消费，其他产业可以抚平餐饮业在门店服务半径、用餐时间、餐位利用率和人工利用率的周期性限制，提高盈利水平。

餐饮业与商业地产、各业态的合作，可以发挥餐饮的集聚效应，实现商圈的共赢。餐饮的竞争不仅仅是单个餐饮企业的竞争，也是餐饮集群的竞争、商业区域的竞争、供应链上下游企业协作效果的竞争。

（六）健康安全和个性化是新时代餐饮消费的内涵特征

食品安全是餐饮业发展的生命线，是重大的民生问题。《中华人民共和国食品安全法》的颁布、监管机构改革、食品安全信用档案建立、各地"阳光厨房"工程的实施、原材料可追溯机制的建立等完善了我国餐饮业食品安全的法规和监督体系，食品安全控制水平较过去显著提升。

在安全的基础上，消费者越来越注重食品的健康和营养。高热量、高脂肪、高蛋白等过剩带来的健康问题引起消费者的关注。近年来，餐饮业从就餐环境、原辅材料、菜品规格、营养搭配等方面营造健康餐饮品牌。餐饮消费已经由过去的重口味、重数量的肉食为主的消费结构向低盐、低糖、低油的素食为主的消费结构转变。例如，近年来，以沙拉主题餐饮为代表的轻餐饮的快速发展，正是迎合了消费者饮食消费观念转变的新趋势。

年轻消费客群的社交需求和场景化消费需求是新时代餐饮消费的宝矿，亟待开发。年轻一代消费者越来越愿意为个性和品质买单，也更乐于分享自己的日常，热衷于网红打卡。为此，星级酒店打造网红餐厅和网红美食，如广州花园酒店的瀑布下午茶等；酒店餐饮打造更趋年轻化的消费玩法，如跨界盲盒、智能体验等，吸引年轻客群消费和在社交网站分享，激发新场景、新需求，提升酒店餐饮消费热度。

三、餐饮业的经营方式

一般来说，餐饮业常见的经营方式主要有以下几种。

（一）连锁经营

连锁经营方式自 19 世纪中后期在美国产生以来，至今已有一百多年的历史，目前已成为国际上普遍采用的一种餐饮经营模式，被广泛应用于零售业和服务业等众多行业。

连锁餐饮企业是由许多企业单位组成的分支机构。它们通常共用相同的菜单，联合采购原材料和设备，并且采用统一的经营管理程序。一个连锁餐馆可以为一个母公司所拥有，也可以为一个特许经营公司所拥有，或者为一个或几个私人业主所拥有。有些连锁餐馆还由一个管理公司经营。近年来，中国各类连锁经营的餐饮企业如雨后春笋般涌现出来，其中知名度较高、扩张速度较快的有经营北方菜的"东北人"、经营西北菜的"西安老马家"、经营天津特色菜的"天津狗不理"、经营湘菜的"同湘会"等。连锁经营一般在经营理念、企业识别系统（CIS）、商品组合服务、经营管理等四个方面具有鲜明的一致性。

（二）特许经营

特许经营是连锁经营的一种特殊类别。特许经营者从事特许经营要向特许经营授权人或公司缴纳费用，以换取特许经营授权者的商标、建筑物设计、经营管理方式的使用权。此外，特许经营者还必须同意保持特许经营授权者的管理和质量标准。特许经营授权者通过与特许经营者签订特许经营合同来扩大自己的特许经营连锁公司。改革开放之后，在中国各地开办的各种外国快餐店如肯德基、麦当劳、必胜客就属于此类餐饮企业。

（三）合约经营

餐饮实体采用合约经营的方式，餐饮集团须与餐厅所有者签订经营合约，接受委托经营管理餐饮实体。与特许经营不同的地方在于：特许经营让渡者仅仅出让特许经营的权利，一般不直接派员工参加经营管理。在这种经营方式下餐饮集团无须投资。

（四）租赁经营

租赁经营是指餐饮集团通过签订租约，长期租赁业主的餐饮场地、土地、建筑物及家具等，然后由集团作为法人直接经营。

（五）合作联营

为了与大型餐饮集团抗衡，取得生存与发展的空间，一些独立经营的餐饮实体自愿联合起来，使用同一公认的标志、同一预订系统，进行统一的广告宣传，执行统一的质量标准，成立合作联营餐饮实体集团。这些实体在经营管理上、财务上互不相关，合作联营的主要目的是创造整体形象，增强宣传推销效果和互送客源。

（六）独立经营

独立经营的餐饮实体包括正规餐馆、便餐馆和快餐馆。正规餐馆一般是提供各种风味餐饮和大餐的豪华餐厅或风味餐厅。便餐馆提供室内或室外的桌餐服务以及花样繁多的普通菜肴。它们可能 24 小时营业或只供应早、中、晚三餐。快餐馆只提供有限的菜品，顾客来到餐台前或驾车到供餐窗口点好菜，如果餐馆内有座位，顾客可在餐桌用餐，也可带回汽车、带回家或工作单位食用。

第二节　餐饮业经营预算和本量利分析

无论是营利性餐饮企业还是非营利性餐饮企业，都需要可靠的经营预算，确保成本可控，利润符合预期。经营预算是估算收入和成本的可靠数据来源，它代表着计划的经营标准，把实际的经营结果与经营预算相比较，可以确定企业财务经营的实施效果。

餐饮企业财务计划的另一个重要工具是本量利分析（cost-volume-profit analysis，CVP），又称为"收支平衡"分析。本量利分析既可以用来确定企业为保证利润而需要达到的收入标准，也可以评价若干方案中收入、成本和利润之间的关系。

一、餐饮企业的经营预算

（一）经营预算的含义

经营预算是企业用来估计收入和支出的数量，以满足财务目标的财务计划。预算是计划收入的提醒，也是支出控制的依据。预算一旦确立，就成为控制过程的重要组成部分。预算计划告诉企业经理每一项支出明细中有多少钱可以花，每个会计周期需要获得的收入来源、数量和时间等信息。管理者利用预算不仅可以评估过去的经营状况，也可以为将来的工作制订改进的措施。管理者的责任是实现理想的收入，并确保各项经营成本不超出预算范围。

对餐饮企业来说，经营预算有不同的类型。就预算周期长短来说，经营预算有短期预算、长期预算。就预算对象来说，有资产预算和现金预算。就预算构成来说，有收入预算、支出预算等。

（二）制定经营预算的步骤

制定经营预算一般经过预测期望收入、计算期望利润和计算预测收入对应的成本三个步骤。

1. 预测期望收入

预测收入可以通过估计客人数乘以客人平均消费得出。一般来说，收入受到以下因素的影响。

（1）以往的收入。企业通过过去多年的收入数据确定当前收入的发展趋势。例如，过去五年，餐饮收入以每年 10%的增速变化，那么可以估计下一个预算年度的收入增长率也是 10%。

（2）当前的变化因素。包括企业内的因素，如新项目、新产品的推出对收入增长的拉动作用、主要厨师离职可能对营业收入的影响。还可能是企业外的因素，如"八项规定"的相关政策等对收入的影响。如果以上因素对收入产生影响，就需要对预测收入进行调整。

（3）经济变化。在高通胀预期下，餐饮成本增加导致餐饮产品售价提高，由此带来销售量的改变。在消费者收入升高时，消费者对餐饮需求量增加，或对餐饮品质要求提升，也会对消费产生影响。

（4）其他要素。如新技术或新竞争对手出现对企业经营环境产生影响，从而带来收入的变化。

2. 计算餐饮企业要求的利润

如何确定利润？其中一种分析方法是根据"投资回报"的要求确定。投资者要求餐饮企业有一个合理的投资回报，即投资者投入的资金有一定的投资回报率。另外，餐饮企业破产率较高，投资者有可能要求额外的利润补偿投资风险。

在餐饮企业内部，采购部、宴会厅、酒吧、送餐部、销售部等不同部门都有投资回报的要求。企业经理负责对不同部门分配利润指标。

如果收入预算不可能达到利润额的要求，那么是收入预算可靠，还是调整利润要求？企业负责人要重新考虑收入的来源，拓展收入的项目，以满足利润的要求。

3. 用恰当的方法计算产生预测收入所需的成本

如果预算收入和预期利润率确定，那么两者相减就是预算成本了。餐饮企业常见的成本包括食品材料的成本、人工开支、水电费、营销费用、房租、折旧和保险费等。

二、餐饮企业的收入

（一）餐饮企业收入的构成

餐饮企业收入主要由食品和饮料的销售收入构成。食品收入因餐厅销售产品不同而异，一般根据每款食品菜单的价格乘以销售数量再乘以（1-折扣比例）计算得到。而饮料包括茶水、冰水、啤酒、红酒、酒精饮料和软饮料等。在一些餐厅中，收入来源除了销售食品和饮料，还有一定的服务提成。遇上节假日，收入还包括节假日的附加服务费。

（二）餐饮企业收入的预算

餐厅收入预算一般分为食品收入预算和饮料收入预算，有助于餐厅经理在预算期内查明经营问题。收入预测一般根据预算期内客人人数确定，用期望的客人数乘以客人的平均消费得出预算收入。再考虑其他因素的影响，调整（增加或减少）收入预算。

预测收入至少每月计算一次，每周计算的预测收入将会给管理者提供更多的数据，从而提高预算的准确度。每种单独的预算累计得到年度收入预算。通过运用每月和每周的预测，可以把实际收入和预算收入相对比，对收入预算进行及时、有效的调整。过去的收入数据可以从每月的损益表获得。

三、餐饮企业成本分析

（一）餐饮企业成本的分类

餐饮成本是制作和销售食品所支出的各项费用。餐饮成本主要由原材料成本、人工成本和经营费用三方面构成。食品成本是指各种食品原料成本，包括主料成本、配料成本和调料成本。人工成本是指参与餐饮生产和销售的全部人员工资和费用，包括餐厅经理、厨师、餐厅业务主管、领班、服务员、采购员、后勤人员和辅助人员的工资。经营费用是指餐饮经营中，除原材料成本和人工成本之外的成本，是餐饮生产经营过程中发生的管理费用、财务费用和销售费用等，如店铺租金、设备折旧、燃料和能源费、餐具和用具购入费用、采购费、绿化费、清洁费、广告费、管理费等。一般来说，食品成本占餐饮总成本的28%～35%。饭店级别越高，人工成本和各项经营费用占餐饮总成本的比例越高。

根据成本是否与销售量同时变动，将其分为固定成本、变动成本和混合成本。固定成本是在一定经营时间和一定业务量范围内，不随营业额或生产量变动而变动的成本。如设备折旧、修理费、管理人员和技术人员工资支出等属于固定成本。变动成本是随营业额或生产量成比例变动的成本，如食品原料，临时工工资，餐具、餐巾等低值易耗品都属于变动成本。混合成本指成本总额虽然受销售量变动的影响，但变动幅度不同销售量变动成比例的成本，由半变动成本和半固定成本构成，如电话费、能源消耗费、劳保费、教育培训费等。

根据餐饮企业对成本的可控程度，成本又可以分为可控成本和不可控成本。可控成本是餐饮管理人员短期内可以改变或控制的成本，如食品成本、燃料与能源成本、餐具、用具、低值易耗品、临时工作人员成本、营销费用等都是可控成本。不可控成本是餐饮企业管理人员短期内无法改变的成本，如房租、设备折旧费、贷款利息、管理人员工资等。

根据餐饮成本是否已经发生，可以分为标准成本和实际成本。标准成本是餐饮企业精心设计并应该达到的计划成本，常常根据过去成本因素，结合当年预期的成本，制定出有竞争力的各种标准成本。实际成本是实际发生的各项成本。

餐饮企业成本分类汇总如表12-2所示。

表 12-2　餐饮企业成本分类

分 类 依 据	成 本 类 别	举　　例
成本用途	原材料成本	主料成本、配料成本和调料成本
	人工成本	餐厅经理、厨师、餐厅业务主管、领班、服务员、采购员、后勤人员和辅助人员的工资
	经营费用	店铺租金、设备折旧、燃料和能源费、餐具和用具购入费用、采购费、绿化费、清洁费、广告费、管理费
成本是否随销售量变动而变动	固定成本	设备折旧、修理费、管理人员和技术人员工资
	变动成本	食品原料、临时工工资、餐具、餐巾
	混合成本	电话费、能源消耗费、劳保费、教育培训费
餐饮企业对成本的可控程度	可控成本	食品成本、燃料与能源成本、餐具、用具、低值易耗品、临时工作人员成本、营销费用
	不可控成本	房租、设备折旧费、贷款利息、管理人员工资
餐饮成本是否已经发生	标准成本	预计发生的成本
	实际成本	实际发生的成本

（二）餐饮成本分析

餐饮成本分析是指按照一定的原则，采用一定的方法，利用成本计划和成本核算的资料，分析成本目标执行的情况，查明成本偏差的原因，寻求成本控制的途径的一种分析方法。

1. 影响餐饮成本的因素

第一，外部因素。分为宏观环境因素和中观环境因素。宏观环境因素包括国家经济政策、法律规定、消费需求变化和技术变化等。中观环境因素包括饭店地理位置、地区食材供应、便利性、饭店所处地的竞争激烈程度等。

第二，内部因素。包括人力资源水平、餐饮生产设备的保养和维修、服务水平、原材料和燃料利用情况、餐饮企业成本管理水平。

2. 餐饮成本分析的方法

第一，对比成本法。它通过成本指标数量上的比较，揭示成本数量关系和数量差异。对比成本法可以用于餐饮实际成本和计划成本的比较，了解成本计划完成情况；也可以用于本期成本指标与历史同期指标的比较，分析成本发展趋势和成本改善情况；还可以用于本企业与同级别的国内外餐饮企业的成本指标比较，寻找本企业与先进企业的成本管理差距。

第二，比率分析法。它是通过计算成本指标的比率，揭示餐饮成本的变动程度。相关比率分析法，将性质不同但相关的指标对比，反映其中的关系，如餐饮毛利额与销售收入对比，反映餐饮毛利率。构成比率分析法，将某项经济指标的组成部分与总体指标进行对比，反映部分与总体的关系；将变动成本和固定成本与总成本比较，反映企业变动成本占总成本的比重。趋势比率分析法，将连续两期或多期的餐饮成本用相同指标或比率进行对比，揭示成本执行情况和变化的原因。

四、餐饮企业的本量利分析

本量利分析也称为保本点分析或损益平衡分析，是餐饮企业常用的分析方法。虽然获取利润是企业追求的目标，但保本是获利的基础。只有先保本，才能维持企业经营并获取利润，所以保本点是餐饮企业必须掌握的基本经营数据。

（一）本量利分析的定义

本量利分析就是找出餐饮企业在经营中达到不赔不赚时的销售收入、销售量和销售价格的分析方法。保本是餐饮企业盈利的起点，当销售量低于保本点时，销售收入不足以弥补所消耗的全部成本，餐饮企业处于亏损状态；反之，当销售量高于保本点时，销售收入会高于总成本，企业将有利润可图。因此，保本点的计算方式为

$$总成本=固定成本+变动成本$$
$$总销售收入=客人人均消费额×客人数$$
$$变动成本=客人人均可变成本×客人数$$

达到收支平衡所需的客人数（保本销售量）为

$$保本销售量=\frac{固定成本}{客人人均消费额-客人人均可变成本}$$

例如，某餐厅每天的固定成本支出为 13 000 元，客人的人均消费价格为 150 元，每位客人消费价格中的变动成本为 20 元，该餐厅每天最大容量为 250 位客人，其保本点情况如表 12-3 所示。也就是说，该餐厅在人均消费为 150 元、固定成本为 13 000 元、单位变动成本为 20 元的情况下，其客流量（销售量）达到 100 人〔13 000/(150-20)〕、销售收入达到 15 000 元（150×100）时就可以做到收支相抵，达到保本点。

表 12-3　某餐厅固定成本、变动成本、销售收入变动和保本点情况

单位：元

客 人 数 量	单位变动成本	固定成本	总 成 本	营 业 收 入	亏 赢 状 况
1	20	13 000	13 020	150	亏
20	400	13 000	13 400	3000	亏
50	1000	13 000	14 000	7500	亏
100	2000	13 000	15 000	15 000	保本

（二）损益平衡图

本量利分析也可用损益平衡图表示（见图 12-1）。图中的横坐标表示产品销售量，纵坐标表示销售收入和销售成本。

与纵坐标平行的是固定成本线，由于固定成本不随着销售量的变动而变动，所以在图

中显示为一条平行的直线。

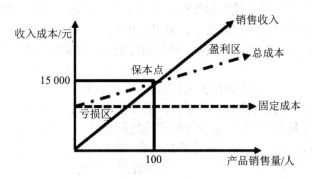

图 12-1　某餐厅的损益平衡图

从坐标图的原点起向右上方延伸的斜线是销售收入线，表示随着销售量的增加，销售收入也在不断提高。

从固定成本线起点向右上方延伸的斜线（点横线）为总成本线，由于总成本中既包含了不随着销售量变动而变化的固定成本，也包含了随着销售量增减而变化的变动成本，所以总成本通常是随着销售量的增加而不断提高的。

图 12-1 中，销售收入线与总成本线重合的交叉点即保本点，即销售收入和总成本均为 15 000 元，销售量（顾客接待量）为 100 人时，餐饮企业就可以保本。

在保本点的右边，销售收入线高于总成本线的区域为盈利区；在保本点的左边，销售收入线低于总成本线的区域为亏损区。

（三）保本点的相关计算方法

通过下列公式的计算，可以找出餐饮企业保本时的销售量、销售额和价格，即保本销售量、保本销售额和保本价格。

1. 保本销售量

$$保本销售量 = \frac{固定成本总额}{单位产品价格 - 单位变动成本}$$

续前例（见表 12-3），某餐厅的保本销售量为：13 000÷(150-20)=100（人）。

2. 保本价格

$$保本价格 = \frac{固定成本总额}{产品销售总量} + 单位变动成本$$

续前例（见表 12-3），某餐厅的保本价格为：13 000÷100+20=150（元）。

3. 保本销售额

$$保本销售额 = 保本价格 × 保本销售量$$
$$保本销售额 = 单位变动成本 × 产品销售量 + 固定成本总额$$

续前例（见表 12-3），某餐厅的保本销售额为

150×100=15 000（元）

20×100+13 000=15 000（元）

（四）边际贡献分析法

保本点也可以采取边际贡献法来计算。边际贡献是指每增加一个单位的销售收入扣除

了单位变动成本之后的余额。边际贡献首先用来补偿企业的固定成本支出，补偿后的余额才为利润。当边际贡献与固定成本相等时企业处于保本状态；边际贡献低于固定成本时企业则亏本。边际贡献可以用绝对值表示，也可以用相对值表示。

常用的边际贡献分析包括边际贡献、单位边际贡献、边际贡献率、保本销售量的计算。计算公式为

$$边际贡献=销售收入-变动成本$$

$$单位边际贡献=单位产品价格-单位变动成本$$

据此，续前例（见表12-3），某餐厅的单位边际贡献为：150-20=130（元）。

$$边际贡献率=\frac{单位产品价格-单位产品变动成本}{单位产品价格}$$

据此，续前例（见表12-3），某餐厅的边际贡献率为：(150-20)÷150=86%。

$$保本销售量=\frac{固定成本}{单位边际贡献}=\frac{固定成本}{单位产品价格-单位变动成本}$$

据此，续前例（见表12-3），某餐厅的保本销售量为：13 000/(150-20)=100（人）。

（五）餐饮企业的目标利润分析

1. 目标利润的概念

保本不能满足一般餐饮企业需求，因为对大多数餐饮企业而言，经营目标并不限于不亏损，而要有明确的目标利润。目标利润是指餐饮企业为了实现既定的利润而应该获得的销售量和销售额，即产品销售量和销售额达到什么水平才能够实现既定的利润目标。

2. 计算方法

$$目标利润销售量=\frac{固定成本总额+目标利润总额}{单位产品价格-单位变动成本}$$

续前例（见表12-3），如果某餐厅计划实现目标利润5000元，其销售量为：(13 000+5000)÷(150-20)=138.5（人）。

$$目标利润销售额=目标利润销售量×单位产品价格$$

续前例（见表12-3），如果某餐厅计划实现目标利润5000元，其销售额为：138.5×150=20 775（元）。

本量利分析之后，可基于餐厅的销售价格、固定成本、变动成本和边际贡献，对盈亏平衡和利润做出任何销售水平的预测。也可以通过提高销售价格和降低成本的方式来提高达到盈亏平衡和取得预期利润的能力。

第三节　餐饮业的经济贡献和发展趋势

中国的餐饮文化历史悠久，餐饮业在我国已有几千年的发展历史。改革开放以来，我国餐饮业进入高速增长的快车道：从分散经营到产业化整合提升；从追求规模增长的连锁经营扩张，到现代化经营水平的提升；从零星餐饮小店的温饱裹腹，到新技术、新口味、新模式的推陈出新。餐饮业是经济增长的助推器、就业保障的压舱石、产业联动的重要支点和文化传承的有力载体。

一、餐饮业的经济贡献

（一）满足消费需求

随着居民收入的增长，新型城镇化水平和乡村发展水平提高，大众化餐饮需求的增长和升级为餐饮业提供强劲的内生增长动力。改革开放四十多年来，餐饮收入占社会消费品零售总额的比重从 1978 年的 3.5%增加到 2001 年后的 10%~11%的水平。2019 年餐饮业收入占社会消费品零售总额的 11.3%，即使 2020 年受新冠肺炎疫情的影响，餐饮业依然占社会消费品零售总额的 10%。

我国居民对美好生活的追求必然会带来社会化餐饮服务需求的持续增长。居民消费结构从改革开放初期的温饱阶段向小康、富足阶段发展，饮食消费从自我服务向社会化服务转变。尽管恩格尔系数从改革开放初期的 60%下降到 2017 年的 29.3%，但居民对社会化餐饮服务的需求呈持续增长的趋势，人均餐饮消费支出从改革开放初期的 5.7 元增加至 2017 年的约 2850 元。因此，满足饮食消费升级需求是餐饮业重要的经济贡献。

（二）经济贡献稳居三产前列

与餐饮消费需求持续增长相一致，我国餐饮业在过去四十多年保持快速稳定增长。餐饮业收入从 1978 年的 54 亿增长到 2018 年的 4.27 万亿，复合增长率高达 18.1%。对比国际，2016 年美国餐饮业营收总额为 5.19 万亿元，我国是仅次于美国的世界第二大餐饮市场。而且我国餐饮业发展强劲，近几年，我国餐饮业规模增速在 11%左右，而美国为 5%左右。

餐饮业对 GDP 的贡献从改革开放之初的 0.88%一度提升到 7%。对第三产业的增长贡献率在 10%左右。虽然 2012—2015 年的"厉行节约"和"八项规定"给行业带来一些冲击，但是，2015 年后，餐饮业经过资本寒冬倒逼下的转型升级，逐步回升。

（三）稳定吸纳就业的压舱石

餐饮业是门槛较低的劳动密集型服务行业，在吸纳低技能劳动人口、城市闲散劳动力和农村转移人口就业中发挥重要作用。1978 年，全国餐饮业从业人员约 104 万，占全社会就业的 0.26%。2016 年，住宿与餐饮业从业人员上升到 2488.2 万人，占就业统计人口的 5.1%。近年来，餐饮业也成为大学生创业的重要领域。

（四）产业生态的稳定器

餐饮业兼有商品服务和消费服务的双重功能，紧密关联生产和消费。从产业供应链看，它对农业、种植业、食品加工制造业、餐厨用品和设备制造业、装饰装修业等上下游关联产业有直接带动作用。例如，餐饮业每年消耗农产品、食品调味品等原材料近 2 万亿元。从协同产业看，餐饮业与旅游、文化娱乐、零售业都有较强的产业协同效应。

餐饮业连接着农村和城市。在城市，餐饮业服务城市特色餐饮和旅游消费，是城市商圈、城市综合体、综合购物中心的重点业态；在农村，餐饮业拓展脱贫攻坚成果，有效衔接乡村振兴，带动县域特色经济发展，是产业扶贫和消费扶贫的重要抓手。

（五）服务创新的聚集地

我国餐饮业是最早进行市场化改革的行业之一，市场化激发了餐饮业市场主体的积极性，因此，餐饮业敢于融合创新，充满活力，成为服务创新的聚集地。

首先，消费多元化推动经营业态创新。餐饮业从正餐、快餐两种基本类别衍生出火锅、团餐、小吃、国际美食、民族风味餐等业态。跨越时空，推出 O2O 餐饮、VR 餐厅、无人服务的自助餐厅等网络和科技型餐厅。

其次，产业跨界推动餐饮服务的创新。餐饮消费具有鲜明的体验经济特征。在电子商务高速发展时代，餐饮服务是电商引流的重要环境。阿里巴巴的"盒马鲜生"、京东的"7-fresh"和永辉超市的"超级物种"都是餐饮业态引入零售门店的范例。

最后，互联网推动餐饮产业平台蓬勃发展。互联网外卖平台是餐饮外卖市场的重要商业模式创新。2018年，在线外卖市场规模超过2500亿元，在线外卖用户超过4亿人。

二、餐饮业的发展趋势

（一）以高品质多元化的餐饮满足消费升级的新要求

消费增长是我国餐饮业发展的内生增长动力。当前消费升级体现在如下方面。

（1）消费群体的变化。人口结构的变迁和消费群体的更替带来餐饮消费的新变化。一方面，我国正在步入老龄化社会，65岁以上人口超过1.5亿，并呈现增长势头；另一方面，中等收入群体规模持续扩大，目前超过3亿人。有不同消费观念的"80后"和"90后"成为中等收入群体的重要组成部分。消费群体年龄结构、收入分层和消费理念更新要求餐饮业提供更加多元化、个性化的产品。

（2）消费水平提高。随着收入增高，居民在工作和休闲时间分配上发生重要改变，生活水平提高对社会化餐饮、休闲餐饮需求进一步提升，对餐饮的安全、健康、品质提出了更高要求。

（3）消费结构升级。2017年，我国恩格尔系数进入30%以下区间，按照联合国标准，我国居民生活进入20%～30%的富足区间，餐饮需求从满足温饱的物质需求阶段向满足精神文化和服务消费需求阶段转变。

（4）消费模式变革。一方面，互联网消费成为重要的消费模式，这是餐饮外卖服务市场、网红餐饮品牌崛起的重要原因。另一方面，互联网金融平台带动消费金融市场快速发展，提前消费、负债消费成为年轻消费群体的新消费模式。

（二）数字经济推动餐饮业的创新和多业态融合发展

我国数字经济总量庞大，国家互联网信息办公室发布《数字中国发展报告（2022年）》（以下简称《报告》）显示，2022年数字中国建设取得显著成效，其中，数字经济成为稳增长促转型的重要引擎。《报告》指出，2022年，我国数字经济规模达50.2万亿元，总量稳居世界第二，同比名义增长10.3%，占国内生产总值比重提升至41.5%。

餐饮业相对于零售业、金融业、交通运输业等服务业来说，数字化发展水平相对落后，但发展空间巨大。我国餐饮业从生产端到消费端，从原材料到最终产品的各个环节正在开始数字化进程。数字餐厅、数字供应链、餐饮服务平台的出现和高速发展，体现了传统服务业对数字化进程的巨大需求。在大数据、云计算、5G、新基建、区块链、直播带货、元宇宙这些新技术和新概念不断涌现的背景下，餐饮业数字化变革势在必行。因为在这个拼赛道的时代，餐饮企业的竞争对象已经不再是其他餐饮企业，而是更多背景各异的创新型企业。

产业数字化不是技术和概念的堆砌，是技术推动下生产方式的变革。数字化的手段是有效激活单店经营活力，获得竞争优势是数字化价值的核心体现。中央正式将数据列为继土地、劳动力、资本、技术之外第五生产要素。产业数字化变革经历着业务数字化和数字业务化的变革，推动数字经济与实体经济深度融合，未来的世界一定是实体数字与虚拟数字世界的融合，是人机合一。产业数字化将在业务数字化、组织数字化、产品数字化中逐步展开。数字化推动的不仅是单个企业的升级，更是产业上下游乃至产业内外的跨组织边界协同。

（三）绿色生态是餐饮业可持续发展的必然要求

绿色、健康、安全消费方式将成为全社会的共识，绿色发展已成为餐饮行业"十四五"时期实现高质量、品牌化发展的主线。

首先，生产方式的绿色生态。一是发展节能环保型技术与设备，降低生产能耗和环境污染。二是鼓励发展餐饮业节能环保服务企业，为餐饮业提供节能环保解决方案，如清洁生产方案、企业内部循环经济方案等。三是严格回收泔水，既要充分利用泔水的生物质能源，又要防止泔水通过非法途径回流餐桌，造成食品安全问题。

其次，消费方式的绿色生态。一是宣传推广消费者理性消费，培育和鼓励节约打包和生态友好型的消费习惯。二是增强消费者绿色生态常识教育，从而对企业行为形成良好的监督机制。

最后，政府和行业协会推进餐饮业的绿色生态发展。据报道，2022年中国饭店协会绿色饭店专业委员会更加关注绿色饭店在节能减排方面的推广，以及落地实施"2030中国饭店行业践行碳达峰碳中和行动"，促进住宿餐饮业全面绿色转型。推进绿色人才提升行动、绿色饭店双二十项目、绿色领跑者指标体系、绿色工程审计项目、室内空气净化项目、绿色食安溯源项目等系列工作，并通过"绿基金"的广泛推广使用让"绿色饭店"成为行业金字招牌。

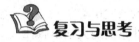 复习与思考

 思政案例分析

北京世纪华天大酒店十年经营的"三大战役"

思政解读

一个国家、一个地区、一个民族的饮食文化往往是国家、地区、民族文化的浓缩，因此，餐饮产品是一种特殊而奇特的物质文化旅游资源。

案例分析与讨论

1. 列出世纪华天酒店在"三次战役"中面临的危机和化解的策略。
2. 归纳世纪华天酒店在屡次危机中转危为安的成功因素。

 思政阅读材料

夜游市场多元叠加，提质升级至关重要

参考文献

[1] 张俐俐. 旅游经济学原理与实务[M]. 北京：清华大学出版社，2009.

[2] 田里. 旅游经济学[M]. 2 版. 北京：科学出版社，2021.

[3] 朱伟. 旅游经济学[M]. 2 版. 武汉：华中科技大学出版社，2021.

[4] 罗明义. 旅游经济学[M]. 2 版. 北京：北京师范大学出版社，2020.

[5] 厉新建，张辉. 旅游经济学原理[M]. 3 版. 北京：旅游教育出版社，2016.

[6] 程瑞芳. 旅游经济学[M]. 重庆：重庆大学出版社，2018.

[7] 芮田生，邓思胜. 旅游经济学[M]. 北京：北京理工大学出版社，2018.

[8] 斯特布勒，帕帕西奥多勒，辛克莱. 旅游经济学（第二版）[M]. 林虹，译. 北京：商务印书馆，2017.

[9] 董观志. 景区运营管理[M]. 武汉：华中科技大学出版社，2016.

[10] 宋军令，陶宁. 餐饮经营与管理[M]. 开封：河南大学出版社，2014.

[11] 王天佑. 饭店餐饮管理[M]. 3 版. 北京：清华大学出版社，北京交通大学出版社，2015.

[12] 吴志才，黄诗卉，张凌媛. 数字人文：红色旅游发展的新路径[J]. 旅游学刊，2021，36（6）：7-9.

[13] 杨勇. 常态化疫情防控下旅游经济研究的新问题与新机遇[J]. 旅游学刊，2021，36（2）：3-4.

[14] 张书玉. 主题公园与戏剧艺术双视角下的"只有河南·戏剧幻城"分析[J]. 艺术管理，2022（2）：114-126.

[15] 庞世明，孙梦阳，宋志伟. "资源诅咒"、旅游供给多样性与可持续旅游发展[J]. 旅游学刊，2021，36（5）：12-13.

[16] 宋瑞. 经济新发展格局下促进旅游消费的思路与方向[J]. 旅游学刊，2021，36（1）：3-5.

[17] 朱东国，刘婷. 国内旅游投资与效益研究综述[J]. 石家庄学院学报，2021，23（3）：75-81.

[18] 蒋依依，高洁，周小芳，等. 体旅新时代，冰雪新征程："后奥运时代体育与旅游融合发展"专题研讨会会议综述[J]. 旅游学刊，2022，37（7）：148-154.

[19] 任洁. "双碳"目标下的旅游业高质量发展[J]. 旅游学刊，2022，37（5）：12-13.

[20] 姜红. "双碳"目标驱动下旅游产业结构升级的技术路径与动力机制[J]. 旅游学刊，2022，37（5）：10-12.

[21] 厉新建，时姗姗，刘国荣. 中国旅游 40 年：市场化的政府主导[J]. 旅游学刊，2019，34（2）：10-13.

[22] 曾博伟，吕宁，吴新芳. 改革开放 40 年中国政府推动旅游市场优先发展模式研究[J]. 旅游学刊，2020，35（8）：18-32.

[23] 张明之，陈鑫. "全域文化+全域旅游"：基于产业融合的旅游产业发展模式创新[J]. 经济问题，2021（1）：112-118.

[24] 宋瑞,金准,张玉静.世界旅游经济新趋势与中国发展新方略[J].财经智库,2021,6（2）：64-86+142-143.

[25] 杨宏浩."双循环"格局下的住宿业高质量发展[J].旅游学刊,2021,36（1）：9-11.

[26] 马勇,唐海燕.交旅融合背景下高铁与旅游高质量协同发展研究[J].旅游学刊,2021,36（12）：10-12.

[27] 邹光勇,刘明宇,刘鹏,等.公共景区门票价格管理理论述评：基于国际比较视角[J].旅游学刊,2021,36（6）：60-73.

[28] 王姣娥,景悦,杨浩然.中国高铁-民航竞争网络的空间演化模式及影响因素[J].地理科学,2020,40（5）：675-684.

[29] 黄仪融,田丽君,陈德旺.航空直飞与空铁联运模式竞争研究[J].系统科学与数学,2021,41（2）：373-382.

[30] 周雪峰,乔晓丽.高铁开通对经济的影响研究：综述及展望[J].财会月刊,2020（7）：154-160.

[31] 罗浩,冯润.论旅游景区、旅游产品、旅游资源及若干相关概念的经济性质[J].旅游学刊,2019,34（11）：116-123.

[32] 高华峰,吕宗耀.旅游景区利益相关者优先度计量分析[J].中南民族大学学报（人文社会科学版）,2020,40（1）：148-154.

[33] 龚金红,谢礼珊.负面报道中遗产旅游景区的利益相关者网络分析[J].旅游学刊,2021,36（7）：67-80.

[34] 周奇美,赖清清.左之,右之？游客景区游览方向偏好特征、影响因素与机制[J].旅游学刊,2022,37（6）：55-68.

[35] 苑利,顾军.非物质文化遗产进景区的"功"与"过"[J].旅游学刊,2021,36（5）：5-8.

[36] 李群绩,刘俊雅,全华.国有景区免费开放的综合效益研究：基于利益相关者视角的分析[J].价格理论与实践,2021（3）：146-149+168.

[37] 王进,周坤.基于利益相关者理论的旅游地生命周期研究：以九寨沟为例[J].首都经济贸易大学学报,2014,16（5）：109-113.

[38] 高伟.九寨沟智慧景区管理体系建设[J].科技创新导报,2015,12（20）：177-178.

[39] 韦欣仪,王强.九寨沟景区智慧化对其门票价格成本的影响[J].贵州民族研究,2015,36（5）：161-164.

[40] 袁露,杨彦平,王继建.中国5A级旅游景区发展特征研究[J].华中师范大学学报（自然科学版）,2014,48（2）：301-306.

[41] 王珂,周亚军,宋豪新."体育+旅游"融合发展加速[N].人民日报,2022-07-13.